中小企业财务管理问题及对策

王益明　著

中国原子能出版社

图书在版编目（CIP）数据

中小企业财务管理问题及对策 / 王益明著 .—北京：
中国原子能出版社，2021.9（2023.1重印）

ISBN 978-7-5221-1564-1

Ⅰ.①中… Ⅱ.①王… Ⅲ.①中小企业 – 企业管理 –
财务管理 – 研究 Ⅳ.① F276.3

中国版本图书馆 CIP 数据核字（2021）第 181429 号

中小企业财务管理问题及对策

出　　版	中国原子能出版社（北京海淀区阜成路 43 号 100048）
责任编辑	刘东鹏
责任印刷	赵明
印　　刷	河北宝昌佳彩印刷有限公司
经　　销	全国各地新华书店
开　　本	787 mm × 1092 mm　1/16
字　　数	300 千字
印　　张	13.75
版　　次	2021 年 9 月第 1 版　　2023 年 1 月第 2 次印刷
书　　号	978-7-5221-1564-1
定　　价	78.00 元

前　言

随着我国经济的快速发展，我国中小企业在助推国民经济增长，构造市场经济主体，促进社会和谐等方面发挥着重要作用。中小企业是我国国民经济和社会成长中不可或缺的组成部分。

近几年，由于劳动力、资金、原材料、土地和资源环境成本不断攀升，人民币总体处于升值通道，中国已经逐步告别低成本时代。对于依赖"成本驱动"，并处于全球产业链低端的中小企业而言，做实业变得越来越难，特别是面对发达国家"再工业化"的新趋势，中小企业将面临新的冲击。

事实上，中小企业感到实业难做的一个重要原因是，传统制造业利润被成本上涨因素抵消殆尽。改革开放以来，中国经济保持了高速增长，其中农村劳动力转移和劳动人口占比持续上升，这不仅为中国经济发展提供了充足的劳动力供给，也通过高储蓄率保证了资本存量的不断增加。但这一增长动力在最近几年开始弱化。中国东南沿海出现了低端劳动力供给紧张的问题，制造业成为"用工荒"的重灾区，随后一些中部地区如湖南、河南等农村劳动力的流出省份，也出现了用工紧张的现象。

2020年，为帮助中小企业复工复产、渡过难关，中国从财税、社保、金融等8个方面陆续出台了90多项政策措施。截至9月末，普惠小微贷款余额同比增长29.6%。下一步，工信部将加大力度抓助企政策落实，充分发挥"互联网+"作用畅通惠企政策信息渠道，特别是加大依法推进清理拖欠民营企业中小企业账款力度，加强督促检查。

在市场经济条件下，市场竞争激烈，中小企业为了自身的生存和发展，必须搞好生产经营和财务管理工作，规避风险，以取得最佳的经济效益。使用软件与国家涉税系统进行信息传递与要素延续，对企业经营过程涉及的诸多税种（增值税、所得税、营业税、消费税、关税、出口退税等）进行业务处理，既可准确核算各种应纳税金进行申报纳税，提高财税人员工作效率，也可对企业账务、票证、经营、核算、纳税情况进行评估，更好帮助企业正确执行国家税务政策，进行整体经营筹划及纳税风险防范，为企业管理决策献计献策，为创利打下坚实基础。

由于著者水平有限，书中难免出现一些错误和缺点，敬请批评指正。

王益明

目 录

第一章 中小企业概述

第一节 中小企业的概念及界定

当前世界各国和地区都把发展中小企业作为振兴本国和本地区经济的重要战略措施，因而出现了中小企业发展的世界性大潮。然而，由于各国和地区经济发展水平、经济结构等方面的差异，对于中小企业的界定是各不相同的，同时也由此决定了世界各国和地区发展中小企业的不同模式。

一、中小企业的概念及界定

我们知道，中小企业是企业规模形态的概念，是符合国家或地区法律规范条件下的一个企业群体，是与大企业相对应的。在通常情况下，世界各国和地区一方面为了适应宏观管理决策的需求，都会根据实际情况制定统一的中小企业标准，以统一统计口径，整体掌握中小企业的情况，制定方针政策，进行宏观调控。另一方面，也是为了制定中小企业扶持政策，充分发挥中小企业在发展国民经济和稳定社会中的特殊地位和作用，促进中小企业发展，从而采取各种各样的扶持政策，改变中小企业在市场竞争中的弱者地位，这也需要以法律的形式对中小企业进行规范。

中小企业是企业群体中的主体，在国民经济和社会发展中发挥着越来越重要的作用。在各类企业中，中小企业是一个点多面广而又数量众多的企业群体，是国民经济中非常活跃的重要力量。由于中小企业的自身特点，使其在增加就业、拉动民间投资、实现科技创新、转化科研成果等方面发挥着越来越大的作用。这就是世界各国和地区都十分重视并采取扶持政策促进中小企业发展的根本原因。

二、我国对企业规模的界定

2011年6月18日国家统计局国家发展和改革委员会、财政部制定了新的《中小企业划型标准规定》。

2021年为适应国民经济和促进中小企业发展需要，工业和信息化部中小企业局日前发出《关于公开征求＜中小企业划型标准规定（修订征求意见稿）＞意见的通知》（以下简称《修订意见稿》），就《修订意见稿》公开征求社会各界意见。

关于《中小企业划型标准规定》修订情况的说明：

一、修订背景

现行《中小企业划型标准规定》（工信部联企业〔2011〕300号，以下简称《划型标准》）是经国务院同意，由工业和信息化部、国家统计局、国家发展和改革委员会、财政部于2011年6月发布的。《划型标准》作为促进中小企业发展政策实施和国民经济统计分类的基础依据，发布十年来，得到了较好的执行，为各级政府部门制定和实施促进中小企业特别是小微企业发展政策提供了基础数据和决策参考。

但随着经济发展和产业结构调整，执行中也遇到了一些问题，主要是：

一是部分中小企业规模过大。因采用从业人员、营业收入或资产总额双指标并集划型，导致少数从业人员少而营业收入高或资产规模大的企业划入中小企业。

二是行业分类复杂烦琐，且未覆盖"教育"门类和"卫生"大类。

三是定性标准缺位。

四是部分行业划型指标不适合行业大多数企业经营特征。

五是定量标准需随劳动生产率提高等进行调整。

二、修订的原则

一是坚持问题导向。针对《划型标准》执行中存在的问题，提出解决的方法和路径。

二是综合现实发展需要和历史衔接。《划型标准》修订既要适应国民经济和促进中小企业发展需要，又要保持相对的稳定性和连续性。

三是注重与国际一般标准的可比性。借鉴国际经验，结合我国实际确定各行业划型指标及标准，为中小企业发展国际比较提供参照。

四是注重简单易行，便于操作。从实际出发，注重易于理解、识别和执行。

三、修订的主要内容

（一）关于行业分类的修订

一是部分行业分类保持不变。包括农、林、牧、渔业，工业，建筑业，批发业，零售业，房地产开发经营业等（涉及企业数量约占60%）。

二是以门类为基础调整简并行业分类。如将住宿业、餐饮业合并，按"住宿和餐饮业"门类统一划型；将信息传输业、软件和信息技术服务业合并，按"信息传输、软件和信息技术服务业"门类统一划型；将交通运输业、仓储业、邮政业合并，按"交通运输、仓储和邮政业"门类与工业统一划型。

三是增加《划型标准》尚未覆盖的行业，如"教育"门类和"卫生"大类。

四是行业性质或特征相近的行业归并划型。将房地产业（房地产开发经营除外），租赁与商务服务业（组织管理服务除外），科学研究和技术服务业，水利、环境和公共设施管理业，居民服务、修理和其他服务业，社会工作，文化、体育和娱乐业，以及新增的教育、卫生等八个行业门类归并统一划型。

五是将不属于中小企业扶持重点领域的"组织管理服务"（属于租赁和商务服务业门类，主要包括"企业总部管理""投资与资产管理""资源与产权交易服务"等资产密集型行业小类）采用建筑业指标划型，降低其小微企业占比。

本次修订后，行业分类由原来的16类减少为9类，覆盖《国民经济行业分类》（GB/T4754-2017）除金融业、公共管理和社会组织、国际组织三个门类之外的所有行业企业。

（二）关于划型指标的修订

各行业划型指标基本沿用现行《划型标准》，主要是采用从业人员和营业收入双指标划型，仅有农业采用营业收入、建筑业和组织管理服务采用营业收入和资产总额划型。

（三）关于双指标并集转交集的调整

本次修订借鉴欧盟双指标交集模式，即双指标同时低于微型、小型、中型企业的阈值标准，才能划入相应规模类型，强调"小企业要有小企业的样子"。

这样可有效解决从业人员少、营业收入高或资产总额大的企业划入中小企业的问题，更为客观地反映中小企业的经营规模，并可降低从业人员统计口径对企业规模变化的影响。

（四）关于定量指标阈值的调整

1. 关于从业人员指标阈值。鉴于现行《划型标准》从业人员指标标准基本具有国际可比性且符合国情。微型企业的人员标准基本与其他国家接近；中型和小型企业标准与其他国家有所差异，但基本适应我国人口众多、劳动生产率相对较低的基本国情。因此，本次修订中从业人员指标阈值主要沿用现行《划型标准》，仅对仓储业，信息传输业、软件和信息技术服务业，物业管理业等少数涉及行业分类调整的从业人员指标进行调整。

2. 关于财务指标阈值。参考国际经验，结合我国国情，本次修订主要考虑四方面因素影响：

一是劳动生产率提高的影响；

二是双指标划型区间并集转交集的影响；

三是定量指标阈值调整与部分行业现有统计规模（或限额）口径衔接；

四是各行业规模类型比例相对稳定。

修订后，各行业各类型企业比例与《划型标准》制定时的大中小微企业类型分布比例相对稳定，中小企业特别是小微企业分布维持相对合理比例。所有行业的规模（限额）以上企业中将不再含有微型企业，微型企业均为规模（限额）以下企业。

（五）增加定性标准

为解决实践中大型企业所属子公司因符合中小企业划型定量标准，挤占中小企业有限的政策资源或悬空大型企业法律责任义务问题，借鉴欧美日等设置中小企业独立经营方面定性标准的经验，增加"定性"标准，即规定"符合中小企业划型定量标准，但有下列情形之一的，视同大型企业：

单个大型企业或大型企业全资子公司直接控股超过 50% 的企业；

两个以上大型企业或大型企业全资子公司直接控股超过 50% 的企业；

与大型企业或大型企业全资子公司的法定代表人为同一人的企业。"

将大型企业所属或直接控制企业排除在中小企业之外。

（六）增加有关中小企业规模类型自我声明及认定内容

按照《国务院办公厅关于全面推行证明事项和涉企经营许可事项告知承诺制的指导意见》和《政府采购促进中小企业发展管理办法》的实践做法，《划型标准》修订中明确"中小企业规模类型采用自我声明的方式，企业对自我声明内容的真实性负责"。

同时，明确"在监督检查、投诉处理中对中小企业规模类型有争议的，有关部门可以向有争议的企业登记所在地同级负责中小企业促进工作综合管理部门书面提请认定"。

（七）建立《划型标准》定期评估制度

借鉴国际经验，设立我国中小企业划型标准定期评估制度："由国务院促进中小企业发展综合管理部门、国家统计部门会同有关部门根据经济社会发展情况，每 5 年定期评估，根据评估情况适时修订。"

三、我国对企业规模界定的特点

综观我国对企业规模的界定，呈现出以下特点。

1. 参照系变化大

自 20 世纪 50 年代以来，我国多次进行企业规模界定，每次参照系几乎都不相同。50 年代初主要以企业职工人数为参照系，60 年代初改为固定资产价值数量，70 年代又改为综合生产能力，80 年代和 90 年代又以不同行业确定：不同的参照系标准，进入 21 世纪后则只对中小企，业进行界定。

2. 标准不断扩大

半个多世纪以来，我国对企业规模的界定，不管参照系怎样变化，但总的趋势是企业规模不断扩大。例如 50 年代初规定的大型企业，到 80 年代就是小型企业了。

3. 越来越向国际化靠拢

进入新世纪以后的这次企业规模界定：吸收了国际上的通常做法，只对中小企业进行界定，参照系标准规定为企业职工人数、销售额或资产总额等指标，而且规定的范围比较宽，不仅有工业，还有建筑业、商业、交通运输业等。

例如，日本在《中小企业基本法》中明确规定：中小企业人数 300 人以下、资本金 3 亿日元以下的工矿中小企业；中小企业人数 100 人以下、资本金 1 亿日元以下的零售批发中小企业等为中小企业。欧盟则规定中小企业人数在 500 人以下，固定净资产在 8000 万欧元以下的中小企业为中小企业。定性界定主要是从中小企业的质量及地位两个方面进行划分，其中包括中小企业是否独立所有、中小企业是否自主经营、中小企业是否占据较小的市场份额等三个判定标准。

目前，不同的国家采用的界定标准不同。但由于定量界定标准简单且易于统计，因此国际上许多国家都采用定量界定的方法对中小企业进行划分，但也有少部分国家在采用定量界定标准的同时也采用定性界定方法，原因在于许多中小企业在这日益激烈的市场竞争中处于弱势，政府为了弥补市场缺陷，保护公平竞争，促进效率的提高，就制定了许多保护性政策，所以就规定中小企业为行业中不具有垄断地位的中小企业，这样也更有利于国家对中小企业的扶持。例如美国，就是同时采用定量界定和定性界定的标准来定义中小企业的，他们规定凡是年营业额在1亿美元以下、中小企业职工人数在500人以下，独立所有，自主经营，在同行业中不占垄断地位的中小企业均被视为中小企业，而且美国政府还对这些符合规定的中小企业提供了一系列的政策扶持。在我国，对中小企业的划分一般都是以独立核算的基层生产单位为基准的。近年来，随着我国经济体制的改革，先后制定了《中华人民共和国中小企业促进法》《中小企业标准暂行规定》等法规，并明确指出应结合各行业特点，根据中小企业职工人数、年销售额、资产总额等指标来划分中小企业。例如：工业行业的中小企业须满足职工人数2000人以下、年销售额30000万元以下、资产总额40000万元以下等特征。

第二节　中小企业的特点

一、中小企业与大型企业相比的特殊性

（一）生产规模小

中小企业由于资本存量水平低，资信程度不高，筹措资金也相对困难，因此生产规模扩张缓慢，在产品品种、质量、标准和技术含量等方面都难以与大型企业相比，生产规模相对较小。然而近几年来，技术方面的变化令人瞩目，一些高新技术中小企业办出了特色，技术含量大大提高。

（二）数量大，分布范围广

无论是发达国家还是发展中国家，中小企业在数量上都占绝对优势。根据国家统计年鉴2019年底的数据，我国企业法人单位数量约2100万家。如日本、美国在制造业方面中小企业分别占全国企业总数的99%和98%，而发展中国家的中小企业经营范围广泛，几乎涉及社会经济和生活的各方面，在制造业、服务业、建筑业、农业、运输业、批发零售业等竞争性领域无所不在。

（三）经营方式灵活多样

中小企业有投资少、见效快的特点，其经营范围宽，经营项目丰富，经营体制灵活。中小企业经营手段灵活多变，市场适应性强，可以根据市场变化较快地调整产品结构，改变生产方向，从而较快地适应市场的新需要，具有很强的生命力。

（四）竞争力弱，寿命短，停业破产率较高

中小企业"船小好掉头"是优势，但真正要在经营中取得有利地位，还需"船大好冲浪"的大型企业。美国每年有 60 万家中小企业注册，但其中 30 万家只能经营一年半，能维持经营 10 年的不到一成。

二、我国中小企业的特点

改革开放以来我国中小企业得到迅猛地发展，在经济发展中呈现出以下特点：

（一）规模小、数量大、技术装备率低

我国的中小企业特别是小企业，由于技术装备低，产出规模小，产品多为劳动密集型，在现代化过程中，还不能像发达国家一样，实现小型企业的巨人化。中小企业一般一次性投资量较小，进入的限制条件较少，使用的多为传统技术，产品的技术含量低，附加价值低，这和中国的整个经济发展水平较低是相称的。

（二）经营灵活，适应性强

中小企业经营手段灵活多变，市场适应性强，可以根据市场变化较快地调整产品结构，改变生产方向，从而较快地适应市场的新需要，具有很强的生命力。

（三）投资主体多元化

我国的中小企业既不像大中型企业那样，多为国家投资兴建；也不像资本主义国家的那样，多为私人投资兴建。而是既有国家投资兴建的企业，也有大量属于劳动人民集体所有的企业，还有相当一部分的个体（私营）企业。一般来说，大型企业多为国有企业，中小型企业多为非国有企业。

（四）生产经营市场调节

在生产经营的外部条件下，在计划经济时期，尽管提过大、中、小型企业并举的口号，但国家计划实际上是偏重于大型企业的投资建设和生产经营，忽视中小企业在经济发展中的作用，因而，中小企业得不到政府计划的保障。改革开放前，中小企业只能在计划经济的缝隙中生存，随着改革开放的进展和市场机制作用的扩大，中小企业才得到迅速发展。

（五）主要面向国内市场，逐步国际化趋势

中国人口多，就业压力大，中小企业自身素质低下、资金短缺，决定了它们的生产、服务须要面向国内市场，尽管近年来出现了一批外向型中小企业，也因为自身素质不高，

难以适应国际市场的激烈竞争而很不稳定，加之体制方面的原因，使得中国中小企业的生产服务方向主要是国内市场。随着生产的社会化分工不断深入，东部地区中小企业与发达国家或地区的贸易往来比较密切，大多生产具有国际比较优势的产品，具有外向型经济的特点。

（六）主要集中在劳动密集型产业

由于中小企业是在就业压力和国内市场需求旺盛的条件下发展起来的，资金短缺，加之中国的整体技术水平相对落后，中小企业主要集中在劳动力密集型产业。其技术进步缓慢，这也决定了中小企业的产品档次低、成本高。

（七）发展不平衡，优势地区集中

中国幅员辽阔，各地区中小企业分布与发展水平极不平衡。东部、中部中小企业数量占全国总量较大，西部较少；在企业规模上，东部中小企业的平均产值规模大于中部和西部，长江中下游地区是中小企业的汪洋大海，江苏以乡镇企业为主，浙江以私营个体闻名；中西部地区资源丰富，但中小企业欠发达，推进第三产业和科技环保型中小企业发展是重点；珠江三角洲地区中小企业区位优势明显。

（八）服务领域拓展迅速

中小企业的服务领域从手工业、简单加工业、零售业拓展到国民经济各主要行业。随着一定的资本原始积累的形成，中小企业的行业涉及面开始拓宽，现已逐步介入到电子、精密仪器、机械化工等技术要求较高的行业。在国民经济第一、第二和第三产业中，几乎都有中小企业存在。

（九）中小企业的组织方式由单兵作战向专业化经营、协作化生产迈进

单兵作战是中小企业早期的主要经营组织方式，但是随着市场竞争的升级，不少企业开始尝试抱团经营，共拓市场，逐步走向专业化；有的成为大企业的卫星企业，形成链条关系，走上为大企业生产配套产品或提供售后服务的专业化道路。

（十）中小企业的产品从单纯模仿型向自主创新型转变

中小企业在发展之初由于技术缺乏、资金少、装备差，因而主要以模仿型产品生产为主。随着资本原始积累的形成，部分企业已开始注重产品的质量与产品的科技含量，有的企业通过招揽人才，形成技术开发中心，自主开发新产品，生产新工艺，有的则借助科研院所的力量走产、学、研相结合的路子。

第三节　中小企业的组织形式

中小企业的组织形式必须在以《公司法》为主的企业组织法规等法律环境下存在，目前主要有独资企业、合伙企业、公司制企业、合营企业和集群制企业等组织形式。

一、独资企业

独资企业是由单个人出资、独立经营并承担法律责任的企业，通常规模较小。这种企业在法律上称为自然人企业。

（一）独资企业的优势：

（1）创办手续简单，易于组建、经营和终止；

（2）筹办费用最低；

（3）所有税后利润都归自己所有；

（4）享受优惠税收待遇；

（5）不必对外公开任何信息；

（6）没有专门的法规制约，行政干预少；

（7）可以随自己的意愿按照个人的方式经营企业，实现个人目标。

（二）采用独资企业形式的不足：

（1）业主对企业债务承担无限责任，如果破产，业主的一切个人财产都可以用来偿债；

（2）个人资金有限，筹措资金的能力弱；

（3）个人能力有限，可能会感到很孤独；

（4）企业与所有者是统一体，企业的存在取决于业主本人；

（5）社会地位相对较低，留不住人才。

虽然有种种不利之处，但为了避免最坏的情况发生，可以从法律上将个人财产划归自己的子女、配偶所有，当然还可以通过保险得到保护；对于个人能力、资金及其他问题都可以采取相应的措施以弥补其不足。

二、合伙经营

合伙经营实际上是一种单一业主联合，通过这种组织方式共同承担与个人财产相关联的法律责任。建立合伙企业，资本更加雄厚，合伙人可以将各自不同的经营技巧带入企业。我国合伙投资的企业合资者多数为主要投资者的亲属、邻居或同乡。绝大多数私营企业所有权和经营权紧密结合。

（一）合伙经营的优点

（1）可以获得较高的启动资本（假定合伙人都投入资金）；

（2）合伙人之间可以互相增强信心，并能够分担责任；

（3）合伙人之间形成技术、能力互补；

（4）与有限公司相比，资本、资产、经营范围等不受限制。

（二）合伙经营的不足

（1）不论是谁的过失，每个合伙人都对公司的债务负责；

（2）可能发生合伙人之间的个人冲突；

（3）除非合伙约书另有约定，只要任一合伙人去世或破产，合伙关系即自动解除。

三、公司制企业

公司是企业的三种基本法律形式中最复杂，也是最符合现代企业制度的一种。公司与独资企业和合伙企业的最基本区别在于：公司是法人企业，而独资企业和合伙企业是自然人企业；公司的财产属于公司所有，不是股东个人所有；公司的经营业务由公司自己的组织机构执行，与股东本人没有直接关系；公司是法人，在法律上具有独立的人格，有权以自己的名义从事经营活动并参与其他有关的民事活动。

（一）公司制企业的优点

（1）股东的有限责任。企业的所有者或投资者以其投资对企业承担责任，股东的个人财产与公司财产分离，保护了投资者除了股金以外的其他个人财产。

（2）公司制是筹集资金的最有效的企业法律形式。可以通过发行股票和债券吸收大量游资，虽然增股并不是筹措扩展资金的唯一途径，但的确是便捷的途径。

（3）企业寿命可以持久延续。公司的生存与任何股东或高管的命运无关，如果公司的某个股东死亡，其股权可由其合法继承人接受，而公司作为法人实体存在，不受任何影响。

（4）所有权转移方便。在大多数情况下，股东可以根据个人意志出售股票，公司的经营不受影响。

（5）管理效率高。随着公司规模的扩大，所有者与经营者逐渐分离，公司的经营管理职能转由职业经理人承担，可以更有效地管理企业。

（6）可以更多地接受社会监督，体现在股票上市和增加股东人数上。

（7）具有通用性特征，对大小企业都适用。

（二）公司制企业的不足

（1）组建工作较复杂，开办费用高。有的国家规定办公司必须聘请律师。

（2）双重税负。公司除了缴纳所得税外，股东还要在从公司得到股息和红利时缴纳个人所得税。

（3）对管理人员的激励因素会逐渐削弱。由于所有者与经营者分离，公司的经营业绩与管理人员的所得和前途没有直接关系。

（4）接受政府的管理。筹办公司前必须提出申请，经过批准后再注册登记。公司投入营业后必须逐年向政府工作报告财务情况。

（5）难以保密。按公司法规定，公司要有经营活动的记录并向政府工作报告，或接受检查。公司还要向股东提供年度财务报告，如果股东很多，等于向社会公开了企业内部的机密。

四、合资企业和中小企业集群组织

中小企业主还可以采取其他合法的企业组织形式，现在最流行的主要有：合资企业和一种新型的企业组织形式——中小企业集群组织，即把同一相关产业的不同中小企业联合起来，在尽可能保留中小企业本身优点的基础上，组成一个强大的企业编队，从而使我国中小企业能在经济全球一体化的市场中不断前进。

（一）合资企业

随着非竞争企业之间的工作关系日益紧密，由两个或多个企业为了获取利润而临时组成一个合伙企业，可以随着经营活动的结束而解散。例如，两个或多个投资者合资购买一块地，然后开发并出售它。许多中小企业以它们的研究和开发资源与大企业合作建立合资企业，而大企业可以提供营销和财务以及其他专业人员。合资企业在世界范围内越来越流行。

（二）中小企业集群

所谓中小企业集群是指在某一特定领域中通常以一个主导产业为核心，大量产业联系密切的企业以及相关支撑机构在空间上集聚所形成的集合体。中小企业集群作为一种颇具特色的经济组织形式，对外它是一个企业组织，有自己的品牌、销售渠道、情报网络甚至研发中心等，其功能类似于一个大型企业；对内它与其他企业之间没有上下级关系，也没有纵向一体化。各中小企业主是基于相互的信任、认同、互惠和优先权行使等原因以会员的身份参与到集群组织中来的。组织内各企业均有明确细致的分工，相互之间的经济交往仍按市场原则进行。集群组织的权力机构是管理委员会，委员会成员由组织内中小企业群选出的代表组成，集群组织的战略决策一般由管理委员会选举或外聘的经理提出，交委员会批准实施。集群组织可以由部分中小企业发起，也可以由地方政府倡议组建，其财产属于所有参与集群组的会员企业。

五、家族企业

（一）家族企业的普遍性

在当今世界上，家族企业是最普遍的主要的企业组织形式之一、43%的欧洲企业是家族企业，而在68%的欧洲企业中，主要行政人员来自控股家族的委派。美国约有90%的企业为家族企业，英国有 70% 的企业为家族企业。世界上很多大的企业都是家族企业出身，如微软、福特、杜邦、柯达、通用电气、迪士尼、强生、诺得斯顿、默克、沃尔玛、宝洁、摩托罗拉、惠普等为数不少的大型公司。在上市的最大型企业中有 40% 的企业仍为家族企业所控制。中国社会科学院社会学所、全国工商联研究室共同组织对 21 个省市自治区的 250 个市县区的 1 947 家中小私营企业进行的抽样调查表明，有近 80% 是家族式企业。我国的家族企业大部分规模很小，但也有一些已进入了大、中型企业的行列，其中有的还成为上市公司。可见，家族企业的存在具有相当的普遍性。

（二）家族企业的定义

家族企业的概念很难清晰界定其内涵，它不仅包括那些夫妻店、父子店和兄弟店，还包括一些上市公司；有的名为乡镇企业，实际上为家族企业的公司，也包括大量存在着"泛家族管理"的高科技企业。综合一些学者的看法和思考，可以将其大致定义为：家族企业是指以血缘关系为基本纽带、以追求家族利益为首要目标、以实际控制权为基本手段、以亲情为首要原则、以企业为组织形式的经济组织。家族企业具有这样的特点：同一家族的两个或两个以上的成员拥有所有权或其他参与管理的职能，家族成员可以专职也可以兼职。

（三）家族企业的特点

（1）组织基础：家族企业的组织成员结构以血缘关系为核心，沿着血缘、姻缘、地缘、业缘、关系缘的方向，组成一个同心圆际线缘网结构。

（2）基本目标：实现家族利益是家族企业的首要目标，并把实现经济利益作为家族成员的基本凝聚力。

（3）产权结构：家族企业都倾向于通过控制所有权实现其他权力安排。家族企业的关键权力均为家族组织的核心成员所把握，从而保持家族对企业的实际控制权，以此维持组织的团结与成员的忠诚。即便是所有权结构由单一转向多元再分离，家族的绝对控股地位和对企业的实际控制权一般是不会轻易放弃的。

（4）领导制度：家族企业基本实行家长制的集权化管理模式。

（5）组织结构：家族企业内部组织结构，基本上都选择直线职能式结构，这种结构与家族企业的集权理念相适应，也与家族企业多、规模小、经济职能单一、产品品种少等经济活动特点相适应。

（6）治理原则：家族企业内部主要以人治方式进行管理，主要依靠个人经验与智慧、情感的好恶和亲朋好友关系来管理企业，管理的主观随意性大。

（7）表现形式：企业在外观上也许具有现代企业的特征，但其内在可能存在着某种对企业决策管理有着重大影响的非正式组织，其成员具有同一家族或亲缘关系背景，有着共同的感情与需要。

（8）社交策略：企业主要通过放大的家族际缘来整合社会关系，扩大组织，获取社会资源。在社会交往中，随时把握着一种亲疏远近的关系原则和内外有别的尺度。

（9）观念倾向：家族企业在生存发展中形成了一种独特地做事方式和有别于其他企业的内部倾向性信念，这就是常说的组织文化。

（四）家族企业的优势

（1）凝聚力强。创业时期，凭借家族成员之间特有的血缘关系、亲缘关系和相关的社会网络资源，以较低的成本迅速集聚人才，团结奋斗，甚至可以不计报酬，能够在很短的一个时期内获得竞争优势，较快地完成原始资本的积累。

（2）集权式的组织模式。家族企业的创立者或继承者，依托家族的血缘关系，将企业的决策权集中在自己手中或家族内部，从而建立了集中、稳定而强大的领导实体。

（3）反应迅速，以家族整体利益来看，利益的一致性使得各成员对外部环境变化具有天然的敏感性；同时，家长制的权威领导，可使得公司的决策速度最快。

（4）代理成本低。家族成员彼此间的信任及了解的程度远高于其他非家族企业的成员，他们之间就可能负担较低的心理契约成本；成员之间特有的血缘、亲缘关系，使家族企业具有强烈的凝聚力，再加上经营权与所有权的合一，因此，家族企业的代理成本相对于其他类型的企业低。

（5）恩威并用的管理方法。家族企业中，不仅严格管理员工，而且更注重改善劳资关系。

（6）家长的示范效应和家族精神。家族企业的创业者或领导者的创业精神在家族企业中具有良好的示范作用。

（五）家族企业的劣势

（1）难以得到最优秀的人才。企业要做大要发展，单纯在家族成员中选择人才，选择面窄，长期的家长制管理，排斥了社会上更优秀的人才的加盟。

（2）结构及内部关系错综复杂。由于血缘关系和亲缘关系的介入，公司的内部结构和关系复杂。家族企业的领导者是否能处理好私人情感与企业利益间的关系，是一个巨大的挑战。

（3）经营层面。家族企业艰苦创业发展壮大后，家族成员很容易产生惰性，从遇事快半拍变为凡事慢半拍，导致公司的经营危机。

（4）战略层面。由于外在环境的变迁，如果战略上不能及时调整，创业初期帮助家族兴起的主业，甚至会成为导致公司亏损的原因。

（5）重人治，轻法治，丧失了组织创新的能力。家族企业领导，经常置董事会和部属意见于不顾，作出草率的决定，产生家族企业经营危机。

第二章 我国中小企业在经济社会中的地位

中小企业作为国民经济重要的组成部分，在我国社会发展中占有不可忽视的地位。它在推动国民经济快速发展、缓解社会就业压力、优化产业及经济结构等方面都发挥着不可替代的作用。据国家信息中心、国务院发展研究中心等单位联合对我国中小企业经济发展状况调查表明：近年来，我国中小企业发展势头迅猛。截至2013年9月，我国中小企业已达到5000万户，从业人数约3亿人。从贡献上来看，中小企业创造的最终产品和服务价值约占国家GDP的65%，解决就业占城镇净增就业人口的75%；中小企业提供的产品、技术和服务出口占全国出口总值的60%，完成的税收已超过我国全部税收总额的50%，中小企业已成为我国拉动经济新的增长点。此外，我国大约80%以上的工业新增产值源自中小企业，特别是2010—2011年间，我国中小企业的销售额增长率和税收增长率分别达到了15%和17%，均超过大型中小企业的增长率，其中2012年中小企业注册资本同比增长了40%，总产值同比增长了49%，营业收入同比增长了72%，消费品零售额同比增长了65%，这些数字的增长均说明了我国中小企业在国民经济和社会生活中的重要地位。

第一节 我国中小企业在经济社会中的作用

中小企业在经济社会中的作用是广泛而深刻的，对整个国民经济的发展也是影响深远的，它已成为国民经济新的增长点。具体来讲，我国中小企业的重要作用主要体现在以下几点：第一，中小企业是助推国民经济增长、抵御市场波动的中坚力量。鉴于中小企业数量之多，涉及面之广等特征，许多国家已将中小企业的发展提升到增强国家经济综合实力的战略高度，并对中小企业大力扶持。据亚太经济合作组织中小企业部长会议显示，在APEC成员体国家及地区中，各中小企业总数已占到了各自中小企业总数的98%以上，所创造的 GDP 比重占 65% 以上，进出口额占到了全部总额的 70%。中小企业已成为各国推动国民经济增长和社会进步的重要力量。另外，推动中小企业的发展还可以有效抵制市场波动给国家经济带来的不良影响，原因在于中小企业规模较小、经营灵活，可以随时根据市场的波动来调整中小企业的生产经营状况。特别是在经济萧条时期，中小企业可以快速调整其产品、技术及经营方式以适应市场变化需求，从而率先显示出经济复苏的迹象。例如，在亚洲金融危机中，我国许多大中小企业由于受到极大的冲击，都不同程度地出现经营困难，而中小企业却没有受多大影响，依然保持着增长的势头，有效地降低了经济衰退所造成的经济增长下降的局面，这显示出中小企业较强的适应能力及对市场波动的抵御作用。第二，中小企业是缓解就业压力、维持社会稳定的基础力量。近年来，随着我国产业结构的调整和经济体制的改革，在中小企业下岗职工增加，城市新增就业人口居高不下，农村富余劳动力继续向城市转移等情况下，中小企业是缓解就业及再就业的蓄水池，它有效解决了我国大量人口特别是弱势群体如大量的老年人、妇女和初次进入劳动力市场人员的就业问题。同时，我国中小企业也是地方财政税收的主要来源之一，因此，大力发展中小企业，为缓解就业压力，维持社会稳定提供了坚实保障。第三，中小企业是技术创新的重要源泉。在这知识经济的时代，中小企业要想在这激烈的市场竞争中立于不败之地，技术创新非常重要，它是许多中小企业不断发展、壮大的关键环节。加之中小企业其独立灵活以及较强的利益约束更能激发人们对创新的开拓精神。另外，中小企业由于不具备较大的规模优势，因此想要在这竞争中求生存，就必须发挥出大型中小企业所无法替代的重要作用，如：积极研发应用技术；不断推动科技产业化；迅速将科研成果转化为生产力等。这些不仅要求中小企业由原来传统的劳动密集型、资本密集型发展方式转变为现在的知识和技术密集型发展方式，更要发挥中小企业经营高效、灵活的特点，大力缩短科学技术转化为现实生产力所耗费的时间和精力的环节。目前，我国中小企业发明的专利占全国专利的 70% 以上；完成的技术创新占全国的 75% 以上；开发的新产品占全国的 80%以上。由此可见，我国中小企业是科技进步的重要载体，是我国技术创新的重要源泉。第四，中小企业是大型中小企业的重要依托。一般来讲，任何中小企业的发展都是由小到大、不断壮大的过程。换言之，那些成长迅速、前景良好、具有管理和技术优势的中小企业发展到一定阶段就成了大型中小企业，因此中小企业常常被认为是大型中小企业的初创阶段。例如：日本著名的丰田汽车公司，在创业初期也只是个小公司，如今已成为日本乃至全世界汽车行业的巨头之一；再如举世闻名的微软公司，在初创时资本仅为 800 美元，但到了2010 年其销售额已达到几千亿美元，雇用员工已遍及世界各个国家。另外，许多中小企业在发展过程中可通过与大型中小企业的协作，获得稳定的原材料供应来源及产品销售渠道，避免不必要的风险；同时还可以学习大型中小企业先进的管理理念及方法，从而完善自身的不足，为日后高效地管理经营中小企业奠定坚实的基础。第五、中小企业是扩大出口的主要力量。自我国加入 WTO 以来，我国中小企业面临着更多的机遇和考验。为了能在这日益激烈的市场竞争中求得生存并不断壮大，许多中小企业把目光从国内市场转向了国外市场，以其独特的产品优势和价格优势去追逐销量的增加和国外市场份额的扩大，同时他们还不断提高产品的核心竞争力以适应国际市场发展的需求；积极参与国际竞争，加强国际间经济技术交流；并在活跃本国经济等方面做出了巨大贡献。据有关数据统计，截止2013年9月，我国中小企业提供的产品、技术和服务出口占我国出口总额的60%，比去年增长了38%。第六，中小企业对农业和农村经济的发展起着重要的作用由于中小企业大多集中在劳动密集型产业，其技术要求不高，机构相对简单，并且生存适应能力强，尤其是在条件比较艰苦的边远地区，中小企业是吸纳就业和再就业的蓄水池，它可以帮助当地农民和居民参加就业，并提高他们的经济收入，为农村经济的发展起到重要作用；另外，对于农业的发展，各级政府不仅要制定相应地扶持性政策，而且以乡镇中小企业为主的中小企业也要提供大力支持，对当地的农业资源进行整合，充分利用当地优势条件，提高农业发展水平，进而带动整个农村经济的快速发展。

第二节 我国中小企业的特征

一、数量众多，分布面广，涉及行业广泛

中小企业是现代经济的重要组成部分，有着广泛的社会经济基础，因此不论是在发达国家，还是在发展中国家，中小企业的数量都占据着绝对的优势。在制造业中，日本的中小企业占中小企业总数的99.6%，美国98.4%，发展中国家这一比例也大致相同，如马来西亚1986年制造业部门中的中小企业占中小企业总数的81%，泰国1984年制造业部门中的中小企业和家庭中小企业规模在9人以下占98.4%，我国1994年乡及乡以上型工业中小企业占工业中小企业总数的99.02%。从中小企业的经营范围来看，中小企业几乎涉及所有的竞争性行业和领域，广泛分布在第一、第二和第三产业的各个行业，特别是在一般制造加工业、农业、建筑业、运输业、批发零售业、餐饮和其他服务行业当中，更具有数量上的优势。而且值得注意的是，随着国家经济结构的不断调整和经济发展水平的不断提高，在一些高新技术产业如软件开发、生物医药、微电子产业等行业中，中小企业占有很大比重，对国民经济的发展有很重要的影响作用。

二、中小企业寿命周期短，新旧中小企业更新速度较快

中小企业资金筹集渠道狭窄，如《中小企业会计制度》中规定的小中小企业是不能对外筹集资金的，导致中小企业资金不足，缺乏发展动力，再加上中小企业的固定资产较少，中小企业的生产能力、产值和利润水平总体较低，抗风险能力较弱，因而其寿命周期都比较短，每年都有大量中小企业倒闭，同时又有大量中小企业创立，新旧中小企业的更新速度较快。

三、集中于劳动密集型产业，产出规模小，技术装备率低

由于我国人口众多，经济发展水平欠发达，整体技术水平相对落后，使得在就业压力和国内市场需求旺盛的条件下发展起来的中小企业主要集中在劳动密集型产业。

四、中小企业所有权与经营权高度统一

所有者与经营者合二为一，中小企业行为目标与所有者目标高度重合，这使中小企业富有活力，灵活多变同时，中小企业内部组织结构简单，管理人格化，没有太多的管理层次，管理权力统一集中于所有者手中。管理者与一般从业人员之间的距离较短，且多具有一定的血缘、亲缘、地缘关系，组织、协调、指挥、监督的过程较为迅速。

五、财务特征

初始资本投入有限，资本积累能力较弱。据有关统计，我国90%以上的中小企业原始资本都来自个人积累、家庭成员或朋友，资本来源比较单一。而在经营过程中，中小企业的资金利润率水平一般低于大中小企业，利润增长缓慢，内部资本积累能力较弱。资产质量较弱，根据第三次全国工业普查的数据显示，我国中小企业的资产负债率高达65.3%，流动资产周转231天数天，流动比率为0.9981%，已属不良型，使得中小企业资产流转率低、使用效率差、经营流动资金紧缺。短期负债与长期负债结构不合理，据有关调查显示，我国31.3%的贷款不能满足需要。由于中小企业很难筹集到长期资金，所以多用短期资金来解决长期资金如固定资产的购入、设备更新等方面的需要，长期资金周转慢、回收期长，而短期负债期限短，随时需要资金来偿还，使得中小企业可能会经常出现急迫的短期偿债的压力。利润质量较低，亏损比较普遍，据统计，中小企业亏损数占全国亏损总数的90%，占全部中小企业总数的60%以上，盈利能力较差。同时利润结构大多存在主营业务收入突出、而其他营业收入较少的状况，一旦其主营业务所在的行业出现大的经济滑坡或重大变动，就会使中小企业陷入利润急剧下降、资金无法周转甚至破产的困境。总之，中小企业在财务方面的特征具有复杂性，且应对风险的能力较弱，需要中小企业加强财务管理来进行改善，才能有利于中小企业的长期发展。

六、中小企业人才流动快，并且员工素质不高

中小企业由于自身规模和中小企业实力的局限，往往难以吸引高级人才的加入，也难以支付真正人才所需的高额待遇。对于中小企业已经拥有的人才，中小企业又往往因为老板情结、管理问题、中小企业文化和待遇等问题，难以稳定下来安心工作。中小企业缺乏稳定、优秀的工作团队，其生存和发展就会遇到很大的困难。

第三节 中小企业的作用

中小企业在现代社会中的作用是广泛而深刻的，对整个国民经济的发展也是影响深远的，尤其是乡镇中小企业和民营科技中小企业的发展尤为迅速，已经成为国民经济新的增长点。具体来讲，中小企业的重要作用主要体现在以下一些方面。

一、中小企业是促进国民经济增长、抵御经济波动的重要力量

中小企业数量巨大，分布涉及各个行业，日益成为经济增长的主要因素。不少国家把中小企业的发展提升到增强经济综合实力的战略高度，积极扶持中小企业，开辟国内外市场，拓展发展空间，提高核心竞争力。据亚太经济合作组织中小企业部长会议统计，在成员体各国家和地区中，中小企业总数占各自中小企业总数的 97% 以上，比重占一半以上，出口总数占到 40% ~ 60%。中小企业已经成为推动国家经济发展和社会进步的重要力量。同时，一个国家总会受到经济波动的影响，而中小企业的发展，可以有效地抑制经济波动对国家经济发展所带来的不良影响。中小企业规模小，经营灵活，可以随时依据市场变化来对本中小企业生产作出适当调整，"船小好调头"，因此在经济萧条的时候，可以比较容易地进行技术、产品及经营方式等多方面的调整，以适应市场变化的需求，一旦市场好转马上就能恢复生机，从而率先显示出经济复苏的迹象。在亚洲金融危机中，我国的大中小企业由于受到极大的冲击，都出现了不同程度的经营困难，而此时的中小企业却仍然保持着强劲增长的势头，大大降低了经济衰退所造成的经济增长下降的幅度，显示出中小企业有较强的适应能力和对经济波动的消解作用。

二、中小企业提供了大量的就业机会

中小企业中有大部分都属于劳动密集型中小企业，由于其数量多，分布面广，初期投资少，对劳动者的技术要求比较低，同样的资本可以吸纳更多的劳动力，因此可以吸引更多的劳动者，同时也是失业人员和新增劳动力就业的主要渠道。据统计，雇员少于 250 人的中小企业占欧盟中小企业总数的 99.8%，其就业人数占总就业人数的 66.5%，1998—1995 年，欧盟大型中小企业创造的就业机会仅略多于失去的就业机会，每年平均 25.9 万个新增就业机会几乎都是由雇员人数少于 100 人以下的中小企业创造的日本年中小企业雇员占从业人员的 63%。德国 1990 年中期中小企业从业人员占全国从业人员的 99%。在我国，中小企业以其占我国全部中小企业的 48.5% 资产创造了 73% 的就业岗位，而且有利于我国弱势群体如大量的老年人、妇女和初次进入劳动力市场的人员等解决就业问题，可以大大

缓解这部分人员的就业困难和由此带来的社会政治问题。随着我国经济体制改革的不断深化和经济结构调整步伐的加快，我国又是一个人口大国，其就业和再就业问题会越来越突出。由于中小企业与大型中小企业相比，数量众多，有机构成低，单位资金所安置的就业人数要比大中小企业多，因此应当大力发展中小企业，缓解就业压力，维持社会稳定。

三、中小企业是科技创新的重要源泉

在知识经济时代，技术创新是使中小企业能够不断发展壮大的重要因素，对于中小企业来说更是如此。中小企业面临着在激烈竞争中生存的巨大压力，其独立性、灵活性、开放性和较强的利益约束更能激发人们的开拓精神和个人创造力同时中小企业不具备较大的规模优势，要想在竞争中生存与发展，必须要在产品更新换代方面走在大中型企业的前面，这也决定了中小企业在开发应用技术、推动科技产业化，将科研成果迅速转化为生产力方面能够发挥大中型企业无法替代的独特作用。大量的中小企业进入高技术产业，依靠其灵活的运行机制，及对新兴市场的敏锐把握和大胆的冒险精神，创造了许多神话般的业绩，如苹果、微软、网景等公司。美国中小企业管理局曾对每个行业中的一项创新成果进行分析，发现其中约有55%是中小企业做出的贡献，其中小企业的人均创新数量是大中型企业的2倍。在我国，自改革开放以来，我国约65%专利是中小企业发明的，75%以上的技术创新是由中小企业完成的，80%以上的新产品是由中小企业开发的。由此可见，我国正在实施科教兴国的战略，迎接知识经济的挑战，中小企业中的高新技术中小企业有着很强的技术创新能力，它们将为我国的经济发展和科技创新发挥极其重要的作用。

四、中小企业是大企业的依托

中小企业的发展都是由小到大、不断壮大的过程，通常大企业都是由成长迅速、发展前景好、具有技术和管理优势的中小企业发展而成的，因此可以把中小企业看作是大中小企业的起步阶段。日本著名的丰田汽车公司在创业初期，只是个小公司，现在已经成为日本乃至世界汽车行业的巨头之一。在另一方面，中小企业通过与大企业的协作与分工，可以获得稳定的原材料供应渠道和产品销售渠道，不用承担太多的风险，还可以在这个协作的过程中，学习大企业先进的管理理念和方法，进而改进自身管理中存在的问题，有利于中小企业家们不断成熟，为成为中小企业经营管理大家打下坚实的基础。

五、中小企业是扩大出口的主要力量

在我国加入 WTO 以后，中小企业面临更多的机会和挑战。由于国内市场竞争激烈，许多中小企业为了生存和发展，便把眼光转向了国外市场，以其独特的产品优势和价格优势逐步扩大着国外市场的份额，为活跃本国经济、参与国际竞争、提高本国产品在国际市场上的竞争力、促进经济技术的国际交流做出了很大的贡献。在其他国家，中小企业也同样显示出了巨大的出口潜力和广阔的发展前景。

六、中小企业对农业和农村经济的发展有着重要的作用

中小企业环境适应能力强，技术要求不高，布局要求简单，能够适应各种环境条件并生存发展，特别适合在交通通信等基础设施条件较差的边远地区进行发展，这样能够吸纳当地农民和居民参加就业，并提高他们的经济收入，起到增加当地财政收入、维护当地社会稳定的重要作用。农业和农村的发展，除了政府要加大支持的力度以外，主要还是要靠以乡镇中小企业为主的中小企业的发展，整合当地农业资源，充分利用当地优势条件，从而带动整个农村经济的快步发展。中小企业对于内陆城市经济的发展、缩小城市和农村的差距、缩小贫富差距、提高农村整体经济水平和整体素质、全面建设小康社会起着非常重要的作用。

第四节　中小企业参与国际贸易的机遇和挑战

目前，尽管对中小企业而言出现了参与世界市场的新机会，但中小企业参与贸易仍然相对有限。

一、中小企业参与贸易的机遇

（一）电子商务发展使中小企业参与国际贸易成本大幅降低

传统上，国际贸易往往是一个成本高、耗时耗力的复杂过程。这意味着只有大企业，通常是制造商或主要资源生产商才能直接参与全球商业活动，因为这需要庞大的组织、金融和基础设施投资。而较小的企业往往缺乏在国外市场上进行广告宣传、海外运输和分销、管理复杂边境事务以及应对监管障碍所需的资源。但现在，随着贸易壁垒大幅减少，交通和电信设施的不断改进，以及信息技术的突破，使小企业可以以更低的成本获得全球范围的市场存在，服务以前由大企业占据的市场。比如，阿里巴巴等电商连通了全球买方卖方，简化了国际支付，加上快递物流系统的快速发展，使中小企业能很便利地进入全球市场，为世界上任何地方的客户提供服务。对已经成功进入国外市场的中小企业，可以利用规模报酬递增的优势，提高它们的生产率，进一步成长为大企业或者成为更有价值的小企业。

电子商务及信息通信技术的发展为中小企业进入国际市场和规避贸易障碍提供了新的机会。近年来，数字技术和互联网为中小企业在国内和全球市场接触客户提供了更多途径。信息通信技术革命对中小企业带来了更多的好处，电子商务为中小企业提供了发展机遇。电信基础设施的发展降低了信息成本和分销成本，促进了贸易发展。电子商务通过以非常低的成本提供供需信息，降低买卖双方因物理距离产生的成本，在线搜索相关技术增加了进口商对出口商的信任。通过电子商务平台，规模较小、生产率较低的企业可以与遥远的客户联系。

（二）全球价值链发展使中小企业参与国际贸易门槛大大降低

过去，大多数贸易主体是大企业，实行垂直一体化经营，贸易产品为制成品。但现在几乎 2/3 的世界贸易是中间产品和服务，这些中间产品和服务由专门从事零部件生产、装配到后台服务等环节的企业生产。这些价值链在国内的延伸和它们之间的相互交叉，意味着许多中小企业即使其产品没有直接出口，但也间接参与了国际贸易。大企业原来因规模大而在产业整合、管理体制和基础设施方面的竞争优势开始减少，因为现在快速变化的市场需要快速创新和组织灵活性。

信息和通信技术革命不仅推动了电子商务的发展，而且与降低贸易壁垒一起，更加深刻地改变了生产和贸易，导致国际生产网络的兴起和全球价值链贸易的发展。全球价值链的出现也增强了中小企业国际化的潜力。全球价值链使企业专注于供应链的某一环节，对中小企业而言这可以提供更多从事国际贸易的机会。虽然中小企业很难在整个价值链中竞争，但它们可以通过执行具有比较优势的环节而更容易地融入全球价值链。通过全球价值链，中小企业可以克服知识差距，寻找客户并减少在国外市场经营的不确定性和风险。在全球价值链中运营的中小企业可能更容易获得国外市场的信息。对于发展中国家的企业，纳入全球价值链不仅为其产品提供新的市场，而且在获取知识、增强学习和创新方面发挥越来越重要的作用。对最不发达国家的小企业而言，参与价值链是获取关于全球市场所需产品、技术类型和质量以及进入这些市场的重要手段。

（三）中小企业参与国际贸易促进了自身的发展

中小企业出口可以提高企业生产率和增长。参与国际贸易能够提高企业绩效，并通过一些机制帮助中小企业。出口参与扩大了企业市场的规模，允许它利用规模经济，吸收过剩的生产能力。出口使企业接触最佳国际做法，促进它们学习，刺激技术升级，或鼓励开发不同或更高质量的产品。进入更大的市场让企业可以销售更多的产品，并将固定生产成本分摊到更多的销售量。特别是在发展中国家，开展业务的限制因素（如信贷限制和合同执行问题）阻碍了只为国内市场生产的企业充分开发规模经济。

创新与出口共同促进中小企业的增长。有证据表明，在国际化之前熟悉创新的中小企业更有可能出口，更有可能成功出口，也更有可能比非创新企业依靠出口带动增长。关于西班牙企业的一项研究探讨了这些因素，发现创新和出口之间的互补性是中小企业增长的驱动力。证据支持创新和出口对中小企业增长的高度支持，以及创新推动出口"良性循环"的潜力，从出口市场获得的外部知识推动了进一步的创新和增长（Golovko 和 Valentini,2011）。同样，研究也表明，在伙伴国家贸易自由化之后，市场份额重新分配给出口商可以激励企业采用最新技术以保持竞争力（Bustos,2011）。中小企业出口可以提高技术效率，对利润和生产率产生积极影响。

中小企业产品的质量也可以从参与国际贸易中受益，这可能是因为高收入国家的消费者对产品质量要求更高，出口到这些国家就要改进和提高产品质量。产品质量有差异，消费者收入也不同，不同国家对不同产品质量的支付意愿也不相同，这意味着来自某一特定贫困国家的出口企业可能为国内市场生产更高质量的出口产品。

获得外国中间投入也可以提高企业的效率，因为这允许它们使用更多样化和更高质量的投入品。进口增加生产率，有助于企业承担进入出口市场的成本，并使它们开始出口，并帮助它们出口更多的品种，提高它们在出口市场上的成功。国际化有利于进口更高质量的中间品，允许中小企业通过学习、品种和质量效应提高生产率，提高出口的质量

世界贸易组织的研究也表明，出口企业更倾向于使用外国投入。使用世界银行的企业调查数据，包括 80 个国家的 7.5 万多家企业，世界贸易组织研究发现，对不同规模的企业而言，出口与进口显著相关。实际上，出口企业的外国投入比非出口企业平均多 14%，出口中小企业使用的外国投入比非出口中小企业多 12%。进口和出口之间的这种相互作用对于全球价值链是有意义的，因为通过进口和出口整合进全球经济可以被视为参与全球价值链的一个特征。从这个角度来看，与非出口中小企业相比，参与全球价值链不仅可能有助于中小企业提高生产率，而且也可以帮助那些不利用外国投入的大型和小型出口企业。

二、中小企业参与贸易面临的挑战

（一）中小企业利用电子商务参与贸易的挑战

电子商务为中小企业从事国际贸易创造了新的机会，但企业规模仍然是使用电子商务的一个主要决定因素，大多数国家的中小企业在线购买和销售落后于较大的同行（贸发会议，2015 年）。电子商务有时被描述为一个全球市场，没有边界，企业可以在全球找到客户。但是，获取全球利基市场仍然具有挑战性。离线交易发生的一些摩擦仍然存在于在线交易。中小企业往往比大企业更难跟上技术变革，特别是因为它们雇用的技术专家较少，而且持续升级技术需要大量资金投入。

微企业和小企业在应用电子商务方面面临着各种障碍，如缺乏识别其电子商务需求的技能，缺乏识别它们从电子商务中可能获得的潜在利益以及如何参与其中的技能。贸发会议（2015 年）研究表明，小企业在尝试利用国际电子商务平台和解决方案时仍面临障碍。在最不发达国家，即使简单的信息和通信技术解决方案，如接入互联网或创建商业网站，往往是中小企业面临的重大挑战。

（二）中小企业通过全球价值链参与贸易的挑战

很多因素决定企业参与贸易或全球价值链，但企业的生产率是成功连接世界市场的关键。中小企业参与贸易或全球价值链的决定因素包括内部因素和外部因素。内部因素主要是影响中小企业生产率水平的一些因素，包括管理技能和劳动力能力，以及采用新技术和创新的能力（经合组织和世界银行，2015 年）。外部因素主要是影响贸易成本的一些因素，包括贸易政策、关税和非关税措施、金融和信息沟通网络基础设施等。电子商务和全球价值链的发展既为中小企业发展带来了机遇，也对中小企业参与贸易带来了挑战。就影响贸易成本的因素而言，往往对中小企业的影响要大于对大企业的影响。某些固定成本，比如

发现贸易伙伴以及通过一些国际贸易认证，对中小企业而言难度高于大企业。某些变动成本，比如运输或物流成本，甚至关税，中小企业也高于大企业。

参与全球价值链并不会自动转化为工作条件的改善，也不会自动提供更高质量的工作。然而，面对新社会和环境下消费者、政府、国际组织和非政府组织的新要求，跨国公司也要求在其外包活动采用自愿行为准则和可持续供应链管理方案。这些行为准则和方案可以促进供应商在健康和安全、劳工权利、人权和反腐败以及污染治理等领域不断进行改进。

（三）中小企业参与国际贸易面临的贸易壁垒、关税和非关税等挑战

虽然一些中小企业可能从进入全球市场，特别是利基市场受益匪浅，但现实情况是，大企业仍然主导着全球贸易格局。中小企业直接或间接渗透海外市场仍然局限于某些部门和少数几个国家。而且小企业仍然面临与其规模不成比例的贸易壁垒，无论其是以关税和非关税措施体现，或者是不必要的海关监管、繁文缛节或信息不透明等，这也意味着所有国家和国际政策都需要在这方面采取一致行动，提高中小企业更有效参与全球市场的能力。对于开放贸易和全球一体化，要使更多人口受益，重要的是确保具有成功潜力的中小企业能够进入全球市场。

大多数贸易和贸易相关政策，关税和非关税措施可能影响中小企业参与贸易，虽然这些政策并初衷并非如此。另外，政府还推行"中小企业政策"，旨在提高中小企业的效率或解决分配问题，比如，通过调整小企业与大企业的竞争环境。贸易协议对政府的贸易和与贸易有关的政策作出了规定，也可能影响中小企业政策。区域贸易协定条款和多边贸易制度会通过对政策的影响从而影响贸易成本，最终，可能会影响中小企业参与贸易的难易程度。虽然多边规则很少明确提及中小企业，但它们可能事实上影响中小企业面临的贸易成本。近年来，在区域贸易协定中，明确提及中小企业变得更加频繁。

消除阻碍生产性中小企业参与贸易的障碍应该允许更多中小企业开始贸易。一旦它们开始贸易，企业就可以进入一个良性循环，贸易提高生产率，促进增长，这反过来增加了贸易的好处。如果直接参与贸易是许多发展中国家企业无法实现的，那么以整合进全球价值链间接参与也是一种选择。

（四）中小企业国际贸易参与度仍然较低

尽管信息通信技术革命带来了新的贸易机会，但现有证据还未有中小企业贸易参与度明显增加的迹象。这可能部分是由于中小企业参与贸易，特别是在全球价值链背景下主要以间接贸易形式，既没有得到充分记录也没有得到充分理解。当然，衡量中小企业参与贸易并在各国进行比较会面临严重的困难。第一，对于中小微企业或中小企业没有统一的定义。第二，普遍缺乏国际可比数据。第三，中小企业通过全球价值链参与贸易没有得到充分衡量。基于传统贸易统计的证据表明，贸易和全球价值链大多涉及大企业，低估了小企业的参与，这些中小企业通常为本国的出口公司提供中间产品，因此间接融入了全球价值链。

现有证据表明，在所有经济体中，包括发展中国家或发达国家，中小企业在国际贸易中的参与程度都低于大企业，也低于它们在就业中的份额。在发展中经济体，中小企业对国际贸易的直接参与它们在国内的重要性不相匹配。世界贸易组织根据世界银行的数据估计，在发展中国家，中小企业的直接出口平均只占制造业总销售额的7.6%，而大型制造业企业则为14.1%。世贸组织的评估表明，发展中经济体的制造业中小企业没有积极参与全球价值链。中小企业在制造业的间接出口估计只占总销售额的2.4%。总体而言，在发展中经济体，中小企业对直接和间接制造业出口的参与估计仅占总销售额的10%，而大企业出口占销售额的比例约为27%。在服务方面，中小企业在间接出口中的份额估计略高于直接出口，但服务总出口（直接和间接）中，中小企业参与度仍然很低，不到总服务收入的4%。在发达经济体，中小企业在出口中所占的份额也相对较小，中小企业的直接出口通常占总出口值的一半以下。

（五）中小企业本身特点带来的挑战

中小企业由于无法利用规模经济，在获得信贷或投资方面面临困难，缺乏熟练劳动力资源，它们的生产率往往较低。相反，大企业因为可以使用更专业的投入，能更好地协调资源，更多地投资于机器设备和人员，享受规模经济的优势，它们的生产率往往较高。

创新是企业提高生产率的主要方式，虽然中小企业比大企业组织结构更加扁平、沟通渠道更快捷，在快速响应客户需求和应对环境变化时具有创新优势，但考虑到与研发相关的固定成本只有在规模足够大时才能收回并产生效益，大企业因为规模经济比小企业更容易地支付这些固定成本。此外，小企业往往缺乏研发投资和购买先进技术的外部融资渠道。因此，在绝大多数情况下，中小企业创新往往不是基于研发，而是对现有产品的微小调整、设计创新、提供新的服务或管理模式等。总体来说，大企业比小企业的创新速度更快。

微型企业和中小企业的生产率低于大企业，因而导致更高的失败率，使在中小企业工作不如大企业稳定，报酬相对较低。首先，中小企业支付的工资低于大企业。企业规模决定了一个工人的收入水平，对于具有相似特征的工人，收入随着企业规模而上升，重要的是，这种结果既适用于正式部门的工人，也适用于非正式部门的工人。中小企业的员工往往比大企业的员工工资低。对此，可能的原因是大企业的劳动生产率更高，有更多的金融资源，而在较小的企业中，家庭所有权的发生率较高，而这与绩效相关的薪酬制度很少相关。其次，中小企业工作的稳定性较低。中小企业的生产率低于大企业，因而导致更高的失败率，使在中小企业工作不如大企业稳定，与大企业的员工相比，中小微企业员工（特别是那些在微企业工作的员工）的工作稳定性和安全性较差。另外，由于规模限制，在发达国家和发展中国家，中小企业比大企业更难为其员工提供培训。

第五节 中小企业参与国际贸易的主要障碍

一、中小企业参与国际贸易面临的主要障碍类别

美国国际贸易委员会、欧洲委员会、世界银行、国际贸易中心、经济合作与发展组织、世界贸易组织等相互合作，已经进行了一些按照企业规模进行的分类调查，有助于我们发现中小企业参与贸易遇到的主要障碍。表3-1是对发展中国家进行调查后发现中小企业面临的主要贸易障碍：（1）关于外国市场运行信息的缺乏，特别是在获得出口分销渠道和联系海外客户等方面的信息更为缺乏；（2）成本很高的产品标准和认证程序，特别是缺乏外国需求信息时更是如此；（3）不熟悉烦锁的海关和官僚程序；（4）缺乏资金及缓慢的支付机制。表3-2是部分国际组织出口的障碍。

表3-1 部分发展中国家出口的障碍

埃塞俄比亚	伊朗	约旦	毛里求斯	尼日利亚	斯里兰卡
– 缺乏资金 – 关税和非关税壁垒 – 不熟悉出口程序 – 从国外收款缓慢 – 外国分销 – 烦琐的出口文件 – 外国市场的政治不稳定 – 外汇汇率	– 出口程序/文件 – 与国外客户沟通 – 从国外收款 – 出口限制 – 外国市场的政治不稳定 – 关税和非关税壁垒 – 不熟悉外国商业惯例 – 社会文化差异 – 语言 – 缺乏国外市场的信息 – 分销渠道 – 物流成本	– 运输费用 – 政府法规 – 外国法规 – 从国外收款 – 资本出口融资成本 – 外汇风险 – 海外市场信息不足 – 汇率波动	– 高运输成本 – 在国外设立办事处的费用 – 货币波动 – 缺乏资金 – 政府官僚体制 – 获得可靠的外国代表 – 汇率政策	– 缺乏出口市场知识 – 缺乏出口融资 – 处理出口所需文件困难 – 运输和保险费用 – 语言差异	– 缺乏资金 – 本国腐败的官僚作风 – 关税和非关税壁垒 – 语言 – 缺乏国外市场的可靠数据 – 难以管理广告和促销

资料来源：经济合作组织和世界贸易组织（2013年）。

表 3-2　部分国际组织出口的障碍

经合组织和亚太经合组织国家	拉美一体化协会国家	加勒比海湾计划出口项目国家
– 确定外国商机 – 关于市场定位/分析的信息不足 – 无法联系潜在的海外客户 – 获得可靠的外国代表 – 缺乏处理国际化事务的管理时间 – 高素质员工缺乏或员工们没有进行国际化专门培训 – 运输成本过高	– 信息和要求缺乏 – 海关和官僚程序 – 财务和支付机制 – 非关税壁垒 – 交通:成本,班次和不安全;物流欠发达 – 营销法规和区域协议 – SPS 和异质性技术措施 – 不对称的国家物理和技术基础设施 – 政治和经济不稳定 – 补贴	– 缺乏市场联系 – 缺乏市场信息

资料来源：经济合作组织和世界贸易组织（2013 年）。

中小企业国际贸易主要通过间接渠道进行，即通过中小企业为价值链上的出口企业生产中间产品实现。直接出口几乎完全由大企业完成。在发达国家和发展中国家，排名前 5% 的企业平均占总出口的 80%。因此，中小企业参与供应链的障碍就成为研究其参与国际贸易障碍的重要线索。

二、中小企业参与国际贸易面临的主要成本障碍

（一）信息和分销渠道成本障碍

除了商品和服务的市场准入和监管障碍之外，对中小企业而言，与信息和分销渠道相关的贸易成本更高。除了产品和服务的生产者和消费者之外，分销网络中还有中介公司参与其中，承担特定的功能。分销渠道有多重形式:(1)直销,生产商直接将产品销售给消费者;（2）通过零售商销售；（3）通过批发商和零售商销售；（4）通过代理商进行销售。这些销售中介可能还承担市场分析、广告、运输 / 物流或售后服务等功能。

对于中小企业来说，进入分销网络可能是发展业务的关键组成部分，特别要在一个区域或全球范围内使其客户多样化。"无法找到外国合作伙伴"和"运输成本高"是中小企业遇到的重要贸易障碍。另外，对服务贸易而言，还需要花费大量精力来应对当地市场的文化、语言等问题。

中小企业出口时面临的分销渠道障碍包括：生产、选择适合特定国家、地区和全球出口市场的商品或服务；使其产品为潜在客户所知晓；产品交付及相关风险（比如货物和服务的运输和实际交付，产品的在线交付，确保最终的产权不受影响）。在国际分销活动中，

一些中间机构，例如从事电子商务的中间机构本身可能是中小企业。此外，中小企业出口商还要承担收集市场信息以及获取出口目的地监管信息的成本。

开展出口业务的企业需要了解出口目的地经济体系的法规，比如产品技术要求、贸易相关的规则和技术法规。还需要了解目标市场的出口机会信息。不了解当地的法规，可能导致产品不符合进口国的规定，导致产品无法入境。缺乏对出口市场需求的了解也会导致利润损失。但是，收集信息成本也很高，有研究认为，贸易中的信息成本大约占6%。

收集信息是出口决策的关键因素，但它需要花费成本。这些成本的大小在很大程度上与出口规模有关。相对而言，小企业在信息收集、传播方面处于劣势地位。贸易联系和商业机会缺乏是中小企业面临的最重要的贸易障碍。

不能由自己销售产品的企业通常会用中间商建立分销渠道。虽然与客户直接联系有助于确定价格，但中间商可以通过它们的网络、联系、经验和专业化或更低的成本更加有效地提供产品。例如，一些中间商拥有潜在客户或分销企业的名单、参与国内市场研究、帮助解决语言障碍，或为出差给予帮助等。对于中小企业，传统上认为与客户的直接联系比通过中间商更有效。但当涉及出口时，中小企业更难实施这种直接销售模式，特别是它们的目标客户地理上分布很广时更是如此。对于中小企业而言，使用中间商可为它们提供建议、互动、支付信任，减少客户的担心等，从而为中小企业出口提供更轻松的解决方案，而不用建立出口附属机构。

（二）运输和物流成本障碍

贸易物流跨越国界，包括提货、货运整合、运输、清关、仓储、分销及货物交付等服务。中小企业往往缺乏国际货运经验，它们的货运量通常较小，安排更不规则。因此，中小企业进出口依赖物流供应商提供相关服务。

与大企业相比，中小企业因较高的物流成本或较难获得有效物流服务而面临特殊的挑战。由于物流基础设施差和物流市场不发达，发展中国家的中小企业更是如此。世界银行物流绩效指数表明，低绩效国家（主要是发展中国家）的物流成本高于高绩效国家（主要是发达国家）。物流服务水平低是中小企业参与贸易的重要障碍。

中小企业的贸易量低于大企业，所以相对出口较多的大企业，其包括物流成本在内的固定贸易成本通常占到其货物成本的一大部分。也就是说，中小企业的物流成本比大企业的成本更高。例如，在拉丁美洲，国内物流成本，包括库存管理、储存、运输和配送，合计占中小企业销售总额的42%以上，而大企业则为15%～18%。在尼加拉瓜，小型牛肉生产商从农场到屠宰场的物流成本是大型生产商的两倍多。对于一个小型出口商，将一公斤西红柿从哥斯达黎加农场运送到尼加拉瓜的最后销售点，运输是主要成本，占总成本的近四分之一（23%），其次是海关（11%）和税收（6%）。相比之下，对大出口商而言，主要成本是海关（10%），其次是运输（6%）和税收（5%）（经合组织，2014年）。因此，降低物流成本对于改善中小企业的贸易机会至关重要。

地理距离明显影响中小企业对出口的参与。证据表明，与大企业相比，中小企业不愿进入遥远的市场。例如，对法国企业进行的研究表明，出口地距离法国增加10%，则中小企业出口将下降3.7%。对于那些出口到遥远市场的中小企业，每个产品和每个企业的平均出货量更大，目的是降低运输成本。

根据联合国贸发会议2014年的一项研究，航运低可靠性和高成本是美国中小企业出口欧盟的重要障碍。欧盟邮政系统的成本和可靠性问题迫使企业使用私人快递运输，这导致较高的成本，小企业难以消化这些成本。运输成本也是欧盟中小企业向美国出口的主要障碍，由于与美国市场的距离，企业主担心运输成本将提高其产品价格，使它们与本地制造商产品难以竞争。

中小企业的物流成本与其规模不成比例。对于雇员少于250人的制造企业，它们的物流成本平均占其总收入的14.7%。相反，对员工超过1000名的企业，其物流成本只占其总收入的6.7%。对于有250 ~ 1000名工人的公司，物流成本占其总收入的6.4%。经合组织和世界银行2015年开展的一项涉及世界各地113家工业企业的研究也证实了上述结果。比如，研究发现，在中国，中小企业报告其总收入的15%用于物流成本，而大企业（超过1000名员工）报告的支出只占5.2%。在南美洲，中小企业报告的物流成本占总收入的15.3%，而大企业报告的物流成本占总收入的9.4%。

三、中小企业参与国际贸易面临的融资难障碍

（一）获得融资的障碍

向国外市场出售涉及的固定和可变成本包括：开发营销渠道的成本、调整产品和包装适应外国口味的成本、学习处理新官僚程序带来的成本等。国际销售从生产到实现收入比国内销售需要更长的时间。此外，国际销售合同更加复杂、风险更大、执行力更差，因此往往需要某种形式的外部信用保险。所以，出口商更可能需要外部信贷。

无论在发达国家还是发展中国家，缺乏或没有足够的资金严重抑制了正规中小企业的发展。对中小企业的贷款，特别是长期贷款，往往受到信息问题和交易成本的阻碍，包括缺乏企业过去业绩（在申请贷款时需要），缺乏抵押品和金融交易记录，这往往转化为更高的贷款成本和金融机构更大的风险，因此中小企业的利率和费用比大企业高。事实上，最近的研究发现，市场失灵，特别是在金融市场由于金融危机或"信息不对称"产生的失灵对中小企业的影响与其规模不成比例，最后导致对中小企业实行更多的信贷配给，产生更高的"筛选"成本和更高的贷款利率。

金融服务机构对中小企业的排斥，使小企业更多依靠自己的资源满足它们的资金需求，减少了其经济机会。Beck等（2008年）发现小企业较少使用外部融资，特别是银行融资，更多地依赖于贸易信贷和非正规渠道融资，而大企业更多地依赖于股本和正规债务。

融资渠道缺乏影响国际贸易结构。Beck（2002年）从理论和经验的角度探讨了金融发展水平与国际贸易结构之间的联系。实证研究（样本来自65个国家、为期30年）支持了模型的预测，即具有较高金融发展水平的国家（通过银行和其他金融机构向私人部门贷款

占国内生产总值的份额）制成品出口在国内生产总值和商品总出口中的份额较高，制成品贸易余额较高。获得融资的障碍也阻碍了中小企业使用互联网从事国际贸易的能力。事实上，在国外销售最难克服的困难之一就是处理在线支付。

（二）贸易融资的障碍

难以获得负担得起的贸易融资是中小企业参与国际贸易的最大障碍之一，影响了发达国家和发展中国家的小企业。2010 年，联合国贸发会议在发达国家调查了 2350 家中小企业和 850 家大企业，得出结论认为，制造业中小企业的 32%，服务部门中小企业的 46% 认为获得跨境贸易融资的过程非常困难。而美国制造业中只有 10% 的大企业，服务部门中只有 17% 的大企业认为贸易融资非常麻烦。

联合国贸发会议的研究还表明，对于希望出口或扩展到新市场的中小企业来说，在调查中列出的 19 个限制因素中，缺乏获得信贷的机会是中小制造企业面临的首要制约因素，是中小服务企业面临的第三大制约因素。

最后，调查显示，虽然美国银行认为中小企业市场部门具有巨大的盈利潜力，但考虑到与这些企业（相对于大企业）交易和信息成本较高，中小企业并不是它们首选的借款人。反过来，美国中小企业抱怨银行"过度"监督，未能满足其具体借款需求，并在使用替代融资来源方面缺乏灵活性。

亚太经合组织关于消除中小企业进入国际市场障碍的研究发现，缺乏出口运营资金融资被列为中小企业国际化的第一制约因素。在欧洲和日本的调查研究也发现了类似的结果。在一项涵盖 50000 个法国出口商数据的研究中，发现在 2008 ~ 2009 年金融危机期间，小型出口企业的信贷约束远远高于大型企业，从而减少了商业市场的范围，甚至导致部分中小企业完全停止出口。研究还发现，在日本，中小企业更可能与陷入困境的银行有关，因此出口型小企业在金融危机期间更加脆弱。

在发展中国家，贸易融资非常困难。部分原因在于地方银行可能缺乏能力、专门知识、监管环境、国际网络及进出口相关融资的外币供应。同样，开展贸易的企业可能不知道它们可以利用的融资产品，或不知道该如何有效地使用它们。鉴于其较小的资本基础以及处理国际贸易相关信用风险能力较低，一些发展中国家的银行可能倾向于风险厌恶型。

根据亚洲开发银行 2014 年的一项研究，中小企业信贷受到很多的限制，估计其一半的贸易融资请求被拒绝，而跨国公司只有 7% 被拒绝。68% 的受调查企业报告说，它们没有为被拒绝的交易寻求替代方案，贸易融资差距似乎因小企业缺乏对许多类型的贸易融资产品和创新选择的认识而加剧。全球贸易融资市场的高度集中也可能帮不了中小企业。最近的一项研究显示，大部分国际贸易融资由相对较小的国际银行提供。其中，40 个银行约占国际贸易融资的 30%，当地和区域银行为其他市场提供资金。

主要的贸易融资银行也在其他金融服务业占主导地位，因此，来自这些银行其他部门的金融危机、审慎规则的变化以及对资产负债表的任何重新校准都会对全球和地方贸易融资供给产生影响。自上一次金融危机结束以来，一些全球性银行已经缩小了规模，减少它们在国际上的存在，特别是在最贫穷的国家。换句话说，在金融危机之后全球银行缩减可能对发展中国家的中小企业贸易商获得信贷、确认信用证并获得美元贷款的能力产生负面影响。

第六节　贸易政策对中小企业的影响

一、关税壁垒对中小企业货物贸易的影响

相对大企业，制造业部门的中小企业认为高关税使其出口的阻力更大。第一种解释是高关税影响中小企业参与贸易。目标市场的高关税使企业更难以通过出口获利。在这种情况下，只有生产率更高的企业才会出口，而较小的企业和低生产率的企业则不会出口。随着关税减少，较小的企业才逐步加入出口市场。Fitzgerald 和 Haller（2014 年）利用爱尔兰企业层面的信息估计，如果将关税从 10% 降至 0 可以将中型企业（员工人数为 100 ~ 249 人的企业）出口参与度从 11.5% 提高到 14.2%。但他们没有发现关税降低对更小的企业有显著影响。第二种解释是高关税对企业出口量的影响。贸易政策的影响取决于企业的特点，如规模和生产率。小企业对关税变化更敏感，因为它们生产的商品需求对价格变化更敏感，或者它们在吸引更多消费者时花费的成本比大企业要低。

关税对不同规模企业的影响存在差异的第二种解释是非从价税的存在。特定关税（每单位关税）和关税配额（通过实施配额许可价格）作为附加贸易成本，与商品单位价格无关。附加贸易成本对生产低价格商品的企业和生产高价格商品的企业之影响不同。显然，对于价格为 1 美元的商品增加 1 美元的关税，比对市场价格为 100 美元的商品增加 1 美元关税是更具有限制性的措施。如果生产低价商品的企业是小企业，则附加贸易成本就可以解释高关税贸易壁垒对小企业影响更大的原因。

第三种解释是市场准入方面存在对中小企业的偏见。也就是说，中小企业在出口市场上的平均关税高于大企业，这就是为什么中小企业认为关税是贸易的主要障碍。另外，政治经济学提供了一些论证来解释这种潜在的结果。政府谈判贸易协议受到强大游说力量的影响，大企业比小企业更有可能参与游说。大企业有更多的资源，比中小企业更有能力参与游说。此外，只有少数几个大企业的部门，比那些有众多小企业的部门对贸易政策结果的影响更大。因此，一国的部门关税情况可能取决于该部门企业的规模。虽然在单边设定中，这将导致大企业主导的部门关税更高，而在合作设定关税时，面向出口的大企业将游说贸易自由化，从而成功降低关税。因此，在同一部门，如果存在大企业，则可能面临较低关税。

最近一项关于法国制造业出口关税的研究表明：（1）法国制造业小企业和大企业的出口关税大部分都低于 10%；（2）小企业更集中于面临相对较高关税的部门，而大企业更集中在面临相对较低关税的部门。法国小型和大型企业面临的关税差异不是很大。实际情况

可能是在面临较低关税的部门经营的公司增长更快。然而，这些研究结果的确提出了一个问题，即一些国家可能重视出口市场上企业面临的关税是否对中小型企业特别苛刻。

二、非关税措施对中小企业货物贸易的影响

非关税措施是中小企业和大企业面临的主要贸易障碍。现有研究发现，非关税措施是欧盟企业进入美国市场最重要的障碍，也是阻碍美国企业出口的主要障碍。根据国际贸易中心 2015 年的一项研究，发展中国家的小企业似乎更容易遭受非关税壁垒的冲击。国际贸易中心以 23 个发展中国家的 11500 个出口商和进口商的问卷为依据，发现小企业受非关税措施的影响最大。其中，出口市场的一致性和装运前要求以及母国检查或认证程序不健全，似乎是主要障碍。在农业方面，认证成本是发展中国家，特别是中小企业价值链升级最严重的障碍之一。

目前相关研究没有提供非关税如何对不同规模的出口企业产生影响。然而，卫生和植物卫生检疫措施和技术性贸易壁垒措施对贸易的影响可能取决于出口商的规模。非关税措施通常被认为是固定成本的重要组成部分，所以与关税有明显区别。比如，企业可能需要大量的初始投资来遵守某一外国标准，但一旦获得新技术，则可能没有额外的可变成本。同样，服务提供商资格或认证的要求可能涉及获得资格或认证的初始成本，但没有额外的可变成本。独立于贸易量 / 价值的固定成本，对中小型企业来说相对更加繁重，因为它们在其单位规模中所占的份额较高。

证据表明，更严格的卫生和植物卫生检疫措施和技术性贸易壁垒措施对于小企业来说成本很高。Reyes（2011）研究了电子行业中美国制造企业对欧洲产品标准与国际规范的协调性反应。他发现，协调促进了非出口企业进入欧盟市场，对已经出口到发展中国家但不是欧盟的美国企业的影响更大。这些企业规模平均小于出口到欧盟的企业。Maertens 和 Swinnen（2009）研究表明，尽管卫生和植物卫生检疫措施要求提高，但是 1991—2005 年，向欧盟出口的蔬菜出现了大幅增长，从而带来了重要的收入增长和脱贫。但是，食品监管加强已经导致蔬菜生产从小农户种植转变为大规模综合生产基地生产。

当在国外市场引入新的限制性卫生和植物卫生检疫措施时，规模较小的出口企业和那些在贸易量方面损失较大的企业就会离开国外市场。Fontagné 等人（2016）研究了更严格的卫生和植物卫生检疫措施如何影响市场调整，结果发现，限制性卫生和植物卫生检疫措施（通过具体贸易关注度衡量）对小企业参与贸易及其贸易量产生负面影响。他们估计，已经触发出口国向世界贸易组织卫生和植物检疫措施委员会提出关注的限制性卫生和植物卫生检疫措施，平均将企业出口概率降低 4%。限制性卫生和植物卫生检疫措施对出口价值的平均效应约为 18%。然而，限制性卫生和植物卫生检疫措施的这种负面影响对于较大的参与者会较小。在引入限制性卫生和植物卫生检疫措施后，较大的企业损失相对较小，因为它们能够吸收较高成本的一部分。引入限制性卫生和植物卫生检疫措施会带来价格上涨，但对大企业和潜在更高效的企业能以更低的成本更容易地满足更严格的要求。大出口商具有较高的市场份额和较低需求弹性，也能将成本损失转嫁到消费者身上。

还有一些证据表明，非关税措施对贸易的影响取决于出口商的规模。比如，对秘鲁芦笋出口企业的研究表明，非关税措施的认证要求对秘鲁中小芦笋出口企业产生了负面影响。秘鲁作为全世界最大的新鲜芦笋出口国，在过去十年中，出口量和出口国数量都明显增加，但来自小规模企业的经认证的出口企业（1.5%）比非认证企业（25%）少。而在取得认证之前（2001年），出口企业更多是小农生产者（20%）。

三、海关程序对中小企业货物贸易的影响

贸易便利化对中小企业的收益可能更大。随着贸易成本的下降，越来越多效率较低的企业将开始出口。因此，贸易便利化可以促进中小企业进入出口市场。出口企业的最小规模和出口时间之间的简单相关性支持这种可能性。

Han和Piermartini（2016）使用世界银行企业调查数据库的研究表明贸易便利化对贸易的影响取决于企业的规模。当出口和非出口企业都包括在分析样本中时，微企业、中小型企业从缩短的出口时间中获利超过大企业。Han和Piermartini估计，减少所有企业出口时间的贸易便利化措施可能使中小企业出口的份额提高近20%，而大企业的份额可能只提高15%。这是因为小企业更有可能开始出口。当只考虑出口企业时，出口时间减少确实有利于企业出口份额的增加，但是对于小企业和大企业来说没有差异。

还有证据表明，贸易便利化协议的不同规定对小企业和大企业影响不同。比如，通过对法国海关出口企业数据分析，发现所有出口企业都从进口国改进的贸易便利化中获益，但对小企业和大企业的相对影响根据简化手续的类型而有所不同。当贸易便利化改进与信息可用性、预裁定和上诉程序有关时，小出口企业的利润相对较高，比如，如果所有东亚和太平洋国家在改善信息可用性的措施中采用该地区的最佳做法，小出口企业的出口量将比目前增加48%，中型企业将增加25%以上，而对大企业没有显著影响。当进口国的简化手续改革涉及简化手续时，大出口企业的利润相对较高。

四、服务贸易政策对中小企业服务贸易的影响

根据世界贸易组织1994年签署的《服务贸易总协定》，服务贸易有四种提供方式：（1）跨境交付：指服务的提供者在一成员方的领土内，向另一成员方领土内的消费者提供服务的方式，如在中国境内通过电信、邮政、计算机网络等手段实现对境外的外国消费者的服务；（2）境外消费：指服务提供者在一成员方的领土内，向来自另一成员方的消费者提供服务的方式，如中国公民在其他中国短期居留期间，享受国外的医疗服务；（3）商业存在：指一成员方的服务提供者在另一成员方领土内设立商业机构，在后者领土内为消费者提供服务的方式，如外国服务类企业在中国设立公司为中国企业或个人提供服务；（4）自然人流动：指一成员方的服务提供者以自然人的身份进入另一成员方的领土内提供服务的方式，如某外国律师作为外国律师事务所的驻华代表到中国境内为消费者提供服务。《服务贸易总协定》中定义的服务贸易是多式联运的：它不仅包括跨境交易（模式1），而且包括在外国领土服务的消费（模式2）和国外供应商的移动，商业存在（模式3）或自然人流动（模

式4）。大多数服务可能通过不止一种供应模式进行交易。因此，一种特定模式下贸易壁垒的影响可能取决于所讨论的模式是否是服务供应商的首选出口方式。

出口服务的中小企业雇用相对更高技术的工人，支付更高的工资，更具创新性，但不一定总是更大。企业规模和出口可能性之间的正向关系在服务业方面实际上是不确定的，而在制造业这一关系是确定的。Lejárraga和Oberhofer（2013）使用法国企业层面的数据发现，企业规模对金融、信息和通信技术、专业服务供应商的出口可能性有积极影响，但对旅行服务提供商没有影响。

中小服务企业如何选择出口，取决于各种模式的成本和收益比较。它们可以选择一种模式，或者可能希望或需要依靠几种模式为国外市场服务。比如，模式1的信息和通信技术服务贸易将通过相关联的模式4来促进，使供应商能够亲近其客户。此外，并非所有模式都是同样可行的出口服务方式：酒店服务基本上只能通过模式2提供，而建筑服务的出口几乎是不可能跨境的。

Persin（2011）认为服务型中小企业往往倾向于"软"形式的国际化，因为规模限制，出口主要通过模式1和模式4。Kelle等（2013）分析了企业跨国出口或通过建立商业存在的选择问题。根据德国企业层面的数据，他们经验性地证实了中小型企业对模式1的偏好。在Henten和Vad（2001）的一项研究中，他们发现除了金融服务业，丹麦中小企业更多地依靠跨境贸易，而不是商业存在出口服务。

除了直接出口外，中小企业还可以借助间接形式的国际化。包括通过中间商的间接出口，比如，与外国企业的技术合作或特许经营和许可等非股权合同模式实现出口。Nords（2015）指出，制造商常常依靠与中小服务企业的特许经营，如汽车经销商、加油站、酒吧或理发店分销他们的货物。

服务贸易壁垒实际上都是监管性质的，但有些可能会对中小企业产生更大的影响。在这个意义上，影响服务贸易的壁垒可以分为影响企业进入或在外国市场成立的能力的措施（"设立"措施），以及影响其市场存在对其业务产生影响的措施（"业务"措施）。前者通常指定固定成本，而后者更可能意味着可变成本。因此，对于中小企业而言，"建立"措施的影响将相对更大一些。

贸易壁垒对供应模式的影响取决于服务的国外市场。中小企业更多地依赖于某些模式而不是其他模式。虽然没有实证分析可以解决贸易政策对中小企业出口模式选择的具体影响，但这些模式中的障碍显然对中小企业的影响要比同样情况下大服务企业更严重。

然而，对小企业和微企业而言，即使在没有任何有意义限制的情况下，模式3也不可行，因为在国外建立商业存在所涉及的巨大成本。因此，模式3的障碍对最小的企业的影响比其他模式都要小。实际上，大多数有关影响中小服务企业出口能力措施的讨论侧重于模式1和模式4发生的贸易，在模式3方面的讨论非常有限。

当涉及模式3时，中小服务企业尤其受到以子公司形式规定商业存在措施的影响。通过设立代表处或分支机构既能节省成本，又能减少烦琐手续，中小企业很可能受到当地注册要求影响更大一些。其他有类似效果的措施包括最低资本要求、培训义务、居住要求和仅向国内中小企业供应商提供补贴等。

就模式1而言，最相关的障碍是要求公司在东道市场建立商业存在以提供跨境服务的措施。同样，在国外市场实施数据本地化要求的措施必然给中小企业造成更大的负担。

模式4的贸易障碍似乎对中小企业特别重要。模式4中"独立专业人员"（即在国外提供服务的个人）的定义就与中小企业相关。因此，独立专业人员流动的所有障碍都对中小企业带来负担。考虑到微企业较高的效率，相对较高技能的劳动力，在模式4中这些企业可能会与国际供应服务商签订服务合同。

模式4中"合同服务提供者"所面临的障碍对中小企业也可能影响很大。合同服务提供者是根据其雇主和当地消费者签订的合同进入出口市场服务公司的雇员。与独立专业人员类似，合同服务提供者出口的服务不依赖于建立商业存在，因此费用较低。因此，市场准入限制，如配额或经济需求审查，以及任何相关的歧视性措施，如居住要求，补贴计划下的不合格资格，歧视性税务待遇等对中小企业的影响超过大企业。

还有一些其他服务措施，虽然不是贸易壁垒本身（既不属于根据《服务贸易总协定》定义为市场准入限制，也不违反《服务贸易总协定》国民待遇六项规定），但可能限制贸易机会，特别是中小企业的贸易机会。其中包括许可证、资格要求、程序及技术标准，这些标准花费高，手续繁杂，大大增加了进入国外市场的固定成本。不过，这些措施是非歧视性的，它们不仅影响外国中小企业，也影响国内中小企业。通过提高服务国内市场的成本，这些措施对小企业将产生更大的影响。

缺乏国外工作经验、教育或资格的认可也可能是中小企业服务出口受监管时面临的又一个重要障碍。由于没有承认安排，在国外市场，缺乏快速授权的承认安排，受监管的服务供应商需要花费大量成本和时间来证明它们有提供相关服务的资质。服务供应商希望进入不同国外市场，当企业具备在国外建立商业存在实力时，它们可以通过聘用本地合格的专业人员来消除这种障碍，但对中小企业来说，这可能成本太高。

对中小企业的出口而言，由于签证和工作许可要求带来的成本相对较高。对于发展中国家的中小企业来说尤其如此，因为它们的雇员往往受到相对更严格的签证要求，特别是当它们寻求进入其他发展中国家市场时。"高级签证交易商"的引入，虽然简化了入境手续，但也可能使中小企业与大企业相比处于相对劣势。

第三章　中小企业财务管理基本概念

第一节　财务管理的概念

一、财务管理的定义

财务管理是指按照一定的原则，运用特定的量化分析方法，从价值量角度出发，组织企业的财务活动，处理企业财务关系的一项经济管理工作，是企业管理的重要组成部分为准确把握财务管理的概念，必须先了解企业所从事的财务活动以及由此而产生的财务关系

二、企业财务活动

企业财务活动是指以现金收支为主的企业资金收支活动的总称。企业的资金收支活动汇集了企业所有的生产经营活动的内容和实质，直观地表现为资金地流入和流出，由资金的筹集、投放、使用、收回和分配等一系列活动所构成，企业的财务活动主要包括以下四个方面。

1.筹资活动

在商品经济条件下，任何经济实体从事生产经营活动的前提是要拥有一定数量的资金并能够对其加以自主的支配和运用。企业取得资金以及由此而产生的一系列经济活动就构成了企业的筹资活动。具体表现为：当企业借助于发行股票、发行债券、吸收直接投资等方式筹集资金时，会引发资金流入企业，此为资金流入；当企业在筹资时支付各种筹资费用，向投资者支付股利，向债权人支付债务利息以及到期偿还债务本金时，会引发资金流出企业，此为资金流出。上述因筹集资金而引发的各种资金收支活动就是筹资活动。

2．投资活动

通过各种方式筹集大量的资金并非企业经营的最终目的。企业筹集资金后所面临的问题是如何合理地运用资金以谋求最大的经济利益，增加企业的价值。企业对资金的运用包含两个方面的内容：将资金投放于长期资产或短期资产。将资金运用在长期资产上称为投资活动；将资金运用在短期资产上进行周转称为资金营运活动。

企业的投资活动可以分为广义的投资活动和狭义的投资活动。狭义的投资活动仅指对外投资，包括对外股权性投资和债权性投资两种。广义的投资活动不仅包括对外投资还包括对内投资，具体表现为：对内固定资产投资、对内无形资产投资等。当企业将筹集到的资金用以购买各种长期资产或者有价证券时，会引发资金流出企业；当企业将长期资产处置或将有价证券转让收回投资时，会引发资金流入企业。上述因资金的投放而引发的资金收支活动就是投资活动。

企业的筹资和投资活动之间不是孤立的，而是互为依存、辩证统一的，筹资活动是投资活动的前提，没有筹资活动，投资活动就将失去资金基础；投资活动是筹资活动的目的，是筹资活动经济效益得以实现的保障，没有投资活动，筹资活动将失去意义，变成不经济行为

3．资金营运活动

企业短期资金的周转是伴随着日常生产经营循环来实现的。具体表现为：企业运用资金采购材料物资并由劳动工人对其进行加工，直至将其加工成可供销售的商品，同时向劳动者支付劳务报酬以及支付各种期间费用。当企业用资金来偿付这些料、工、费的消耗时会引起资金流出企业，最终企业通过销售、货款结算将商品销售出去并实现资金的回笼，从而使资金流入企业，在此过程中，若企业出现临时的资金短缺无法满足经营开支时，还可以借助于举借短期债务的方式筹集流动资金，同样也会引起资金流入企业。如上所述，因企业的日常经营活动而引起的各种资金收支活动就是资金营运活动。

4．利润分配活动

企业在经营过程中会取得利润，也可能会因对外投资而获得投资收益，这表明企业实现了资金的增值或取得了投资收益。企业的利润要按规定的程序进行分配。首先，要依法纳税；其次要用来弥补亏损，提取盈余公积金、公益金；最后要向投资者分配利润。这种因实现利润并对其进行分配而引起的各种资金收支活动就是利润分配活动。

上述四项财务活动并非孤立、互不相关的，而是相互依存、相互制约的。正是上述相互联系又有一定区别的四个方面，构成了完整的企业财务活动，这四个方面也就是财务管理的基本内容，即：企业筹资管理、企业投资管理、营运资金管理和利润分配管理。

三、企业财务关系

企业财务关系是指企业在组织财务活动过程中与各有关方面所发生的经济利益关系。在企业进行筹资、投资、营运及利润分配等财务活动时，因交易双方在经济活动中所处的

地位不同，各自拥有的权利、承担的义务和追求经济利益内容的不同而形成各种各样、各具特色、不同性质的关系，大体可以概括为以下几个方面：

1. 企业与投资者之间的财务关系

企业接受投资者投资形成企业的主权资金，企业将税后利润按照一定的分配标准分配给投资者作为投资者的投资回报；投资者将资金投入企业，获得对企业资产的所有权，从而参与企业的生产经营运作并有权按持有的权益份额从税后利润中获取投资报酬。企业与投资者之间的财务关系体现为所有权性质上的经营权与所有权关系，也可以说是所有权性质上的受资与投资关系。

2. 企业与被投资者之间的财务关系

企业可以将生产经营中闲置下来的、游离于生产过程以外的资金投放于其他企业，形成对外股权性投资。随着经济一体化的不断深入，企业间横向联合的开展，使企业间资金的横向流动日益增多。企业向外单位投资应当按照合同、协议的规定，按时、足额地履行出资义务，以取得相应的股份从而参与被投资企业的利润分配。被投资企业受资后须按照取得的税后利润和规定的分配方案将收益在不同投资者之间进行分配。企业与被投资单位之间的财务关系属于所有权性质上的投资与受资关系。

3. 企业与债权人之间的财务关系

企业向债权人借入资金形成企业的债务资金，企业按照借款协议或合同中的约定按时向债权人支付利息作为对债权人出资的回报，并到期偿还债务本金；债权人按照合同中的约定及时将资金借给企业，成为企业的债权人，有权按合同、协议的约定取得利息和本金的清偿。与投资者不同的是，债权人的出资回报来源于税前利润；投资者的出资回报来源于税后利润，其数额并未在投资时确定下来，而是取决于企业税后利润的多寡以及企业利润分配的比例。企业与债权人之间的财务关系属于债务与债权关系。

4. 企业与债务人之间的财务关系

企业不仅可以向债权人借入资金，形成资金来源，同样也可以将资金通过购买债券、提供借款或商业信誉等形式借给其他利益相关群体，企业将资金出借后，有权要求债务人按照约定的条件偿付本息。企业与这些利益相关群体间形成的财务关系表现为债权与债无关系。

5. 企业与内部职工之间的财务关系

企业与内部职工之间通过签订劳务合同形成一定的财务关系。主要表现为：企业接受职工提供的劳务并从营业所得中按照一定的标准向职工支付工资、奖金、津贴、养老保险、失业保险、医疗保险、住房公积金等。此外，企业还可根据自身业务拓展的需要，为职工提供学习、培训的机会，提高职工的专业技能或管理水平，为企业创造更多的经济效益；职工按照合同约定为企业提供劳务，索取劳务报酬。这种企业与职工之间的财务关系属于劳动成果上的分配关系。

6.企业内部各单位各部门之间的财务关系

企业内部各单位、各部门在企业生产经营过程中所处的环节、职能、分工各不相同，在企业实行内部经济核算制和经营责任制的条件下，企业内部各单位、各部门都有相对独立的资金定额或可独立支配的费用限额，当企业内部各单位、各部门之间相互提供产品、劳务时，对交易的客体——劳务、产品要进行计价并结算。此外，企业内部各单位、各部门与企业财务部门会发生诸如借款、报销、代收、代付等经济活动。在此意义上，其内部各单位、各部门之间会建立一定的财务关系，这种财务关系属于企业内部的资金结算关系，体现了企业内部各单位、各部门之间的利益关系。

7.企业与税务机关之间的财务关系

企业从事生产经营活动所取得的各项收入要按照税法的规定依法纳税，并由此形成与国家税务机关之间的财务关系。任何企业都有依法纳税的义务，以保证国家财政收入的实现，满足社会公共需要。因此，企业与国家税务机关之间的财务关系体现为企业在妥善安排税收战略筹划的基础上依法纳税和依法征税的权利义务关系。

四、财务管理的特点

企业的生产经营活动错综复杂，决定了企业管理活动包括生产经营活动方方面面的内容。具体包括：生产管理、人力资源管理、设备管理、销售管理、物业管理、财务管理等。各项管理工作相互关系、紧密配合，同时在科学分工的基础上又有着各自独特的特点，每项管理工作都与财务管理有着密切联系。财务管理的特点主要表现在：

1.财务管理是一种价值管理

企业管理在实行分工、分权管理的过程中形成了一系列专业管理活动，这些管理活动各有其侧重点，有的侧重于使用价值的管理，有的侧重于价值的管理，有的侧重于劳动要素的管理，有的侧重于信息的管理等。其中财务管理是针对企业的资金运动及其形成的财务关系所进行的管理，是从价值角度对企业的经营活动进行的管理。由此可见，财务管理区别于其他管理活动的最显著的特点在于它是一种价值管理。

2.财务管理是一项综合性的管理工作

财务管理工作是通过价值形式，对企业的各种经济资源、生产经营过程、战略发展方向和生产经营成果进行合理地配置、规划、协调和控制，提高企业经营效率并制定适应企业生产经营特色的财务政策，提高企业的经济效益，使企业所有者财富不断增加。因此财务管理既是企业管理的一个独立方面，又是一项综合性的管理工作。

3.财务管理与企业各方面的管理工作具有广泛地联系

财务管理是组织财务活动，处理财务关系的一项综合性的管理活动，财务管理的对象是企业的各项财务活动以及由此引发的各种财务关系。故此，在企业的生产经营过程中涉及资金收支的活动都与财务管理有关。而在企业管理实务中，企业内部各职能部门的运营活动都会或多或少涉及资金的收支。主要表现在各职能部门会因使用资金而与财务部门产生联系；财务部门要对各职能部门的财务收支进行预算、监督，确保各部门合理地使用资金、节约资金占用、提高资金使用效率。因此财务管理工作会与企业管理的各个方面产生广泛地联系。

4.财务管理能够迅速反映企业生产经营状况

在企业进行财务管理的过程中，通过计划、组织、协调和控制对企业各方面的财务活动进行管理，在制定了适宜的财务政策后实施决策，同时在财务计划过程中为财务决策的实施奠定了评价、分析基础。因此，在企业管理过程中决策是否合理、经营是否适当、技术是否有优势、产销是否顺畅等都可以快速地借助于财务分析指标及选定的比较标准来进行衡量、评价，反映企业生产经营的实际状况和取得的财务成果。为此，财务部门应通过财务报表分析及时向企业的管理层报送有关财务分析指标的变化情况，以使决策层及时掌握企业各方面经营运转状况和财务成果，努力实现财务管理目标。

第二节　财务管理的目标

由系统论可知，正确的目标是系统良性循环的前提条件，企业财务管理的目标对企业管理系统的运行也具有同样的意义。为此，应首先明确财务管理的目标。

一、财务管理目标的概念

企业财务管理目标是指为了完成企业管理对财务管理提出的要求，在企业理财过程中实现事先拟定的希望实现的结果。它是在特定的理财环境中，通过组织财务活动、处理财务关系所要达到的根本目的。理财目标是衡量财务管理过程是否有效的最终标准。

企业财务管理目标具有以下特征：

（1）财务管理目标具有相对稳定性。随着宏观经济体制和企业经营方式的变化，随着人们认识的发展和深化，财务管理目标也可能发生变化。但是，宏观经济体制和企业经营方式的变化是渐进的，只有发展到一定阶段以后才会产生质变；人们的认识在达到一个新的高度以后，也需要有一个达成共识、为人所普遍接受的过程。因此，财务管理目标作为人们对客观规律性的一种概括，总的说来是相对稳定的。

（2）财务管理目标具有可操作性。财务管理目标是实行财务目标管理的前提，它要能够起到组织动员的作用，要能够据以制定经济指标并进行分解，实现职工的自我控制，进行科学的绩效考评，这样，财务管理目标就必须具有可操作性。具体说来包括：可以计量，可以追溯，可以控制。

（3）财务管理目标具有层次性。财务管理目标是企业财务管理这个系统顺利运行的前提条件，同时它本身也是一个系统。各种各样的理财目标构成了一个网络，这个网络反映着各个目标之间的内在联系。财务管理目标之所以有层次性，是由企业财务管理内容和方法的多样性以及它们相互关系上的层次性决定的。

由于企业所处的宏观经济环境不同，企业管理目标的衡量标准不同，企业管理的价值取向不同，企业财务管理目标也表现出了不同的内容。1.2.2~1.2.4 是在财务管理理论和实践中出现的最具代表性的几种观点。

二、以利润最大化为目标

利润最大化是西方微观经济学的理论基础。西方经济学家以往都是以利润最大化这标准来分析和评价企业的行为和业绩。这种观点认为：利润代表企业新创造的价值，利润越多则说明企业的价值积累越多，越接近企业的管理目标。

以"利润最大化"作为理财目标的原因是：

（1）从全社会角度看，人类从事生产经营的目的是创造更多的财富，企业生产更多的剩余产品用以满足消费者的消费需求。在经济领域中，用来衡量剩余产品数量多少的价值指标是利润额。

（2）在自由竞争的资本市场中，一定量资本的最终使用权归使用效率最好的企业，即获利最多的企业。

（3）利润是企业补充资本，扩大生产经营规模的资金源泉，利润越多，企业的自我积累能力越强，越具有竞争实力。

因此以利润最大化作为理财目标在一定条件下对社会经济发展、企业管理目标的实现具有一定的积极意义。但"利润最大化"目标在实践应用中暴露出许多缺点：

（1）没有考虑利润实现的时间，没有考虑项目收益的时间价值。例如有 A.B 两个投资项目，其利润都是 10 万元，如果不考虑资金的时间价值，则无法判断哪一个更符合企业的目标。但如果说 A 项目的 10 万元是去年已赚取的，而 B 项目的 10 万元是今年赚取的，显然，对于相同的现金流入来说，A 项目的获利时间较早，也更具有价值。

（2）没有考虑风险问题。高风险往往伴随着高利润，如果为了利润最大化而选择高风险的投资项目，或进行过度的借贷，企业的经营风险和财务风险就会大大提高

（3）没有考虑利润和投入资本的关系。片面地追求利润最大化，可能会使企业在制定政策时过于重视"近期利益"忽视"远期利益"，引发决策上的"短视行为"，导致企业只顾实现目前的短期利润最大化，忽视了企业的长远发展。

三、以每股收益最大化为目标

这种观点认为：在企业运营过程中，资金是稀缺的经济资源，所以在企业理财时还应重视对资金运营效率的管理，即应当把企业获取的利润与所有者（股东）投入的资本相联系，从而衍生出"每股收益最大化"的企业理财目标。"每股收益最大化"目标克服了"利润最大化"目标中的一个缺点，即考虑了所得与所费之间的比例关系,强调了资金运营效率,但是该理财目标中依然存在弊端：

（1）没有考虑到资金的时间价值；

（2）没有考虑取得利润时所承担地风险；

（3）不能避免决策上的"短视行为"。

四、以股东财富最大化为目标

股东财富最大化是指通过财务上的合理经营，为股东带来最多的财富。在股份经济条件下，股东财富由其所拥有的股票数量和股票市场价格两方面来决定，其中，股票数量的多少取决于股东最初投入的资本数额，并不能体现出企业日后的经营为其带来的利益。因此，股东财富最大化也最终体现为股票价格。

股价的高低代表了投资大众对企业价值的客观评价。衡量股东财富大小的标准每股价格的高低反映了资本和获利之间的关系；它受每股盈余的影响，反映了每股盈余大小和取得的时间；它受企业风险大小的影响，可以反映每股盈余地风险。

综上所述，与前两种财务管理目标相比，"股东财富最大化"有其显著的优点

（1）概念清晰，股东财富最大化可以用股票市价来计量；

（2）考虑了资金的时间价值；

（3）科学地考虑了风险因素，因为风险的高低会对股票价格产生重要影响；

（4）股东财富最大化一定程度上能够克服企业在追求利润上的短期行为，因为不仅目前的利润会影响股票价格，预期未来的利润对企业股票价格也会产生重要影响；

（5）股东财富最大化目标比较容易量化，便于考核和奖惩。

但是，这一理财目标也有其缺点：

（1）它只适用于上市企业，对非上市企业很难适用。就中国现在国情而言，上市企业并不是中国企业的主体，因此在现实中，股东财富最大化尚不适于作为中国财务管理的目标。

（2）股东财富最大化要求金融市场是有效的。由于股票的分散和信息的不对称，经理人员为实现自身利益的最大化，有可能以损失股东的利益为代价作出逆向选择。

（3）股票价格除了受财务因素的影响之外，还受其他因素的影响，股票价格并不能准确反映企业的经营业绩。所以，股东财富最大化目标受到了理论界的质疑。

第三节　财务管理的环境

财务管理环境是指对企业财务活动和财务管理产生影响和作用的企业内外部的各种条件。通过环境分析，可以提高企业财务行为对环境的适应能力、应变能力和利用能力，以便更好地实现企业财务管理目标。

企业财务管理环境按其存在的空间，可分为内部财务环境和外部财务环境。内部财务环境主要内容包括企业资本实力、生产技术条件、经营管理水平和决策者素质等四个方面。

由于内部财务环境，存在于企业内部，是企业可以从总体上采取一定的措施施加控制和改变的因素。而外部财务环境，由于存在于企业外部，它们对企业财务行为的影响无论是有形的硬环境，还是无形的软环境，企业都难以控制和改变，更多的是适应和因势导利因此本章主要介绍外部财务环境。影响企业外部财务环境有各种因素，其中最主要的有法律环境、经济环境和金融市场环境等。

一、法律环境

财务管理的法律环境是指企业和外部发生经济关系时所应遵守的各种法律、法规和规章。市场经济是一种法治经济，企业的一切经济活动总是在一定法律法规范围内进行的。一方面，法律提出了企业从事一切经济业务所必须遵守的规范，从而对企业的经济行为进行约束；另一方面，法律也为企业合法从事各项经济活动提供了保护。企业财务管理中应遵循的法律法规主要包括以下几方面。

1．企业组织法

企业是市场经济的主体，不同组织形式的企业所适用的法律不同。按照国际惯例，企业划分为独资企业、合伙企业和公司制企业，各国均有相应的法律来规范这三类企业的行为。因此，不同组织形式的企业在进行财务管理时，必须熟悉其企业组织形式对财务管理的影响，从而做出相应的财务决策。

2．税收法规

税法是税收法律制度的总称，是调整税收征纳关系的法规规范。与企业相关的税种主要有以下五种：

（1）所得税类：包括企业所得税、个人所得税。

（2）流转税类：包括增值税、消费税、营业税。

（3）资源税类：包括资源税、土地使用税、土地增值税。

（4）财产税类：财产税、房产税、城市房地产税、车船使用税。

（5）行为税类：印花税、屠宰税。

3．财务法规

企业财务法规制度是规范企业财务活动，协调企业财务关系的法令文件。我国目前企业财务管理法规制度有：《企业财务通则》行业财务制度和企业内部财务制度等三个层次。

4．其他法规

如《证券交易法》《票据法》《银行法》等。

从整体上说，法律环境对企业财务管理的影响和制约主要表现在以下方面在筹资活动中，国家通过法律规定了筹资的最低规模和结构，如《公司法》规定股份有限公司的注册资本的最低限额为人民币1000万元，规定了筹资的前提条件和基本程序，如《公司法》就对公司发行债券和股票的条件做出了严格的规定。

在投资活动中，国家通过法律规定了投资的方式和条件，如《公司法》规定股份公司的发起人可以用货币资金出资，也可以用实物、工业产权、非专利技术、土地使用权作价出资，规定了投资的基本程序、投资方向和投资者的出资期限及违约责任，如企业进行证券投资必须按照《证券法》所规定的程序来进行，企业投资必须符合国家的产业政策，符合公平竞争的原则。

在分配活动中，国家通过法律如《税法》《公司法》《企业财务通则》及《企业财务制度》规定了企业成本开支的范围和标准，企业应缴纳的税种及计算方法，利润分配的前提条件、利润分配的去向、一般程序及重大比例。在生产经营活动中，国家规定的各项法律也会引起财务安排的变动或者说在财务活动中必须予以考虑。

二、经济环境

财务管理作为一种微观管理活动，与其所处的经济管理体制、经济结构、经济发展状况、宏观经济调控政策等经济环境密切相关。

1．经济管理体制

经济管理体制，是指在一定的社会制度下，生产关系的具体形式以及组织、管理和调节国民经济的体系、制度、方式和方法的总称，可以分为宏观经济管理体制和微观经济管理体制两类。宏观经济管理体制是指整个国家宏观经济的基本经济制度，而微观经济管理体制是指一国的企业体制及企业与政府、企业与所有者的关系。宏观经济管理体制对企业财务行为的影响主要体现在，企业必须服从和服务于宏观经济管理体制，在财务管理的目标、财务主体、财务管理的手段与方法等方面与宏观经济管理体制的要求相一致。微观经济管理体制对企业财务行为的影响与宏观经济体制相联系，主要体现在如何处理企业与政府、企业与所有者之间的财务关系。

2．经济结构

一般指从各个角度考察社会生产和再生产的构成，包括产业结构、地区结构、分配结构和技术结构等。经济结构对企业财务行为的影响主要体现在产业结构上。一方面产业结构会在一定程度上影响甚至决定财务管理的性质，不同产业所要求的资金规模或投资规模不同，不同产业所要求的资本结构也不一样。另一方面产业结构的调整和变动要求财务管理做出相应的调整和变动，否则企业日常财务运作艰难，财务目标难以实现。

3．经济发展状况

任何国家的经济发展都不可能呈长期的快速增长之势，而总是表现为"波浪式前进，螺旋式上升"的状态。当经济发展处于繁荣时期，经济发展速度较快，市场需求旺盛，销售额大幅度上升。企业为了扩大生产，需要增加投资，与此相适应则需筹集大量的资金以满足投资扩张的需要。当经济发展处于衰退时期，经济发展速度缓慢，甚至出现负增长，企业的产量和销售量下降，投资锐减，资金时而紧缺、时而闲置，财务运作出现较大困难。另外，经济发展中的通货膨胀也会给企业财务管理带来较大的不利影响，主要表现在：资金占用额迅速增加；利率上升，企业筹资成本加大；证券价格下跌，筹资难度增加；利润虚增资金流失等。

4.宏观经济调控政策

政府具有对宏观经济发展进行调控的职能。在一定时期，政府为了协调经济发展，往往通过计划、财税、金融等手段对国民经济总运行机制及子系统提出一些具体的政策措施。这些宏观经济调控政策对企业财务管理的影响是直接的，企业必须按国家政策办事，否则将寸步难行。例如，国家采取收缩的调控政策时，会导致企业的现金流入减少，现金流出增加、资金紧张、投资压缩。反之，当国家采取扩张的调控政策时，企业财务管理则会出现与之相反的情形。

三、金融市场环境

金融市场是指资金筹集的场所。广义的金融市场，是指一切资本流动（包括实物资本和货币资本）的场所，其交易对象为：货币借贷、票据承兑和贴现、有价证券的买卖、黄金和外汇买卖、办理国内外保险、生产资料的产权交换等。狭义的金融市场一般是指有价证券市场，即股票和债券的发行和买卖市场。

1.金融市场的分类

（1）按交易期限分。按交易期限分为短期资金市场和长期资金市场。短期资金市场是指期限不超过一年的资金交易市场，因为短期有价证券易于变成货币或作为货币使用，所以也叫货币市场。长期资金市场，是指期限在一年以上的股票和债券交易市场，因为发行股票和债券主要用于固定资产等资本货物的购置，所以也叫资本市场。

（2）按交易性质分。按交易性质分为：发行市场和流通市场。发行市场是指从事新证券和票据等金融工具买卖的转让市场，也叫初级市场或一级市场。流通市场是指从事已上市的旧证券或票据等金融工具买卖的转让市场，也叫次级市场或二级市场。

（3）按交易直接对象分。按交易直接对象分为：同业拆借市场、国债市场、企业债券市场、股票市场和金融期货市场等。

（4）按交割时间分。按交割时间分为：现货市场和期货市场。现货市场是指买卖双方成交后，当场或几天之内买方付款、卖方交出证券的交易市场。期货市场是指买卖双方成交后，在双方约定的未来某一特定的时日才交割的交易市场

2.金融市场与企业财务活动

企业从事投资活动所需要的资金，除了所有者投入以外，主要从金融市场取得。金融政策的变化必然影响企业的筹资与投资。所以，金融市场环境是企业最为主要的环境因素，它对企业财务活动的影响主要有：

（1）金融市场为企业提供了良好的投资和筹资的场所。当企业需要资金时，可以在金融市场上选择合适的方式筹资，而当企业有闲置的资金，又可以在市场上选择合适的投资方式，为其资金寻找出路。

（2）金融市场为企业的长短期资金相互转化提供方便。企业可通过金融市场将长期资

金，如股票、债券，变现转为短期资金，也可以通过金融市场购进股票、债券等，将短期资金转化为长期资金。

（3）金融市场为企业财务管理提供有意义的信息。金融市场的利率变动反映资金的供求状况，有价证券市场的行情反映投资人对企业经营状况和盈利水平的评价。这些都是企业生产经营和财务管理的重要依据。

3. 我国主要的金融机构

（1）中国人民银行。中国人民银行是我国的中央银行，它代表政府管理全国的金融机构和金融活动经理国库。它的主要职责为：拟定金融改革和发展战略规划，起草有关法律和行政法规草案、依法制定和执行货币政策、完善金融宏观调控体系等。

（2）政策银行。政策银行是指由政府设立，以贯彻国家产业政策、区域发展政策为目的，不以营利为目的的金融机构。我国目前有三家政策银行：国家开发银行、中国进出口银行、中国农业发展银行，均直属国务院领导。

（3）商业银行。商业银行是以经营存款、放款、办理转账结算为主要业务，以营利为主要经营目标的金融机构。商业银行没有货币的发行权，业务主要集中在经营存款和贷款业务，存贷款之间的利差就是商业银行的主要利润。我国商业银行有：国有独资商业银行、股份制商业银行、城市商业银行、农村商业银行和邮政储蓄银行。

（4）非银行金融机构。非银行金融机构是以发行股票和债券、接受信用委托、提供保险等形式筹集资金，并将所筹资金运用于长期性投资的金融机构。我国主要的非银行金融机构有：保险公司、信托投资公司、证券机构、财务公司、金融租赁公司等

第四节　财务管理的原则

财务管理原则，也称理财原则，是进行企业财务管理所应遵循的指导性的理念或标准，是人们对财务活动的共同的、理性的认识，它是联系理论与实务的纽带，是为实践所证明了的并且为多数理财人员所接受的理财行为准则，它是财务理论和财务决策的基础。

一、系统原则

财务管理从资金筹集开始，到资金收回为止，经历了资金筹集、资金投放、资金收回与资金分配等几个阶段，这几个阶段互相联系、互相作用，组成一个整体，具有系统的性质。为此，做好财务管理工作，必须从财务管理系统的内部和外部联系出发，从各组成部分的协调和统一出发，这就是财务管理的系统原则。在财务管理中应用系统原则，中心是在管理中体现系统的基本特征。

（1）系统具有目的性。

（2）系统具有整体性：只有整体最优的系统才是最优系统，各财务管理系统必须围绕

整个企业理财目标进行。

（3）系统具有层次性：在企业资源配置方面，应注意结构比例优化，从而保证整体优化。

（4）系统具有环境适应性：在理财环境中必须保持适当的弹性，以适应环境的变化。系统原则是财务管理的一项基本原则，在财务管理实践中，分级分口管理、目标利润管理、投资项目的可行性分析都是根据这一原则来进行的。

二、平衡原则

在财务管理中，要力求使资金的收支在数量上和时间上达到动态的协调平衡，这就是财务管理的平衡原则。资金收支动态的平衡公式为：

目前现金余额＋预计现金收入－预计现金支出＝预计现金余额

如果预计的现金余额远远低于理想的现金余额，则应积极筹措资金，以弥补现金的不足；如果预计的现金余额远远大于理想的现金余额，应积极组织还款或进行投资，以保持资金收支上的动态平衡，实现收支相抵，略有结余。

平衡原则也是财务管理的一项基本原则，财务管理的过程就是追求平衡的过程。在财务管理实践中，现金的收支计划、企业证券投资决策、企业筹资数量决策，都必须在这一原则指导下进行。

三、弹性原则

在财务管理中，必须在追求准确和节约的同时，留有合理的伸缩余地，这就是财务管理的弹性原则。

在财务管理中，之所以要保持合理的弹性，主要是因为以下几个方面的原因：①财务管理的环境是复杂多变的，企业缺乏完全的控制能力；②企业财务管理人员的素质和能力也不可能达到理想的境界，因而，在管理中可能会出现失误；③财务预测、财务决策、财务计划都是对未来的一种大致的规划，也不可能完全准确。为此，就要求在管理的各个方面和各个环节保持可调节的余地。

弹性原则是财务管理中必须遵循的一项原则。在财务管理中，只有允许各子系统都保持一定的弹性，才能保证财务管理系统的整体具有确定性。财务管理实践中，对现金、存货留有一定的保险储备，在编制财务计划时留有余地，都是弹性原则的具体应用。

四、比例原则

财务管理除了对绝对量进行规划和控制外，还必须通过各因素之间的比例关系来发现管理中存在的问题，采取相应的措施，使有关比例趋于合理，这便是财务管理的比例原则。

比例原则是财务管理的一项重要原则。

五、优化原则

财务管理过程是一个不断地进行分析、比较和选择，以实现最优的过程，这就是财务管理的优化原则。

在财务管理中贯彻优化原则，主要包括如下几方面内容

（1）多方案的最优选择问题。

（2）最优总量的确定问题。

（3）最优比例关系的确定问题。

优化原则是财务管理的重要原则，财务管理的过程就是优化过程。如果不需要优化，管理就失去了意义。

第四章　中小企业财务管理的价值尺度

第一节　货币的时间价值

众所周知,将 100 元存入银行,一年定期,利率为 10%,一年后就可以从银行取回 110 元。如果有人说今年投资额 10000 元,明年回收 10000 元保本,那就错了,当银行存款利率为 10% 时,收回 11000 元才能保本。这是从事财务管理的人要具备的起码知识,在理论上我们称之为货币的时间价值(the time value of money)。货币的时间价值是企业筹资和投资决策的一个重要依据。

一、为什么货币有时间价值

货币具有时间价值的前提条件是利息的存在。那么利息又是从哪里来的呢?当货币投入生产经营活动后,企业一般会取得利润,货币会发生增值。如果这笔钱是借入的,货币的所有者就要分享一部分增值额,分享多少可用利率表示,借款人一般要求获得社会平均资金利润率。这说明,货币时间价值存在的基本条件是货币必须投入生产经营过程。如果人们把货币放在家中,该货币不仅不增值,在通货膨胀时还会减少其实际价值。

那么,什么叫货币的时间价值呢?货币的时间价值是指投入生产经营过程的货币,随着时间的推移所发生的增值额。

二、有关货币时间价值的基本概念

（一）单利与复利

单利是指只对本金计算利息，利息不再计利息。例如，存入银行 100 元，年利率 10%，三年后的本利和为 100+（100×10%）×3=130（元）。我国目前银行存款、债券均采用单利计算。

复利是指经过一定期间，将所生利息加入本金再计利息，逐渐滚算，俗称"利滚利"。如前例，采用复利计算，三年后的本利和为 100+100×10%+（100+10）10%+（100+10+11）×10%=133.10（元）。我国居民储蓄和债券虽采用单利计算利息，但它对于存款期的长短不同给予不同的利率，这就是考虑了复利的因素。将货币的时间价值用于筹资或投资决策，必须用复利计算，不能用单利计算。因为筹资及投资直到资金的收回或退出均需要一段较长的时间，在已知单位时间利率时（一般为年利率），只有用复利法，才能正确计算出其终值或现值。

（二）复利终值

复利终值是指现在投入一笔资金，在一定的利率下，按复利计算的将来某个时点的价值。如前例，2021 年元月存款 100 元，年利率 10%（本节以下利率均为 10%），2021 年元月本利和为 100+100×10%=100×（1+10%）。当即将本息又存入银行一年，2021 年元月本利和为 100×（1+10%）+100×（1+10%10%=100×（1+10%）×（1+10%）=100×（1+10%）照这样反复进行下去，第 n 年的本利和为 100×（1±10%）。可用通用公式表达如下：

设：

终值为 F（Future amount

现值为 P（Present amount）

利率为 i（Interest rate）

则：$F = P(1+t)$

为了计算方便，人们设计了一系列复利系数表，计算终值可查"复利终值系数表"，(1+1) 称为复利终值系数，n 表示复利的次数，t 表示复利期间的利率。如某债券 10 年期，年利率为 10%，每年复利一次，则 n =10，i =10%；如果每半年复利次，则，t =20，i =5%。查表的方法是在表上 n 与 t 的交点处即可查出所需系数，例如，本金 100 元，i =10%，3 年后终值是多少？在 n =3，i =10% 处查出系数为 1.331，故终值为 10×1.331=133.10（元）。

（三）复利现值

复利现值是指将来收入的一笔资金，在一定的利率下，按复利计算的现在的价值。三年后打算收回 133.1 元，i =10%，现在必须存入多少钱？看过前例，人们很快会回答：现在要存入 100 元。要计算现值，只要在"复利现值系数表"上查出所需系数，将已知的终值乘系数即可得出结果。

（四）年金

年金是在商品经济社会中常遇到的问题。例如，一套公寓现售价 160000 元采用分期付款方式销售。假如要您 10 年交清，每年付款一次，每次要付多少钱？如果您回答：每次支付 16000 元，那就错了，因为房地产公司不会把利息白白送给你，这就是年金。年金是指间隔期相同，按复利计算的连续支付或收取的一系列等额款项。

年金又分为普通年金与即付年金，所谓普通年金是指款项的收支在期末发生年金是指款项的收支在期初发生。年金系数表是指普通年金。年金的计算也分为年金终值与年金现值的计算。

1．年金终值

年金终值是指在一定时期内每期收付等额款项的复利终值之和。我国银行采用的零存整取的本利和就是典型的年金终值。现举例说明如下。

王平每年年底省下 1000 元存入银行，利息 $Z=10\%$，第三年末共有存款多少？根据复利终值公式：

第一年存款的本利和 $=1000\times（1+10\%）=1100$（元）

第二年存款的本利和 $=1000\times（1+10\%）^2=1210$（元）

第三年存款的本金 $=1000$（元）

三年的年金终值是 :$1100+1210+1000=3310$（元）

设年金为 A：可查表得知，例如：王平每年底存 1000 元入银行，$t=10\%$，10 年后存款的本金和利息总额为多少？在"年金终值系数表"中，$n=10$，$i=10\%$，查出系数为 15937，$1000\times15.937=15937$（元）。

2．年金现值

年金现值是一定时期内每期收付款项的复利现值之和。还是举例说明这一问题。李平想读大专，每年学费 200 元，现在一次要准备多少钱，才够支付一年后三年大专的学费（利息 $Z=10\%$）？

3．永续年金

永续年金是指期限无止境的年金。永续年金是一种假设，它计算简便，可以简要说明现值和年金的关系，也可以用于某些预测和决策。

第二节 风险与收益

一、投资风险

投资是指希望将来取得更多的收入而发生的支出行为，因为将来的事情具有不确定性，所以投资具有风险。风险是客观存在的，我们必须认识风险，掌握对付风险的办法。风险可按产生的原因和风险的系统性来分类。

（一）具体风险

按产生的原因来分类的风险称为具体风险，包括：一般经济风险、通货膨胀风险、经营风险、财务风险和政治风险。

一般经济风险是指国家经济衰退、萧条时，个人会面临减少工作时间而降低工资收入甚至失业的危险；企业会遭受产品积压、利润降低甚至破产的危险。

通货膨胀风险是指因通货膨胀率过高而造成物价上涨引起个人实际收入的降低的风险。人们习惯认为通货膨胀对企业的影响不大，企业增加的成本可以通过提高产品的售价来弥补。其实不然，通货膨胀往往会造成材料涨价、工资上升，并不是每一个企业都能按比例地提高产品售价。因为，一旦通货膨胀率过高，一些消费者会改变消费习惯，导致有些企业的产品提价后滞销，不提价便亏本的不利局面。

经营风险是指因市场的不确定性而造成的风险。一般说来，消费者的口味会经常发生变化，例如，当大多数消费者改偏爱罐装饮料为偏爱瓶装饮料时，易拉罐制品厂就会面临困难。由于市场的不确定，企业对产品品种、售价、产量也不能确定，这对企业的投资决策造成了困难。

财务风险是指企业因负债而造成的风险，一般来说，资产负债率高，其财务风险也高。按常理，借债必还（包括利息），但是，一般企业为有限责任公司，它偿还债务的责任是有限的，当企业资不抵债而破产时，债权人尤为重要。

政治风险是指国家政局不稳，社会动荡不安，国家政策不断变化甚至发生战争而造成的风险。经济体制改革二十几年来，我国政局稳定，社会安定，吸引了不少外资；而某些国家或地区战乱频繁，内乱不断，谁也不愿意把资金投入这样的国家。

（二）系统风险和非系统风险

风险按其系统性可分为系统风险和非系统风险。

系统风险又称为不可分散风险或市场风险，都会带来经济损失的可能性。例如，利率的变化、投资人对经济发展的看法等。

非系统风险又称为可分散风险或个别风险，是指企业面临的特有风险，会对该企业发行的证券所带来的风险。例如，经营管理不善；资产负债率过高；政府有关法规的影响；国际竞争的影响；工人罢工等。这种风险投资人可通过证券持有的多样化来抵消。

二、风险的测算

对于客观存在的风险，必须做到心中有数。风险的估计与测算，是进行投资决策的关键。一般采用概率法。使用概率法，先要对各事项的可能性进行估计，这种估计最好请专家协助，应先个别征求意见，然后综合计算，提高预计的准确性：例如，对某项事件的调查，先分别询问各种人的态度和意见，然后将调查结果综合起来而做出较明智的结论。

在估计好可能性的情况下，通过概率分布，计算出概率分布的标准差、投资的期望收益与标准离差率，便可进行一般的风险投资决策。

（一）概率及正态分布

1．概率

概率是指事件发生的可能性，如抛硬币呈现国徽或数额的可能性均为50%。有个数学家做过试验，他抛硬币数万次，把呈现出国徽和数额的次数不断进行记录，结果是抛的次数越多，两面呈现的次数越平均。

在经济活动中，某一事件在相同的条件下可能发生也可能不发生，这类事件称为随机事件。概率是用来表示随机事件发生可能性大小的数值。通常，把必然发生的事件的概率定为1，把不可能发生的事件的概率定为0，而任何随机事件的概率都是介于0与1之间。

2．正态分布

如果随机变量只取有限个值，并对应于这些值有确定的概率，则称随机变量的概率分布是离散型分布。如果在有无数情况出现时，并对每种情况都赋予一个概率，则可用连续型分布描述。在连续型分布的情况下，如果其曲线为对称的钟型，就称为正态分布。一般说来，呈正态分布的事件较多，如人们的身高等。也有些事件不呈正态分布。但按照统计学原理，不论总体分布是正态或非正态，当样本量很大时，其样本平均数都呈正态分布。

（二）期望值

期望值是指按概率分布计算加权平均值。以计算投资收益为例，其期望值的计算公式如下：

$$期望值 = 万概率 \times 预测收益$$

（三）标准差

标准差是反映不同风险条件下的收益额与期望收益之间离散程度的指标。

标准差可从三方面来测算风险，进行决策。

1 标准差可以告诉我们将来股票的售价范围。绝大多数情况是：股票将来实际的售价范围在期望值与二倍标准差之间。

2 标准差可用于期望值相等的多种方案的决策。

3 标准差与期望值的比率就是标准离差率。

（四）标准离差率

标准离差率是指标准差与期望值的比值，主要用于比较不同方案的风险程度。报酬率一般用于分析股票和债券的投资。现在，人们更多地把它用于企业财务的分析，用报酬率可以更方便地计算现金流量。

三、证券投资与风险

（一）多样化投资

一般来讲，投资者关心的是全部财产的投资风险，并不是部分财产的投资风险。采用多种方式投资就可以降低全部财产的投资风险。多种方式投资，可采用购买多种股票的方式，也可采用股票投资、债券投资和房地产投资等方式。

以多样化投资降低风险，必须考虑组合风险和各种投资的相关性等问题。对单一投资方式的风险测算，可用标准差和期望报酬率来评价，对多种投资方式的风险测定，可通过组合风险来评价。组合风险的大小，取决于各种投资的标准差和期望报酬率的大小，即各种投资风险的大小。

相关性是指各种投资在将来经济形势下的发展趋势的比值。例如，随着经济形势的变化，某两种股票的市价以相同的比率朝同一个方向变动，那么它们的相关性为1；某两种股票的市价以相同的比率朝相反的方向变动，那么它们的相关性为1；某种股票的市价变动，而另一种股票市价不动，它们的相关性为0。相关性对于多种方式投资尤为重要，假设某人所采用的多种投资方式的报酬率都随着经济形势的变化同比率地朝一个方向变动，那么其组合风险等于个别风险，这时，多种投资方式起不到降低风险的作用，所采用的多种投资方式已无意义。

在证券市场中，各种证券之间负相关与零相关的现象很少发生。虽然它们之间大都是正相关，但它们的相关性都小于1。进行证券组合投资时，要选择相关性低的证券，这样购入的多种证券将来收益较多而风险较小。

（二）风险与证券收益

风险与收益可称为一对孪生兄弟，要想投资收益多，所冒风险就大；要想投资风险小，其收益就低。例如，在我国风险最低的要算国库券和银行存款（我国银行倒闭的可能性极小），所以银行存款的利率最低。一般而言国库券利率不能高于银行存款利率，但我国国库券利率高于银行存款利率，原因可能是发行方式不先进，还本付息的期限太长，支付方式单调。证券按收益从小到大的顺序排列是：国库券、金融债券、企业债券、优先股、普通股。

证券投资可分为两种类型：固定收入的证券和变动收入的证券。

1.固定收入的证券

固定收入证券是指根据投资协议，投资人可定期获得等额回报的证券投资，如长期债券和优先股。

（1）长期债券投资。它是典型的固定收入债券，西方国家的长期债券一般按期付息，即一年或半年支付一次利息。长期债券的售价可根据每次支付利息额（年金）、债券期限和利率计算。作为一个明智的投资者，不仅要关心债券的面额、年利息额，更重要的是注意债券的实际报酬率和债券的风险，要在债券的实际报酬率和风险之间权衡，以便做出最佳决策。国家有专门的机构（如财务服务公司）对企业债券的风险进行评价，它们一般分为9个等级，最高级为AAA级，即信誉最高，风险最小。依次排列为AA级、A级、BBB级、BB级、B级、CCC级、CC级、C级。我国对企业信誉进行了评级，并规定BBB级以下企业不准发行债券，目的是保护投资者的利益和社会安定。专门机构公布的等级指标，主要供投资者参考，而且有一定的时效性。一般来说，风险度相同的企业债券的实际报酬率差不多，但有时也不是这样，因为财务公司的评价并不十分准确。有经验的投资者并不迷信财务公司评价的等级，他们自己对风险进行评价，然后做出决策。

（2）优先股。优先股是指比普通股享有某些优先权的股票，有固定的股息。优先权有积累优先、参与优先、转换优先、剩余财产分配优先、赎回优先。除了利息外，要取得其他的优先权就要有更多的投资。优先股股东只有涉及优先股事件的投票权，没有其他管理权。对于只有固定股息的优先股，其价值的计算可采用永续年金的计算方法。

横轴表示风险度，纵轴为报酬率，斜线为证券市场函数线，即证券市场线。证券市场线说明投资者承受投资风险的大小而要求得到与其相适应的报酬率，该报酬率又称为要求报酬率。证券市场函数线法常用于固定收入的证券，当然，变动收入的证券也可以使用这种方法。

在证券市场上，债券的报酬率一般随着风险度成正比例的变化，此时，债券的报酬率等于期望报酬率。如果两者不相等，债券的市场价格就要发生变化。当某债券的报酬率高于其期望报酬率时，投资者们会争相购买该债券，致使该债券的价格升高；反之，人们会抛售该债券，使其价格降低。从另一方面来看，债券价格的变化使债券报酬率也发生变化，前者提出，后者降低；前者降低，后者提高风险与报酬率两者关系的准确测定一般由专家来进行，用得最广的理论与方法是：资本资产定价模式（Capital Asset pricing model 简称CAPM），该模式将在本节后面介绍。

2 变动收入的证券

固定收入的证券是指承诺定期等额支付给投资者的一笔收益，而有些证券做不到这一点，如普通股，这就是变动收入的证券。

证券收益可分为两部分，其一为期间收益（如股票股利、债券利息）；其二为放弃资产所有权的收益（如股票售出收入、债券到期本金收入）。要计算证券的全部收益，可分别计算期间收益和到期收益，然后求和。变动收入的证券总收益的计算很困难，其期间收益是由发行股票的企业经济状况决定的，其到期收益是由当时股票的行情决定的，这些都是未知数。所以，要准确计算普通股到期时的总收益是不可能的。

如果已知股票的各期间收益与到期收益，便可计算股票的售价或报酬率。

第三节　利息率

利息率简称利率。利息是利润的一部分，是劳动者创造的剩余产品价值的一部分。本章前述货币的时间价值、证券的风险价值都是以利息率的形式表现出来的。利率是企业财务管理活动不可忽视的重要因素，在企业进行筹资活动与投资活动时都必须考虑利率因素，这样才可能达到预期的财务目标。

一、利率的分类

利率是资金的增值额同投入资金价值之比率，是衡量资金增值程度的指标。货币是资金市场的特殊商品，利率就是该商品的价格标准。在资金市场上，资金的融通是通过利率这个价格在市场机制的作用下实行分配与再分配的。在假定风险相同的情况下，谁的利率高，谁就能吸引更多的资金。例如，某企业效益好，为了扩大生产规模必须发行债券，为了更多更快的吸引资金，该企业发行较高利率的债券。

那么，不仅一些持有货币资金的投资者会购买该债券，而且一些持有低利息证券的投资者还会卖掉他们原持有的证券而购买该企业债券。这样，资金就将从低利率的投资项目不断向高利率的投资项目转移。在发达的市场经济条件下，资金从低收益项目向高收益项目流动，是由市场机制通过利率的差异来决定的。

利率可按不同的标准进行分类：

（一）按利率之间的变动关系分类

按利率之间的变动关系，可分为基准利率和套算利率。

基准利率又称为基本利率，是指在多种利率并存的条件下起决定作用的利率基本利率变动，其他利率也相应变动。在西方国家，基准利率一般是中央银行的再贴现率；在我国，基准利率是中国人民银行对商业银行贷款的利率。

套算利率是各金融机构根据基准利率和借贷款项的特点而换算出来的利率。例如，某金融机构规定，按企业的信用等级，每一级在基准利率基础上加 0.5%，如基准利率为 5%，则 AAA 级企业贷款利率为 5.5%，AA 级企业为 6%，A 级企业为 65%。

（二）按投资者取得的报酬情况分类

按投资者取得的报酬情况，可分为实际利率与名义利率。

实际利率是指在物价不变情况下的利率。在市场经济环境下，通货膨胀是一种普遍现象，一般来讲，名义利率高于实际利率，两者之差为通货膨胀率。在通货膨胀的条件下，市场上各种利率都是名义利率，实际利率是不易直接观察到的，只能通过名义利率与通货膨胀率计算出实际利率。例如，名义利率为 4%，通货膨胀率为 2%，实际利率为 2%。假设本例中通货膨胀率为 5%，则实际利率为 –1%。

（三）是否随市场资金供求关系变化分类

按利率是否随市场资金供求关系变化，可分为固定利率与浮动利率。

固定利率是指在借贷期内固定不变的利率。在市场经济初期一般都采用固定利率。这样做便于借贷双方确定成本和收益。因市场经济的发展和其他因素，近几十年来，世界各国都存在不同程度的通货膨胀，这样，使用固定利率会损害债权人的利益。一些发达国家逐渐放弃使用固定利率。

浮动利率是指在借贷期内可以调整的利率。根据借贷协议，贷款利息可在规定的时间根据市场的利率进行调整。这样可保护债权人的利益，但计算手续复杂，不便操作。我国很少采用浮动利率。

（四）按利率变动与市场的关系分类

按利率变动与市场的关系，可分为市场利率和公定利率。

市场利率是根据资金市场的供求关系，随着市场规律而自由变动的利率。市场利率一般可参照信用等级较高的企业如 A 级企业的债券利率。

公定利率是指由政府金融管理部门确定的利率。公定利率又称法定利率，它是国家进行宏观调控的一种手段。我国利率属于公定利率，由国务院统一制定，中国人民银行统一管理。西方发达国家，一般以市场利率为主，同时也有公定利率决定利率水平的因素。

决定利率水平的因素较多，例如，资金的供求关系、通货膨胀水平、国家货币政策与财政政策、经济周期、国际经济政治关系、国家利率管制程度等。上述因素中，最基本的因素还是资金的供给和需求。

众所周知，商品的价格水平是由供求关系来决定的，作为特殊商品的资金价格的利率，也是由资金的供给和需求两方面来决定的。

从资金的需求量来分析。企业在选择投资机会时，首先选择投资报酬率高的项目，随后选择投资报酬率低的项目，随着投资项目的增多，平均投资报酬率就会随之降低，此时投资者愿意扩大投资规模，以谋取更多的利润。以上说明，利率越低，资金需求量就越大，利率越高，资金的需求量就越小。

从资金的供给量来看，利率水平与一般商品价格一样，当资金紧俏时，其利率水平肯定高，当资金供给量充足时，其价格水平会随之降低。

二、预测未来利率水平

预测未来利率水平，分析利率的构成，然后逐项测算，最后求和即预测出未来的利率。利率通常由三部分构成：①纯利率；②通货膨胀补偿率；③风险报酬率。其中风险报酬又分为违约风险报酬、流动风险报酬和期限风险报酬三种。

（一）纯利率

纯利率是指没有风险和没有通货膨胀下的均衡点利率。纯利率不是一成不变的，它随着资金的供求变化而变化，因为影响纯利率的基本因素是资金的供给量与需求量。在实际工作中，通常以无通货膨胀情况下的国库券（无风险证券）的利率来代表纯利率。

（二）通货膨胀补偿率

通货膨胀已是大多数国家在经济发展过程中难以避免的事实。持续的通货膨胀，会影响投资项目的投资报酬率。在资金市场上，因为通货膨胀，资金供应者会提高利率水平以补偿其购买力损失。在通货膨胀时要计算无风险证券利率，就要用纯利率加上通货膨胀补偿率。例如，纯利率为2%，预计明年通货膨胀率为3%，则明年国库券利率应为5%。

（三）风险报酬率

风险报酬包括违约风险报酬、流动性风险报酬与期限风险报酬，分别介绍：

1．违约风险报酬

违约风险报酬是指借款人无法按时支付利息或偿还本金而给投资人带来的风险，违约风险报酬是风险报酬率中的主要项目。违约风险反映了借款人的信用程度，如果借款人经常不能按期支付利息、本金，说明该借款人违约风险率高，为了弥补该风险，必须提高该利率。一般来讲，违约风险与证券利率成正比例关系，即某证券违约风险越高，其利率必然高。国库券由政府发行，可以看成无违约风险，所以国库券利率不包括违约风险报酬，其利率就低。企业债券的违约风险可根据企业的信用等级来确定，企业信用等级越高，其违约风险越低。在其他风险报酬因素相同的情况下，国库券违约风险报酬率为0，则AAA级企业债券的违约风险报酬率为2.46%（即8.71%～6.25%），AA级企业债券为3.20%，A级企业债券为3.89%。

2．流动性风险

该风险是指某项资产能够迅速转化为现金的可能性。证券可通过证券市场转化为现金，说明其变现能力强，流动性风险小；反之，则说明其变现能力弱，流动性风险大。流动性风险的大小一般与发行证券的企业、机构的信用程度成正比，政府债券、金融债券、大公司的股票与债券，由于信用好，变现能力强，所以其流动性风险小。一些不知名的中小型企业发行的证券，其流动性风险较大。流动风险对利率的影响不太大，流动性风险小的证券比流动性风险大的证券的利率约低1%~2%（假定其他因素相同），此利率的差异为流动性风险报酬率。

3．期限风险报酬

负债的到期日越长，债权人承受的不肯定因素就越多，承担的风险也越大，为弥补这种风险而增加的利率水平，就是期限风险报酬。一般而言，长期利率高于短期利率，高出的部分就是期限性风险报酬率。需要说明的是，在利率剧烈波动的情况下，也会出现短期利率高于长期利率的情况。我国的外币存款利率有时就会出现这种情况。

第五章　中小企业可持续发展的财务战略管理

第一节　中小企业可持续发展理论研究

1992 年联合国环境与发展大会制定了《21 世纪议程》，并提出了"可持续发展"在 21 世纪无论是发达国家还是发展中国家都能正确地协调人口、资源、环境与经济间相互关系的共同发展战略，是人类求得生存和发展的唯一途径。所谓可持续发展，是指满足当代人需要又不危害后代人满足自身需要能力的发展，使子孙后代能够安居乐业，经济得以发展。它的基本思路：改变单纯的经济增长、忽视生态环境保护的传统发展模式；由资源型经济过渡到技术型经济，综合考虑社会、经济、资源与环境效益；通过产业结构调整和生产力综合布局，采用高新技术实行清洁生产和文明消费，协调环境与发展的关系。

根据可持续发展的基本思想及对企业的要求，广义的"企业可持续发展"应包含两个方面的含义：一是企业对人类社会发展的可持续性影响；二是企业自身可持续发展。前者是合理使用自然资源和能源，维持自身良性循环，保持生态平衡。后者即企业自身可持续发展表现为企业在追求长久发展过程中，既要考虑眼前利益，又能考虑长远利益，保持企业持续盈利增长，还要建立、维护良好的内、外部环境。其基本前提是在持续性的基础上，保持企业规模扩大，员工及管理素质提高；其基本要求是避免在可预见的将来由于投资经营管理策略不当导致企业陷入困境。本文主要采取狭义上的企业可持续发展的概念进行论述。

第二节　中小企业可持续发展的意义

　　企业是以盈利为目的而从事生产经营活动的经济组织，追求企业价值最大化，然而我国很多企业都存在人、财、物等企业资源的浪费现象，企业可持续发展的理念的提出正是为了追求企业内外部资源的合理配置及其利用效率的提高。可持续发展的企业在自我成长过程中，既要考虑企业近期经营目标的实现和不断提高其市场地位，又要保持企业在既有竞争领域和未来待扩张的经营环境中能保持可持续的价值增长和盈利能力的提高，保障企业在相当长的时间内长盛不衰。中小企业可持续发展的整体状况不仅影响社会发展的规模和速度，而且影响其质量和可持续性。可持续发展必须靠企业实现，在解决环境污染问题的可持续发展战略中，企业依然是主体，环境污染问题与企业行为直接相关。可持续发展是一种可以实现公民、企业、社会和国家多方共赢，有利于提高国家综合竞争力的企业成长模式。可持续发展要求的生态持续、经济持续和社会持续的实现依赖创新，而企业是创新的主体，中小企业在创新方面有优势，大量中小企业出于追求效益的目标需要从事经济、环境、战略方面的创新，在提高自身效益的同时也提高了国家的可持续发展能力。

第三节　中小企业可持续发展与企业财务战略的

　　中小企业可持续发展是指作为以盈利为目的的经济活动基本单位，企业的生产销售经营在长期内，不断地实现创新与超越，企业优化配置资源能力以及企业竞争力不断提高，可满足企业各利益相关者的合理利益诉求，能够持续取得高于市场平均利润率的回报。作为企业管理战略核心的财务战略，为企业运营和良性运转提供保障，为企业传输动力，只有财务战略制定科学，企业才有足够发展动力和发展潜力来提升其运营速度和生产质量，从而保障企业可持续发展。反之，则会约束企业的发展战略。从很多财务发展的理论研究和企业发展实践调查中可以看出，企业可持续发展与企业财务战略相辅相成，两者相互促进，又相互影响、相互制衡，具有高度的相关性。

　　可持续发展的企业财务战略，是在引入"可持续"理念的前提下，以"企业可持续发展"的管理目标作为出发点，以企业经营收益和经营风险的平衡为核心，在企业财务战略的各个方面（包括运营战略、筹资战略、财务风险控制战略、并购战略和收益分配战略等）选择"可持续"的战略模式，并在企业运行发展过程中坚持可持续战略的动态调整和实施过程，在战略实施的同时，以相关的薪酬绩效评价指标和激励考核制度来激励经营者者和全体职工共同持续追求企业价值最大化，保障企业可持续战略目标的实现。可见，可持续财务战略具有可持续发展、利益兼顾、可靠计量、有效控制、适应变化等特征：

首先，可持续发展的财务战略应基于企业的可持续发展主题。具体地说，企业财务战略的最优目标应该争取避免经营上只顾眼前、收益分配上分光吃光的短期行为，使利益相关者各方主体的利益都能做到有效兼顾和长短期相结合，最大限度地保证企业稳定经营、快速增长和长期发展。

其次，企业的利益相关者主要有企业所有者、债权人、原料供应商、产品销售客户、企业职工、政府等。制定企业可持续发展的财务战略目标，应兼顾以上各方相关者的利益，并尽量使每一方的利益达到最大化。与此同时，可持续发展的财务战略目标应该是在至少一定期间内可被量化的，有具体的量化标准。财务结果只有能够准确计量，企业财务战略目标才能被细化，具体化，也才能易于企业对目标的执行与控制。否则，企业财务战略就会因过于虚化而变得毫无现实意义。

再次，可持续发展的战略目标只有实现有效的过程控制，才可能通过各方的努力而达成战略最终目标。对企业财务战略管理与控制而言，如果将实施过程不可控的目标作为财务战略目标，则会对企业经营带来非常大的隐患。

最后，可持续发展的财务战略必须具有防范未来风险的意识和机制，并着眼于企业长期、稳定的可持续发展。因此，企业财务战略选择要适应企业发展阶段、经济周期波动、企业经济增长方式和新技术创新等环境的变化，并及时进行调整战略选择，以保持企业旺盛的生命力和竞争力。

总之，在财务战略中加入可持续发展的经营思路对企业保持长期健康有序的发展有着至关重要的作用，这不仅因为持续稳定的现金流是企业的可持续发展的基础，如果企业不能拥有正常稳定的现金流则影响企业的日常生产运营，甚至引发经营危机。恰当的财务战略管理还能够帮助企业优化资源配置，为企业培育核心竞争力。因此制定的企业可持续发展财务战略，应以资源的优化配置、经济效益优先战略、稳定的经营发展战略、多方共赢战略等财务战略作为战略制定的前提与基础。

第四节 中小企业可持续发展的财务战略目标制定

可持续发展的财务战略目标的制定，明确了企业财务活动的目标，为企业从事各项财务活动提供了指导方向。从企业可持续发展的角度看，财务战略总目标应该满足企业最大化的可持续发展能力目标，企业的可持续发展能力实质是企业核心竞争力、市场适应能力与企业经营管理能力的综合。企业在客观分析财务战略管理内外部环境的基础上，要进一步明确未来一定时间内企业要实现的财务战略具体目标。有了战略目标，才能明确财务战略方案选择的边界条件，从而排除那些偏离企业发展方向的战略方案。只有当财务战略服务于企业可持续发展能力的提升时，才能使企业的长短期利益达到协调统一，才能有效地将企业长期战略性目标与短期战术性目标相结合。

对于企业融资战略，应在保障企业长期经营的安全性，保持企业适度的偿债能力前提下以提高企业融资能力为目标。对于筹资战略管理目标，因为良性的资本结构是企业持续发展的基石，所以企业筹资的主要任务是其资本结构的科学安排与设计。当前，中小企业的财务战略目标在于如何有效整合优化有限的企业资源，提高企业核心竞争力，实现企业效益的最大化和企业中长期可持续发展。

第五节　中小企业可持续发展的财务战略模式选择

本节从企业可持续性发展的角度，将中小企业的发展周期分为初创期、发展期、成熟期和衰退期四个阶段。中小企业在进行战略内外部环境分析时，一方面要了解战略环境的具体内容，另一方面还应了解环境对本企业财务运营及资本流动的影响，在分析和预测的基础上，结合后金融危机时代企业所处的发展阶段特征，选择符合自身发展的财务战略模式。

一、中小企业初创阶段财务战略

在创立初期，中小企业产品进入市场不久，产品结构较为单一、生产能力和资产规模有限、产品平均成本相对较高、整体盈利性较差，与此同时，企业还需要投入大量的人力财力用于新产品研发和市场开发。从财务管理活动对企业各类现金流量的影响看，经营活动和投资活动的净现金流大多为负数，本阶段很难形成内部资金的积累，企业的核心竞争力尚未形成，因此融资活动成为主要的现金流来源。随着企业经营业务的发展和规模提升，经营活动产生的净现金流会渐渐趋向于零并持续增加，这是初创期中小企业较为显著的财务特征。通常情况下，初创期的经营风险较高，这必然要求管理者将本阶段相关的财务风险尽量降低，而降低财务风险的最直接、最有效途径是使用权益性资本，降低债务融资。初创期的高风险性，往往能吸引那些想从事高风险投资并追求高回报的投资者，即"风险投资者"的加盟。初创阶段的企业应注重自身积累，因为初创期的投资高回报只能通过资本利得的方式回馈投资者，现实的即时收益只是名义上的收益，投资者注重的是长期资本回报。同时，对投资人来讲，初创型企业往往具有较高的未来成长预期和增值预期，因此，在初创阶段企业一般以生产和研发为依据，采取集中财务战略，全方位贯彻战略意图，通过集中各项资源扩大产品的市场占有率，为企业进行稳定发展期进行原始资本积累。

因此在初创阶段，建议中小企业采取集中型财务战略和低财务风险的实施策略。

第一，融资方面，创立初期的中小企业因在社会上的知名度不高，信用度较低，由于自身的问题决定外源直接融资十分困难，而在内部融资上相对容易一些且融资成本较低，所以，初创期应选择以内源融资为主、外源融资为辅的融资策略。内源融资是指主要从企业内部寻求资金来源的一种融资，在该融资战略思想指导下，企业主要不是依赖外部资金，而主要在本企业内部筹集发展资金，它通过经营性债务、初创期的利润留存进行资本原始积累。内源性融资的主要资金来源是企业留存收益、资产折旧与摊销等无须即时支付现金的费用、流动资金占用减少、供应商账期优惠、资产周转速度加快等所带来的自有资金节约等。本阶段，企业必须保持良性的资本结构，根据未来可预期的偿债能力选择恰当的融资方式，以防止企业在初始阶段就背上沉重的债务包袱，避免未来陷入财务危机和经营困境。

第二，投资方面，企业要想保持发展的可持续竞争优势，必将在财务指标上表现为企业经营效益的稳定增长、企业经营现金流持续加、企业估值增加。一个投资项目从初始的资金投入到项目投产运营，经历了建设期和试运营期，在这段期间，项目经营的外部环境有可能由于宏观经济政策、产业政策的改变而变化，原来的投资项目完全有可能因为这些变化而不能产生当初预期的投资收益。因此，企业进行投资时不仅要在投资之前进行科学的可行性研究，了解政策走向，更重要的是要分析投资过程中的环境变化预期，以便在过程中对投资项目进行动态调整和修正，保证预期投资收益的实现。因此，对于初创期的中小企业来说，建议集中既有的人财物资源，走产业专业化经营道路，避免盲目扩张；建议重点加强现金流的管理，提高资产利用效率，减少应收账款和存货等占用的资金，控制固定资产投资规模；尽可能寻求与成熟企业的合作，为其提供产品配套和服务，以降低企业经营的市场风险，完成本阶段资本原始积累。

第三，分配方面，中小企业宜优先采用非现金股利政策，减少现金分红，留存更多的经营收益以充实企业资本。收益分配战略就是依据企业财务战略的要求和经营的内外部环境状况，对企业收益分配所进行的中长期全局性谋划。收益分配战略要求企业在制定收益分配政策时，不仅以出资人和纯财务角度研究留存收益的分配，更要从企业全局和可持续发展的要求出发，服从企业战略目标的要求来决定收益分配战略。收益分配战略主要是根据企业投资、运营以及融资战略的要求来确定，科学预测现有资源配置下的动态现金流，并具体考虑企业新的投资机会、未来融资的资金成本、股东回报因素等方面综合决定。一般情况下，有着良好投资机会的公司，更需要有强大的现金流支持，企业的大部分经营收益倾向于新的投资项目；反之，缺乏优质的投资项目和投资机会的公司则倾向于支付较高的红利。

二、中小企业发展阶段财务战略

在发展阶段的中小企业，从企业全面发展的需求来看，企业要不断开发新产品、开拓新市场、同步扩大企业生产规模和开拓销售业务。从财务管理层面看，企业资产负债率普遍较高，本阶段，企业面临高速发展，需要大量地进行外部融资和项目投资，更多地利用外源性融资进行负债经营，利用财务杠杆作用，满足企业快速扩张的资金需求。因此对处于发展期的企业而言，其资产负债率往往在同行业当中处于相对较高的水平，因此本阶段的企业经营风险比较大，并且财务风险处于上升态势。待企业生产的产品（或服务）逐步为消费者所接受、企业产能逐步扩大、产品技术日益成熟、产品质量不断提、内外部管理不断规范后，企业的市场份额将逐年增加，销售的现金账期将相应缩短。之后，企业无论是与供应商还是客户谈判，话语权将不断提高，企业的存货和应收账款周转率将大幅提高，而应付账款周转天数却可以相应延长，销售账期也将不断缩短。相应的，企业的经营利润有望快速增长。在发展期，由于企业的市场份额逐年增加，占据一定的行业地位，形成自身的核心竞争力，企业的销售收入会因此而快速增长，并导致企业的效益快速增长，销售毛利率、销售净利率、总资产收益率、净资产收益率在同行中均处于相对优势地位。在本阶段，企业经营活动的净现金流通常处于平衡或略有盈余的状态，投资活动的净现金流处于支出大于收入的状态；随着营业收入的快速增长，经营活动的净现金流会持续增加，而投资活动的净现金流仍然因大量投资而负数，因此必然要求本阶段的筹资活动筹集更多的资金，以满足本阶段的现金流综合平衡。从财务战略和财务管理上看，发展期的企业应当以扩张型财务战略为主导并辅助集中型的财务战略。

第一，融资方面，主要采取外源型融资战略。在发展期，由于快速扩张的需要，企业对资金的需求是非常巨大的。显然，主要采用内源型融资的财务战略已经不能满足企业扩张需求，因此，必须实施外源型的融资战略。外源型融资包括负债融资、项目融资和股权融资。从经济学的角度看，在资产收益率大于负债的资金成本情况下，应优先采用负债融资，有利于提高股东综合投资收益率。负债融资方式主要有：向各类金融机构（银行、保险、融资租赁公司及信托机构等）、合作伙伴、股东等借款；通过信用担保、资产抵押和质押等方式获取一部分银行贷款；通过发行短期融资券、理财产品、信托计划以及企业债券等方式从投资者那里筹集资金。根据财务杠杆原理，负债融资能为企业带来财务杠杆效应，起到税收挡板的作用，又能防止权益资本收益率的摊薄，因此在发展期，中小企业财务融资筹划应以充分利用财务杠杆效率为出发点，采取偏激进的融资策略，适当提高负债水平。不过，管理当局也必须关注到，过高负债必然会加大经营的财务风险，有碍于企业长期健康发展，故要加强财务规划和现金流管理，控制过渡负债，设置债务预警机制，努力降低融资成本和风险，合理设置项目资本结构和企业整体融资结构，将负债水平控制在企业足以承载的范围内。

第二，投资方面，主要采用发展型投资战略。在本阶段，企业应把发展重点和投资方向放在如何培育企业的核心竞争力方面，将有限的资源投向能够发挥其市场优势的产品上，不断地进行技术创新、设备改造，扩大产能，提高产品质量和市场份额，体现企业的规模效益。通过不断提高产品质量，逐步树立企业品牌形象和美誉度，进一步提高产品的市场竞争力；通过资产规模和生产能力的快速扩张形成规模效益优势，同时企业也要防止盲目扩张，尤其是产业多元化扩张，避免多方位出击新的陌生领域投资。在发展期，企业应关注选择优质的投资项目，研究科学合理的投资合作模式，前期要加强投资项目的可行性论证，中期要加强投资项目的跟踪指导和监控，后期要加强投资项目的后评估与总结。

第三，分配方面，建议采用低水平的收益分配战略。在发展期，企业虽然营业规模增长迅速，经营收益也有所增加，但由于快速扩张的需要和新投资机会的增多，企业对现金的需求量依然十分巨大。出于财务风险控制和融资成本方面的考虑，企业在收益分配的战略选择上，应该与出资人充分沟通，尽量采用低收益分配战略，以便企业保留更多的留存收益，满足企业本阶段的发展所需。不过，回报股东也是企业的责任，考虑到企业已渡过了初创阶段的艰难时期，并且已经拥有了一定的竞争优势和自我融资能力，必要的股利分配也是可行和合理的。因此，企业可以根据实际经营情况和现金流规划，定期少量支付一定的现金股利，同时以采用非现金股利（如转增资本等）为主的分配方式，以支持企业的持续发展需要。

三、中小企业成熟期财务战略

进入成熟期之后，中小企业的产品可能已经被社会广泛认知，并形成了良好的管理基础和内控制度，企业资信较好，有一定的行业地位和品牌形象，财务状况也变得优良，外源性融资会变得更加容易。本阶段，企业的负债水平在同行中一般处于相对适中的水平，相比较发展期而言，经营的财务风险有所回落，销售的账期进一步缩短。由于企业的财务状况和资信水平都处于比较良好的状态，无论是与供应商还是客户谈判，都处于较好的谈判地位，因此，企业的资金周转效率有望进一步提高，并且销售账期不断缩短。进入成熟期后，由于企业产品的市场占有率相对较高，营业收入增长率和净利润增长率在到达某个水平后会呈现下降态势，但企业的经营效益依然丰厚，利润趋于稳定；企业的产品的毛利率、销售净利率、总资产收益率、净资产收益率在同行业中将处于相对较高的水平，产品的销售及账款回收情况良好；经营活动产生的净现金流多为正数且较为稳定，由于固定资产投资的减少，投资活动的净现金流大致处于平衡状态，由于大量债务的还本付息需要，以及股东分红所需，本阶段企业筹资活动的净现金流多为负数。为了避免资本集中在一个行业可能产生的系统性风险，成熟期的企业可采取稳健型的财务战略，尝试向多元化方向发展，开启多元化发展之路。不过，我国大多数成熟期的中小企业仍然存在竞争力弱、专业化人才缺乏、基础管理不善、投资资金短缺等问题，可说说是处于企业发展转型的"十字路口"，多元化扩张也面临着诸多风险。在这个阶段，企业整体战略的选择十分重要，可供企业继续发展的策略包括市场进攻者策略、市场填补者策略和市场防御者策略等等，但不论企业是否采取多元化的发展战略，财务战略都应该与企业总体发展战略保持一致，为企业的可持续发展提供财务支持和管理保障。

第一，在投资方面，企业的老产品不再是重点投资方向，对于老产品将不再追加固定资产投资，而是通过技术创新降低产品成本、提高服务质量、保持市场占有率、改善主营业务的现金流及寻找新的投资机会等方式来实现企业增值，完成更多的资本积累。本阶段应重点实施多元化的投资战略，以规避资本主要集中在某个行业所可能带来的系统性风险，但多元化战略应经过专家充分论证，科学选择适合企业发展的相关性或非相关性行业。对于主营业务的发展，要紧跟先进企业的技术发展步伐，加大对新产品研发和技改的投资力度，培育核心竞争力，进行差异化经营；应加大对人力资源的管理和投资力度，提高企业对新投资项目的遴选和研判能力，对于可行的副业投资项目，要加大规模和投资力度，为企业多元化奠定物质基础。中小企业通常权益性资本规模较小，如采取分散投资、多元化发展战略，很容易导致主业经营出现营运资金周转困难的局面，而新的投资项目短期内难以形成规模，缺乏必要的经营能力、融资能力和管理经验，难以建立竞争优势。因此，为确保原有主业经营营运资金周转不受大的影响，企业在进行产业多元化扩张之前，必须首先进行合理的投资规划，筹措必要的长期资本。不同的企业、不同的项目在投资营运方面会有不同的需求，在主业规模化扩张投资战略与多元化投资战略的选择中，中小企业必须审视其经营环境和资源配置现状，以选择最佳的投资战略。

第二，在融资方面，企业进入成熟期后，营业额和经营利润绝对额虽然在增长，但速度减慢是业务逐渐萎缩的前兆，如果没有更好的替补性投资项目，在资金的使用上应以留存收益和股权融资为主，以防止因过渡举债融资导致企业在战略调整过程中承担过重的财务负担。所以对于成熟期的中小企业而言，为保持稳定的资本结构并获得足够的发展资金，通常应采取组合式的融资方式进行融资。本阶段，要有效实施内源型融资战略，很重要的一点就是盘活内部存量资产，对系统内的资产进行整合与优化配置，比如出售存量的股权或有形资产等；外源型融资战略方面，可采取鼓励老股东再投资或减少股利分配、吸收新股东投资（包括吸收产业投资者或风险投资者等）、向金融机构借款、重大设备融资租赁、发行短期融资券、中期票据或企业债券、直接上市融资等。目前，在我国的证券市场，我国的"中小企业板""创业板"以及"新三板"为中小企业进行证券融资和股权交易创造了有利的条件；在海外市场，香港主板、创业板以及新加坡等诸多证券市场向我国中小企业敞开了大门。直接发行股票上市这种方式虽然有一定的门槛，且一次性投入成本较高，但一旦建立了直接融资通道，持续融资方便、风险相对较小，并能够增强企业的债务融资能力和提高企业的品牌信誉度。在成熟期，建议中小企业保持合理的融资结构，维持一定的偿债能力，加强多元化扩张的债务管理，并置备适量的预防性现金，以备不时之需。

第三，在分配方面，我们可以从影响企业收益分配政策的各个因素（包括经营效益的稳定性、企业资产的流动性和周转效率、外源性融资能力、新的投资机会、存量债务的还本付息需求等）来分析成熟期型中小企业，通常情况下，成熟期的中小企业在生产经营和投融资活动的各个方面都表现较为稳定，并且具备了高比例分配股利的条件。因此，建议中小企业根据企业资金盈余状况和现金流规划情况，实行现金股利和非现金股利相结合的分配政策（可适当加大现金股利分配的比例），以回报股东多年来的支持，同时对于高级管理人员，可考虑实行股票期权等中长期激励政策，尝试股权多元化，从而带动新一轮的经营机制创新。

四、中小企业衰退期财务战略

根据产品生命周期理论，企业在成熟期创造的正现金流量一般很难永远持续下去，经营业务的减少、替代产品的出现和企业主导产品的消亡通常是不可避免的。企业进入衰退期以后，市场份额日渐萎缩，销售收入、销售利润、权益资本收益率和净利润增长率逐渐降低甚至转变为负数，经营活动的现金流量将逐渐不能满足企业正常运作所需，因而会导致企业在本该阶段缩减必要的研发投入，企业的创新能力受到较大影响，从而严重影响企业应变能力和转型战略实施。之所以出现以上状况，主要是因为产品通常都有一个生命周期，在某个阶段走向衰退是必然的，因此，中小企业在主导产品进入衰退期之前，最好主动选择新的产品或行业，主动调整企业发展战略、变革财务战略，重新培育和提升企业的可持续发展能力，带动企业进入一个新的生命周期循环。

第一，在融资方面，应以资金偿还风险的大小作为融资战略的决策依据。在进行筹资决策的时候，应以短期融资为主，尽量避免使用长期性的融资资金。当诸多因素已经表明本企业产品进入衰退期之时，可以选择将部分非关键设备、存货、产品或技术出让，甚至放弃某个领域的股权投资，减少对衰退产品的资源配置，积极寻找新的投资机会和产品。融资方式选择上，应该尽量降低外源性融资的比重，而采取以内源融资（如留存收益积累、合作伙伴、出资人投资等）为主，资产剥离与出让、外源融资为辅的融资组合方式。从变革和调整财务战略、重新培育新产品和培养企业的可持续发展能力等角度考虑，因为衰退期的中小企业偿债能力相对较低、且财务风险较高，向银行融资十分困难，在此情况下最好主动进行财务管理变革和产权制度改革，可以通过资产及业务重组（剥离非主营业务，出售闲置资产等）和股权重组引进战略投资者，吸纳外部增量资金，缓解产品衰退期的企业财务危机。通过改革与变革，中小企业能够融得必要的研发资金投入去进行技术创新和新产品开发，从而培育企业新的竞争优势，在新产品上实现销售收入、利润和投资收益的增长。因此，中小企业进入衰退期之后，应着力在融资战略方面实施产权改革和资产重组，引进战略合作者，借力实现企业的产品转型和可持续发展。

第二，在投资方面，衰退时期的企业投资战略的重点是保证财务安全。中小企业在衰退期，产品竞争力下降，市场份额降低，企业经营效益急剧下滑，面临资金量断裂风险，本阶段，企业应密切跟踪环境变化和发展趋势，适时转向新的投资点，并不断创新和开发新产品，培育企业可持续竞争能力，增加企业经营收入与利润；同时，中小企业可以从那些高度竞争的产品市场中撤退，根据国家和区域的产业投资导向，寻找新的投资产品或行业，摸索投资的突破点。结合当前全球经济一体化的发展趋势，中小企业应准确定位其在产业链中的定位和评估其发展空间。为了更好地制定经营战略，增强中小企业的盈利水平和成长能力，本阶段加强优化资产结构，尤其是对不合理的资产结构进行优化组合，企业资产结构的优化既要考虑减少经营风险，又要考虑降低资本成本。从中长期看，中小企业进入衰退期后，如果增加长期投资能带来较高的预期收益，也不能单一的强调短期利益；通过合理资源重组和优化配置，如卖掉部分长期资产、补充流动资金能使企业渡过危机，就不能固守既有的资产结构和经营模式，而应着于帮助企业走出财务困境、盘活经营，加快资产的周转效率，确保新产品的研发资金得到保障。因此，中小企业应根据新的经营战略，调整投资策略，既要注重存量资产的价值，又要充分认识到本阶段优化资产配置和投资结构的重要性。

第三，在分配方面，进入衰退期的中小企业大都存在收益不稳定、高负债率的特点，进行外源性融资的资金成本普遍很高，导致发放现金股利的机会成本大大增加。本阶段，企业的融资战略对于资本结构目标要求是，尽一切可能偿还存量债务以降低整体的经营风险，融资的主要方式有举新还旧、股东追加投资以及经营的资金积累等；另外，基于可持续发展的角度出发，企业要筹备资金以备新产品研发和新投资机会的把握。因此，对于处于衰退期的中小企业而言，建议不分配或减少股利分配，尽量将有限的资源和积累投入新产品和新的行业中去。

第六节　中小企业财务战略的实施

在企业财务战略模式选择之后，战略管理并未结束，因为财务战略的实施需要有力的保障体系，建立财务战略实施保障体系应该从几个方面入手：强化竞争观念，确立战略意识；制定财务政策，规范理财行为；实施预算控制，提高资源配置效率；再造组织分工，增强竞争能力；优化信息系统，加大监控力度；改革用人机制，塑造企业家精神。

可见，对于战略的实施来说，需要企业采取的行动方案和实施步骤很多，根据笔者的体会，其中最重要的管理问题包括制定实施计划、拟定行动方案、编制财务预算、确定工作程序、实施战略控制等内容。

第一，制定实施计划。要制定介于长期战略与行动方案之间的计划，包括比行动方案更全面、更具体量化的内容。

第二，拟定行动方案。要进一步细化拟定中间计划的行动方案，明确实施某一计划或从事某项活动。

第三，编制财务预算。编制以货币形式反映企业未来时期内财务活动和成果的预算，从财务战略角度讲，它是财务战略总体目标的具体化、系统化、定量化。

第四，确定工作程序。要确定完成某一任务的工作程序，合理安排人、财、物力。

第五，实施战略控制。中小企业要及时将财务战略的实际情况与预定目标进行比较（即"战略反馈"），检测二者偏离程度，并采取有效措施进行纠正，使之保持协调一致的过程。

第七节　可持续发展财务战略的评价和控制

企业财务战略管理进入实施阶段以后，企业必然会制定实现财务战略目标的具体实施方案，并制定相应的管理流程与制度，但即便如此，也未必能保证企业财务战略管理就可以获得成功。究其原因，主要包括以下方面：首先，如果企业经营的宏观中观乃至微观层面的环境在战略实施过程中发生了重大变化，则意味着战略实施的基础条件发生了变更，从而导致再好的战略也失去了现实意义；其次，企业财务战略的实施是一个漫长的过程（一个战略规划期至少是 5 ~ 10 年），在此期间，企业的任何一个部门或某个经营领域的工作没能实现预期战略目标，都可能导致整体的战略目标实现的延迟或战略管理实效；最后，如果在战略实施过程中对上述方面的问题不能及时反馈并做出适应性调整或战略纠偏的话，企业还可能承受巨大的损失，而这种损失对企业而言很有可能是致命的。因此，企业应该加强财务战略管理的评价和过程控制，建议主要从以下三个方面开展工作：①及时根据内外部环境的变化，评估企业战略制定的基础性条件是否发生变化，以及这种变化带来的影响程度；②制定评价指标体系和管理制度，定期比较战略的实际进度或效果与战略预期结果之间的差距，并分析原因提出改进建议；③建立战略反馈机制，确保及时纠偏，采取应急措施以保障既定目标的实现。

一、评价企业财务战略的依据

企业财务战略实施过程中，企业内外环境总是在发生各种变化，这种变化可能有利的也可能是不利的，有可能是关键的也可能无关大局。如果战略实施环境的这些变化是关键性的，则很可能部分改变了企业财务战略得以实现的基础，企业就必须进行适应性调整或战略变更，重新审查企业财务战略成立的基础性边界条件（包括构成战略基础的 SWOT 分析等），企业应不断地跟踪观测这些环境条件的变化。以下是在财务战略实施评价过程中需要重点审视的关键性问题：

（1）企业经营的竞争优势是否仍是优势？发生了什么变化？

（2）企业经营的内部优势是否有所加强？具体体现在何处？

（3）企业经营的内部劣势是否仍为劣势？是否根据战略实施得以改善？

（4）目前是否又有了其他新的劣势？具体体现在何处？

（5）企业的外部机遇是否仍然为机遇？发生了何种变化？行业或产品是否出现更新换代？

（6）目前是否又有了新的外部机遇？如果是，体现在何处？

（7）企业的外部威胁是否仍为威胁？是否有针对性的策略补救？

（8）目前是否又有了其他新的外部威胁？如果是，体现在何处？

二、财务战略实施情况评价

财务战略评价是指评价企业在战略实施中的表现，以衡量战略制定的合理性和评估战略执行情况，并保障财务战略目标的实现。在企业实施其财务战略过程中，可能有很多不可控的因素造成既定的阶段目标或计划不能按质、按量和按时完成，并可能出现战略具体目标的偏离。如果年度的战略目标没能取得理想进展，说明有必要采取纠偏措施、调整战略。在实践中，确定某种目标在战略评价体系中的重要性程度是较为困难的，笔者认为，财务战略评价标准的选择应主要根据特定企业的资产规模、发展阶段、行业特点、经营战略以及管理宗旨而定。例如，处于成长期的企业财务战略与处于成熟期的企业战略评价标准应该有所不同，财务战略评价有定量和定性两种标准，具体如下：

定量标准，主要包括各种财务指标，这些指标已经被广泛地应用到战略评价体系中，有利于不同发展阶段的企业、同一发展阶段的不同行业企业进行比较，其中的关键的财务指标主要包括：资产的流动比率、偿债能力比率、资产管理能力比率、负债管理能力比率、盈利能力比例、成长能力比例等。

定性指标，定性指标所涉及的范围包括：财务战略是否与企业内、外部情况相一致？在战略实施过程中，从可支配的资源范围和总量来看，财务战略是否恰当？财务战略所规划的财务风险和经营风险是否是企业可承受的？企业是否在高风险投资和低风险投资间保持了适当的平衡？财务战略实施的时间表是否恰当？企业是否在短期、中期和长期投资之间保持了适当的平衡？企业如何平衡对各个产品或投资方向上的投资？企业是否保持了最佳的资本结构和融资结构？财务杠杆的利用是否恰当且风险可控？企业的核心竞争能力是否可持续？等等。

企业根据事先选定的方法或指标评价了财务战略实施过程中的表现后，应该结合评价的结构和内外部环境的变化，采取及时准确的纠偏措施，适时调整战略战术，使企业的实际表现和原定战略目标保持相一致。

第六章 中小企业长期投资管理

第一节 投资管理概述

广义地讲，投资是指特定经济主体（包括政府、企业和个人）以本金回收并获利为基本目的，将货币、实物资产等作为资本投放于某一个具体对象，以在未来较长期间内获取预期经济利益的经济行为。简言之，企业投资是企业为获取未来长期收益而向一定对象投放资金的经济行为。例如，购建厂房设备、兴建电站、购买股票债券等经济行为，均属于投资行为。

一、企业投资的意义

企业需要通过投资配置资产，才能形成生产能力，取得未来的经济利益。

（一）投资是企业生存与发展的基本前提

企业的生产经营就是企业资产的运用和资产形态的转换过程。

投资是一种资本性支出的行为。通过投资支出，企业构建流动资产和长期资产，形成生产条件和生产能力。实际上，不论是新建一个企业，还是建造一条生产流水线，都是一种投资行为。通过投资，确立企业的经营方向，配置企业的各类资产，并将它们有机结合起来，形成企业的综合生产经营能力。如果企业想要进军一个新兴行业，或者开发一种新产品，则需要先行进行投资。因此，投资决策的正确与否直接关系企业的兴衰成败。

（二）投资是企业获取利润的基本前提

企业投资的目的是通过预先垫付一定数量的货币或实物形态的资本，购建和配置形成企业的各类资产，以从事某类经营活动，获取未来的经济利益。通过投资，企业形成了生产经营能力，从而可以开展具体的经营活动，获取经营利润。那些以购买股票、证券等有价证券方式向其他单位投资的，可以通过取得股利或债息来获取投资利益，也可以通过转让证券来获取资本利得。

（三）投资是企业风险控制的重要手段

企业的经营面临着各种风险，有来自市场竞争的风险，有资金周转的风险，还有原材料涨价、费用居高等成本风险。投资是企业风险控制的重要手段。通过投资，可以将资金投向企业生产经营的薄弱环节，使企业的生产经营能力配套、平衡、协调；通过投资，可以实现多元化经营，将资金投放于经营相关程度较低的不同产品或不同行业，分散风险，稳定收益来源，降低资产的流动性风险、变现风险，从而增强资产的安全性。

二、企业投资管理的特点

企业的投资活动与经营活动是不相同的，投资活动的结果对企业的经济利益有较长期的影响。企业投资涉及的资金多、经历的时间长，对企业未来的财务状况和经营活动都有较大的影响。与日常经营活动相比，企业投资管理的主要特点表现在：

（一）属于企业的战略性决策

企业的投资活动一般涉及企业未来的经营发展方向、生产能力规模等问题，如厂房设备的新建与更新、新产品的研制与开发、对其他企业的股权控制等。

劳动力、劳动资料和劳动对象是企业的生产要素，是企业进行经营活动的前提条件。企业投资主要涉及劳动资料要素方面，包括生产经营所需的固定资产的购建、无形资产的获取等。企业投资的对象也可能是生产要素综合体，即对另一个企业股权的取得和控制。这些投资活动直接影响本企业未来的经营发展模式和方向，是企业简单再生产得以顺利进行并实现扩大再生产的前提条件。企业的投资活动先于经营活动，这些投资活动往往需要一次性地投入大量的资金，并在一段较长的时期内发生作用，对企业经营活动的方向产生重大影响。

（二）属于企业的非程序化管理

在企业中，有些经济活动是日常重复进行的，如原材料的购买、人工的雇佣、产品的生产制造、产成品的销售等，我们将这些经济活动称为日常的例行性活动。这类活动经常性地重复发生，有一定的规律，可以按既定的程序和步骤进行。对日常的例行性活动进行的管理，称为程序化管理。有些经济活动不会经常性地重复出现，如新产品的开发、设备的更新、企业兼并等，我们将这些经济活动称为非例行性活动。非例行性活动只能针对具体问题，按特定的影响因素、相关条件和具体要求来进行审查和抉择。对这类非重复性特定经济活动进行的管理，称为非程序化管理。

企业的投资项目涉及的资金数额较大。这些项目的管理，不仅是一个投资问题，也是一个资金筹集问题，特别是对于设备和生产能力的购建、对其他关联企业的并购等，需要大量的资金。对于一个产品制造或商品流通的实体性企业来说，这种筹资和投资不会经常发生企业的投资项目影响的时间较长。这些投资项目实施后，将形成企业的生产条件和生产能力，这些生产条件和生产能力的使用期限长，将在企业多个经营周期内直接发挥作用，也将间接影响日常经营活动中流动资产的配置与分布。

企业的投资活动涉及企业的未来经营发展方向和规模等重大问题，是不经常发生的。投资经济活动具有一次性和独特性的特点，投资管理属于非程序化管理。每一次投资的背景、特点、要求等都不一样，无明显的规律性可遵循，管理时更需要周密思考，慎重考虑。

（三）投资价值的波动性大

投资项目的价值是由投资的标的物资产的内在获利能力决定的。

这些标的物资产的形态是不断转换的，未来收益的获得具有较强的不确定性，其价值也具有较强的波动性。同时，各种外部因素（如市场利率、物价等的变化）也时刻影响着投资标的物的资产价值。因此，企业投资管理决策时，要充分考虑投资项目的时间价值和风险价值。一般地，企业投资项目的变现能力不强的，其投放的标的物大多是机器设备等变现能力较差的长期资产，这些资产的持有目的也不是为了变现，并不准备在一年或超过一年的一个营业周期内变现。因此，投资项目的价值也是不易确定的。

三、企业投资的分类

将企业投资的类型进行科学的分类，有利于分清投资的性质，按不同的特点和要求进行投资决策，加强投资管理。

（一）直接投资和间接投资

按投资活动与企业本身的生产经营活动的关系，企业投资可以划分为直接投资和间接投资。

直接投资是将资金直接投放于形成生产经营能力的实体性资产，直接谋取经营利润的企业投资。通过直接投资，购买并配置劳动力、劳动资料和劳动对象等具体生产要素，展开生产经营活动。

间接投资是将资金投放于股票、债券等权益性资产上的企业投资。之所以成为间接投资，是因为股票、债券的发行方在筹集到资金后，会把这些资金投放于形成生产经营能力的实体性资产中来获取经营利润。而间接投资方不直接介入具体生产经营过程，通过股票、债券等约定的收益分配权利，获取股利或债息收入，分享直接投资的经营利润

（二）项目投资与证券投资

按投资对象的存在形态和性质，企业投资可以划分为项目投资和证券投资。

企业可以通过投资购买具有实质内涵的经营资产，包括有形资产和无形资产，形成具体的生立经营能力，开展实质性的生产经营活动，以谋取经营利润。这类投资便成为项目

投资。项目投资的目的在于改善生产条件、扩大生产能力，以获取更多的经营利润。项目投资属于直接投资。

企业可以通过投资购买具体权益性的证券资产，然后通过证券资产赋予的权利，间接控制被投资企业的生产经营活动，获取投资收益。这类投资称为证券投资，即购买属于综合性要素的权益性权利资产的企业投资。

证券是一种金融资产，即以经济合同契约为基本内容，以凭证票据等书面文件为存在形式的权利性资产。例如，债券投资代表的是未来按契约规定收取债息和收回本金的权利；股票投资代表的是对发行股票企业的经营控制权、财务控制权、收益分配权、剩余财产追索权等股东权利。证券投资的目的在于通过特有权益性证券，获取投资收益，或控制其他企业的财务或经营政策，并不直接从事具体的生产经营过程。因此，证券投资属于间接投资。

直接投资和间接投资、项目投资与证券投资，两种投资分类方式的内涵和范围是一致的，只是分类角度不同。直接投资与间接投资强调的是投资的方式，而项目投资与证券投资强调的是投资的对象。

（三）发展性投资与维持性投资

按投资活动对企业未来生产经营前景的影响，企业投资可以划分为发展性投资和维持性投资。

发展性投资是指对企业未来的生产经营发展全局有重大影响的企业投资。发展性投资也可以成为战略性投资，如企业间兼并合并的投资、转换新行业和开发新产品投资、大幅度扩大生产规模的投资等。发展性投资项目实施后，往往可以改变企业的经营方向和经营领域，或者明确地扩大企业的生产经营能力，或者实现企业的战略重组。

维持性投资是为了维持企业现有的生产经营政策顺利进行，但不会改变企业未来生产经营发展全局的企业投资。维持性投资也可以称为战术性投资，如更新替换旧设备的投资、配套流动资金投资、生产技术革新的投资等。维持性投资项目所需要的资金不多，对企业生产经营的前景影响不大，投资风险相对也较小。

（四）对内投资与对外投资

按投资活动资金投出的方向，企业投资可以划分为对内投资和对外投资。对内投资是指在本企业范围内部的资金投放，用于购买和配置各种生产经营所需要的经营性资产；对外投资是指向本企业范围以外的其他单位投放资金。对外投资多以现金、有形资产、无形资产等资产形式，通过联合投资、合作经营、换取股权、购买证券资产等投资方式，向企业外部其他单位投放资金。对内投资都是直接投资；对外投资主要是间接投资，也可能是直接投资。

（五）独立投资与互斥投资

按投资项目之间的相互关联关系，企业投资可以划分为独立投资和互斥投资。

独立投资是相容性投资，各个投资项目之间互不相连、互不影响，可以同时并存。例如，建造一个饮料厂和建造一个纺织厂，它们之间并不冲突，可以同时进行。对于一个独立投资项目而言，其他投资项目是否被采纳或放弃，对本项目的决策并无显著影响。因此，独立投资项目决策考虑的是方案本身是否满足某种决策标准。例如，可以规定凡提交决策的投资方案，其预期投资报酬率都要求达到 20% 才能被采纳。这里，预期投资报酬率达到 20%，就是一种预期的决策标准。

互斥投资是非相容性投资，各个投资项目之间相互关联、互相替代，不能同时并存。如对企业现有设备进行更新，购买新设备就必须处置旧设备，它们之间是互斥的。对于一个互斥投资项目而言，其他投资项目是否被采纳或放弃，直接影响本项目的决策，其他项目被采纳，本项目就不能被采纳。因此，互斥投资项目决策考虑的是各方案之间的排斥性，也许每个方案都是可行方案，但互斥决策需要从中选择最优方案。

四、投资管理的原则

为了适应投资项目的特点和要求，实现按投资管理目标做出合理的投资决策，需要制定投资管理的基本原则，据以保证投资活动的顺利进行。

（一）可行性分析原则

投资项目的金额大，资金占用时间长，一旦投资便具有不可逆转性，对企业的财务状况和经营前景影响重大。因此，在投资决策之时，必须建立严密的投资决策程序，进行科学的可行性分析。

投资项目可行性分析是投资管理的重要组成部分，其主要任务是对投资项目实施的可行性进行科学的论证，主要包括环境可行性、技术可行性、市场可行性、财务可行性等方面。项目可行性分析将对项目实施后未来的运行和发展前景进行预测，通过定性分析和定量分析比较项目的优劣，为投资决策提供参考。

1．环境可行性

环境可行性要求投资项目对环境的不利影响最小，并能带来有利影响，包括对自然环境、社会环境和生态环境的影响。

2．技术可行性

技术可行性要求投资项目形成的生产经营能力，具有技术上的适应性和先进性，包括工艺、装备、地址等。

3．市场可行性

市场可行性要求投资项目形成的产品能够被市场所接受，具有市场占有率，进而才能带来财务上的可行性。

4．财务可行性

财务可行性要求投资项目在经济上具有效益，这种效益是明显的和长期的。财务可行性是在相关的环境、技术、市场可行性完成的前提下，着重围绕技术可行性和市场可行性而开展的专门经济性评价。同时，一般也包含资金筹资的可行性。

财务可行性分析是投资项目可行性分析的主要内容，因为投资项目的根本目的是经济效益，市场和技术上可行性的落脚点也是经济效益，项目实施后的业绩绝大部分表现在价值化的财务指标上。

财务可行性分析的主要方面和内容包括：收入、费用和利润等经营成果指标的分析；资产、负债、所有者权益等财务状况指标的分析；资金筹集和配置的分析；资金流转和回收等资金运行过程的分析；项目现金流量、净现值、内含报酬率等项目经济性效益指标的分析；项目收益与风险关系的分析等。

（二）结构平衡原则

由于投资往往是一个综合性的项目，不仅涉及固定资产等生产能力和生产条件的购建，还涉及使生产能力和生产条件政策发挥作用所需要的流动资产的配置。同时，由于受资金来源的限制，投资也常常会遇到资金需求超过资金供应的矛盾。如何合理配置资源，使有限的资金发挥最大的效用，是投资管理中资金投放所面临的重要问题。

可以说，一个投资项目的管理就是综合管理。资金既要投放于主要生产设备，又要投放于辅助设备；既要满足长期资产的需要，又要满足流动资产的需要。在投放项目资金时，要遵循结构平衡原则，合理分布资金，具体包括固定资金与流动资金的配套关系、生产能力与经营规模的平衡关系、资金来源与资金运用的匹配关系、投资进度和资金供应的协调关系流动资产内部的资产结构关系、发展性投资与维持性投资的配合关系、对内投资与对外投资的顺序关系、直接投资与间接投资的分布关系，等等。

投资项目在实施后，资金就较长期地固化在具体项目上，退出和转向都不太容易。只有遵循结构平衡原则，投资项目实施后才能正常顺利地运行，才能避免资源的闲置和浪费。

（三）动态监控原则

投资的动态监控是指对投资项目实施过程的进程进行控制。特别是对于那些工程量大、工期长的建造项目来说，需有一个具体的投资过程，以便按工程预算实施有效的动态投资控制。

投资项目的工程预算是对总投资中各个工程项目以及所包含的分步工程和单位工程造价进行规划的财务计划。建设性投资项目应当按工程进度，对分项工程、分步工程、单位工程的完成情况，逐步进行资金拨付和资金结算，控制工程的资金耗费，防止资金浪费。在项目建设完工后，通过工程决算，全面清点所建造的资产数额和种类，分析工程造价的合理性，合理确定工程资产的账目价值。

对于间接投资特别是证券投资而言，投资前首先要认真分析投资对象的投资价值，根据风险与收益均衡的原则合理选择投资对象。在持有金融资产过程中，要广泛收集投资对象和资本市场的相关信息，全面了解被投资单位的财务状况和经营成果，保护自身的投资权益。

对于有价证券类的金融资产投资，其投资价值不仅由被投资对象的经营业绩决定，还受资本市场的制约。这就需要分析资本市场上资本的供求关系状况，预计市场利率的波动和变化趋势，动态地估计投资价值，寻找转让证券资产和收回投资的最佳时机。

第二节　投资者的思路

一、投资者如何看企业的商业模式

投资者之所以关注企业的商业模式，原因在于：商业模式是中小企业通过什么途径或方式来赚钱。简言之，快递公司通过送快递来赚钱；饮料公司通过卖饮料来赚钱；网络公司通过点击率来赚钱；通信公司通过收话费来赚钱；超市通过平台和仓储来赚钱；等等。

可以这么说，只要有赚钱的地方，就有商业模式的存在。

任何一个商业模式都是一个由客户价值、企业资源和能力、赢利方式构成的三维立体模式。所谓客户价值，指在一个既定价格上企业向其客户或消费者提供服务或产品时所需要完成的任务；企业资源和能力，即支持客户价值主张和赢利模式的具体经营模式；赢利方式即企业用以为股东实现经济价值的过程。

投资者认为，中小企业成功的商业模式具有3个基本特征：

第一，成功的商业模式要能提供独特价值。有时候这个独特的价值可能是新的思想；而更多的时候，它往往是产品和服务独特性的组合。这种组合要么可以向客户提供额外的价值；要么使得客户能用更低的价格获得同样的利益，或者用同样的价格获得更多的利益。

第二，商业模式是难以模仿的。企业通过确立自己的与众不同，如对客户的悉心照顾、无与伦比的实施能力等，来提高行业的进入门槛，从而保证利润来源不受侵犯。比如，直销模式（仅凭"直销"一点，还不能称其为一个商业模式），人人都知道其如何运作，也都知道戴尔公司是直销的标杆，但很难复制戴尔的模式，原因在于"直销"的背后，是一整套完整的、极难复制的资源和生产流程。

第三，成功的商业模式是脚踏实地的。企业要做到量入为出、收支平衡。这个看似不言而喻的道理，要想年复一年、日复一日地做到，却并不容易。现实当中的很多企业，不管是传统企业还是新型企业，对于自己的钱从何处赚来，为什么客户看中自己企业的产品和服务，乃至有多少客户实际上不能为企业带来利润、反而在侵蚀企业的收入等关键问题，都不甚了解。

我们来看一下时下火爆的、也是投资者和中小企业者都非常重视的一种商业模式：O2O模式。

O2O即Online To Offline，就是将线下商务的机会与互联网结合在一起，让互联网成为线下交易的前台。这样线下服务就可以用线上来揽客，消费者可以用线上来筛选服务，还有成交可以在线结算，很快达到规模。该模式最重要的特点是：推广效果可查，每笔交易可跟踪。

O2O绕不开的，或者说首先要解决的问题是，线上订购的商品或者服务，如何到线下领取？专业的话语是线上和线下如何对接？这是O2O实现的一个核心问题。用得比较多的方式是电子凭证，即线上订购后，购买者可以收到一条包含二维码的短彩信，购买者可以凭借这条短彩信到服务网点经专业设备验证通过后，即可享受对应的服务。这一模式很好地解决了线上到线下的验证问题，安全可靠，且可以后台统计服务的使用情况，方便了消费者的同时，也方便了商家。

采用O2O模式经营的网站已经有很多，团购网就是其中一类，另外还有一种为消费者提供信息和服务的网站。值得一提的是，在业内受到争议，且已在全国建立20余家实体店铺的青岛某品牌所推行的ITM网购（电子商务与传统实体店铺结合的互动交易模式）与O2O模式有本质的不同，无论是经营理念、经营构架，还是经营方式截然不同于O2O模式。如，O2O更注重线上交易，而ITM模式则更偏重于线上预订，线下交易；O2O模式的实际经营可适用于办公室等任何实体经营场所，而ITM模式则以店铺式经营为主。

如某网站是一种全新的O2O社区化消费综合平台，与团购的线上订单支付，线下实体店体验消费的模式有所不同，多拿网创造了全新的线上查看商家或活动，线下体验消费再买单的新型O2O消费模式，有效规避了网购所存在的不确定性，线上订单与线下实际消费不对应的情况，并依托二维码识别技术应用于所有地面联盟商家，锁定消费终端，打通消费通路，最大化地实现信息和实物之间、线上和线下之间、实体店与实体店之间的无缝衔接，创建一个全新的、共赢的商业模式。网站涵盖了休闲娱乐、美容美发、时尚购物、生活服务、餐饮美食等多种品类，旨在打造一个绿色、便捷、低价的O2O购物平台，为用户提供诚信、安全、实惠的网购新体验。

O2O模式的核心很简单，就是把线上的消费者带到现实的商店中去——在线支付购买线下的商品和服务，再到线下去享受服务。

二、投资者如何看企业的管理团队

投资者第二看重的，就是中小企业管理团队的职业化问题。

职业化的作用体现在，工作价值等于个人能力和职业化程度的乘积，职业化程度与工作价值成正比，即：工作价值 = 个人能力 × 职业化的程度。

如果一个人有100分的能力，而职业化的程度只有50%，那么其工作价值显然只发挥了一半。如果一个人的职业化程度很高，那么能力、价值就能够得到充分、稳定的发挥，而且是逐步上升的。如果一个人的能力比较强，却自觉发挥得很不理想，总有"怀才不遇"的感慨，很可能就是自身的职业化程度不够高造成的，使得个人的工作价值大为降低。

所谓职业化，就是在职场中按照一定规范进行所有工作和活动的总称。职业化程度高的人叫职业人；职业化程度高的经理就叫职业经理人。职业化的内容具体讲包括职业行为规范、职业技能和职业素养3个部分。

职业行为规范，包括职业形象、礼仪、行为准则等。比如，你一上南方航空的航班，向你迎面走来的南航空姐立刻给你强烈的视觉冲击：热情的笑脸和问候，大方得体、整齐划一的职业装，训练有素的导位，上茶上水等，这都是职业行为规范。

职业技能，就是具备从事该职业所需的技术、技能。通俗地说，就是像个做事的样子。当你生病了，去医院看医生，你会很信赖地遵从医生的嘱咐，当然不是因为医生穿着洁白的职业装，你就信赖他，而是他坐在这个岗位，就已经具备了专业的医疗技能技术，取得了医生执业证书。

职业素养是职业化中最根本的内容，如果我们把整个职业化比喻为一棵树，那么职业素养则是这棵树的树根。职业素养包括了职业道德、职业态度、职业精神三部分重要内容。在这里重点向大家探讨这一部分。

三、投资者如何评估企业的价值

在这个充满诱惑的时代背景下，身为企业领导者，很容易受到外界的干扰，很容易朝三暮四，任何企业，尤其是中小企业，都需要比任何时候更了解自己的使命，这样才可以帮助自己和团队把工作变得更加有意义，才能更大地开发员工的创造力和才能，才能更加吸引、留住和激励更多优秀的人才。

正如管理大师彼得·德鲁克所说，任何一个组织，最优秀、最有奉献精神的人最终都是自愿者。所有的自愿者都是奔着使命而奋斗的。

使命是公司的核心价值所在，是除了赚钱之外公司存在和发展的根本动力。一个有效的使命反映了人们对事业的重视程度——决定了他们的动机，而不仅仅是对产品和目标客户的一种描述。它抓住了公司的灵魂，它表述的是公司在利益之上存在的深层原因。

使命，它可以延续上百年，不应该将其和具体的目标、商业战略（在经营中可能不断变化）混为一谈。尽管你可以达到一个目标或完成一项规划，但你不能完全实现自己的使命，使命就像是指引方向的恒星，可以永恒地追寻，却永远不可能达到。尽管使命本身不会变化，却能激发改变。使命永远不能实现，意味着一个公司要完全投身于它的使命，就要永远刺激变革和进步。

核心使命的作用是引导和激励组织成员去实现一个又一个目标，完成一个又一个胜利。使命经过适当的构思，可以成为基础广泛、根本而长盛不衰的东西。优秀的使命可以长年指导和激励组织。

使命的主要作用是指引和激励，它的关键在于真实，不在于与众不同，不必独一无二。两家公司非常可能拥有很相似的使命，就像两家公司非常可能坚信正直之类的价值观一样。例如，很多公司可以和惠普公司一样，以利用电子器材促成科学进步，增进人类的福祉，对社会做出贡献为使命，关键在于他们是否像惠普一样深信这一点，并且始终遵循不渝。例如广东某钢制品集团王董咨询过我，是否可以将"我们为制造高品质的钢管而奋斗"列为核心使命。

我认为，制造钢管只是公司目前的业务，假若100年后，房屋建设已经由其他新型建材取代了钢管，钢管业务被取缔，难道公司也得因此而停止吗？后来，该公司将核心使命改为：为了提高人们的生活品质、促进社会和谐而努力奋斗。这个更能激励组织永远追求进步。

与此相似，3M公司（美国一家著名跨国企业，全称为明尼苏达矿务及制造业公司）并不用黏合剂、研磨剂来定义它的使命，而是永远寻求创新方法解决未解决的问题。这个使命带领3M不断进入广泛的新领域。麦肯锡的目的不是做管理顾问，而是帮助公司和政府更加成功。为了这个事业，在100年以内，他们可以开发许多咨询以外的事业，而不仅仅是做咨询顾问。惠普的存在不是为了做电子测试和测量仪表，而是为了让人们生活变得更好，而做出技术上的贡献，这个使命引导公司远远超越了他做电子产品的缘起。想象一下，如果沃尔特·迪士尼把公司使命设为制造卡通片，而不是让人们快乐，很可能就不会有迪士尼乐园。

我在为江苏一家专门为工矿企业生产防腐材料的企业咨询时，该公司干部问我，是否应该把"生产防腐材料"作为他们的使命。我就问："这个使命可以延续100年吗？"

若干年以后，公司有没有可能会发现或创造出全新的、不用防腐材料也能达到防止腐蚀的技术？完全可能。该公司董事长吉董立刻恍然大悟，说："我们不是为生产防腐材料而存在的，而是为了解决防腐问题。"最后，这家公司抓住了它的使命："用创新的方法解决耐磨防腐问题。"在未来的上百年内，这个使命都可以引导和激励团队不断前进。

四、投资者退出机制

所谓投资者退出机制，是指投资机构在其所投资的企业发展到一定的阶段后或特定时期，将所投的资金由股权形态转化为奖金形态，即变现的机制及相关的制度安排。

顺畅的退出机制是吸引风险投资的重要条件之一。

1. 投资者退出的实质

从投资行为的角度来看，风险投资是把资本投向高风险的领域，旨在促使高新技术成果尽快商品化、产业化，以取得高资本、高收益的一种投资过程。从运作方式来看，风险投资是由专业化人才组成的投资中介向特别具有潜能的高新技术企业投入资本，获取高额利润的过程。这是协调风险投资家、技术专家、投资者的关系，利益共享，风险共担的一种投资方式。

中国经济飞速发展，日益吸引着海归人员创业发展。一个创业小团队，一个高科技项目，一笔不大的启动资金，这就是大部分海归人员开始创业时的情形。像知名的百度、搜狐、UT斯达康（美国一家无线通信研发、生产和制造公司），创业伊始，也不过是三两个人，在不断融得风险投资后，这些公司才最终从一大批同类中脱颖而出。

海归人员创业的规模日益壮大，在美国纳斯达克上市的中国企业中，高管大多有海外留学的背景。在美国纳斯达克上市的中国企业，正推动新技术及传统产业的发展，创造了企业在中国发展、在海外融资的新模式。以百度、新浪、搜狐、携程、如家等一批海归人员为代表的创业者，给国内带回了大批风险投资，这种全新的融资方式，极大地催化了中小企业的成长，同时也带动了国内风险投资行业的进步。

根据接受风险投资的企业发展的不同阶段，将风险投资方式分为四种：种子资本、导入资本、发展资本、风险并购资本。风险投资的运作包括融资、投资、管理、退出 4 个阶段。

第一个阶段，融资解决"钱从哪儿来"的问题。通常，提供风险的资金来自养老基金、保险公司、商业银行、投资银行、大公司、大学捐赠基金、富有的个人及家族等，在融资阶段，重点解决投资者与管理人的权利义务及利益分配问题。

第二个阶段，投资解决"钱往哪儿去"的问题。专业的风投机构通过对项目进行初步筛选、尽职调查、估值、谈判、条款设计、投资结构安排等一系列程序，把风险资本投向那些具有巨大增长潜力的创业企业。

第三个阶段，管理解决"价值增值"的问题。风投机构通过监管和服务实现投资的价值增值。"监管"主要是参与被投资企业的董事会、在被投资企业的经营业绩达不到预期目标时，更换被投资企业的管理团队成员等；"服务"主要是帮助被投资企业完善商业计划、公司治理结构以及帮被投资企业获得后续融资等手段。

第四个阶段，退出解决"收益如何实现"的问题。风投机构通过 IPO（首次公开募股）、股权转让和破产清算等方式退出所投资企业，实现投资的收益。退出后，风投机构将投资收益分配给提供风险资本的投资者们。

风险投资具有以下特征：被投资企业多为处于创业期的中小型企业，而且多为高新技术企业。投资期限一般至少 3 ~ 5 年，投资方式为股权投资，通常占被投资企业 30% 的股权，而不要求控股，也不需要中小企业提供任何的担保或抵押。投资决策是建立在高度专业化和程序化的基础之上。风险投资人一般积极参与被投资企业的管理，提供增值服务。风险投资追求的是超额回报，当被投资企业价值增值后，风险投资人会通过上市、收购兼并或其他股权转让的方式撤出资本，实现增值。

风险投资与其他的融资方式显著不同，不需要抵押，也不需要偿还。如果投资成功，投资人将获得几倍、几十倍甚至上百倍的回报；如果失败，投进去的钱血本无归。

对于中小企业的创业者来讲，使用风险投资的最大好处就是即使失败，也不会背上债务。这使得年轻人创业成为可能。

风险投资者通常的做法在于：看到退路才进去，也就是退出机制良好。以资本赚取利润是投资行为的本质。风险投资是追求高回报，这种回报不像传统投资那样，主要从投资项目利润中得到收益，而是依赖于在这种"投入—回收—再投入"的不断循环中实现自身价值增值。

所以，对于风险投资者来说，其赖以生存的根本在于资本的高度周期流动，它通过不断进入和退出风险企业实现资本价值的增值。因此，一个顺畅的退出机制是扩大风险投资来源的关键，从源头上保证了资本循环的良性运作。可以说，退出机制是风险资本循环流动的中心环节。

风险投资相对于一般投资来说，风险系数偏高，其产生与发展的基本动力在于追求高额回报，致使风险投资项目和非风险投资项目相比更容易胎死腹中。一旦风险投资项目失败，不仅获得资本增值的愿望成为泡影，能否收回本金也将成为很大的问题。风险投资者最不愿看到的就是资金沉淀于项目之中，无法自拔。因此，投资者必然要求通畅的退出渠道。例如利用公开上市或将股份转让给其他企业以及规范的破产清算等，以尽可能将损失减少至最低水平。风险投资是一种循环性投资，其产生的意义在于扶持潜力颇大的企业成长，那自身有限的资产就必须具备一定的流动性，才能不断地扶持新企业。如果缺乏退出机制，即使风险投资者投入到企业的资金达到预期增值目的后，却还是难以套现，将会使风险投资者的资产陷入停滞状态，无法再去寻找新的投资对象，这样风险投资本身也失去了存在的意义。

风险投资者投资的往往是比较"新"的企业（包括重组、并购等），或者说是高新技术的新兴产业，这类企业的无形资产占有很高比重，而市场缺少对这种产业自身价值评估的度量标准，所以按照风险投资的退出机制，投资者所获得的资产增值恰恰可以作为一个比较客观的市场依据，如此，市场也将更成熟与规范。

2．投资者退出方式

（1）通过股票上市退出企业。

首次公开发行上市是国际投资者首选的投资退出方式。在我国目前的法律框架下，外商同样可以通过股票上市的方式退出在华投资，而且已被一些投资者所采用。

（2）通过股份转让退出企业。

股份转让是指公司股东依法将自己的股份让渡给他人。在中国现行的外商投资法律制度下，境外投资者可以通过向外商投资企业的其他股东或第三方转让所持有的股权而退出原有的投资。

（3）其他方式退出企业。

除了上述的退出机制之外，还有一些退出机制经常为一些境外投资者，特别是一些创业投资者（即风险基金），在投资时作为退出机制条款列入投资协议。这些退出机制主要有管理层收购、股权回购和公司清算等。

管理层收购被视为减少公司代理成本和管理者机会风险成本的可行手段得到迅速发展，作为一种有生命力的金融制度，对创业性企业的管理层具有较强的吸引力。就外资创业投资者在我国的投资情况来看，他们经常将管理层收购作为选择性的退出机制之一。在中国现行的法律制度下，由于禁止国内的自然人作为中方的合营者参与外商投资企业的设立，所以如果由公司的管理层成员直接收购外方合营者的股权，将违反法律的有关规定。但如果公司的管理层通过先设立一家投资性公司（壳公司）来受让外方合营者的股权，将会避开现有的法律障碍。

股权回购是指上市公司利用盈余所得后的积累资金（即自有资金）或债务融资以一定的价格购回公司本身已经发行在外的普通股，将其作为库藏股或进行注销，以达到减资或调整股本结构的目的。鉴于国内现行法律禁止股份有限公司收购本公司的股票和外商投资企业在合营期内不得减少其注册资本的规定，境外投资者通过外商投资企业对投资者进行股权回购有一定的障碍和难度。但从现有的法律规定来看，国家并没有完全排除这种可能性。随着中国公司法律制度的完善，国家将通过修改有关法律而使股权回购制度合法化，从而为投资者提供一种新的退出渠道。

公司清算指公司解散时，为终结现存的财产和其他法律关系，依照法定程序，对公司的财产和债权债务关系进行清理、处分和分配，以了结其债权债务关系，从而剥夺公司法人资格的法律行为。通过公司解散和清算来退出投资是投资者最后的选择，因为任何投资者在决定投资时都不希望日后公司解散、破产和清算。但如果所投资的企业因经营失败等原因导致其他退出机制成为不可能时，对公司解散和清算将是避免更大损失的唯一选择。

第三节 现金流量分析

一、现金流量含义

现金流量是投资项目财务可行性分析的主要分析对象，净现值、内含报酬率、回收期等财务评价指标均是以现金流量为对象进行可行性评价的。利润只是期间财务报告的结果，对于投资项目的财务可行性来说，项目的现金流量状况比会计期间盈亏状况更为重要。一个投资项目能否顺利进行，有无经济上的效益，不一定取决于有无会计期间利润，而在于能否带来正现金流量，即整个项目能否获得超过项目投资的现金回收。

由一项长期投资方案引起的未来一定期间所发生的现金收支叫作现金流量。现金收入称为现金流入量；现金支出称为现金流出量；现金流入量与现金流出量相抵后的余额称为现金净流量（ Net cash flow，NCF）。

在一般情况下，投资决策中的现金流量通常指现金流量。这里，现金既指库存现金、银行存款等货币性资产，也可以指相关非货币性资产（如原材料、设备等）的变现价值。投资项目从整个经济寿命周期来看，大致可以分为三个阶段：投资期、营业期、终结期，现金流量的各个项目也可归属于各个阶段之中。

二、投资期现金流量

投资期的现金流量主要是现金流出量，即在该投资项目上的原始投资，包括在长期资产上的投资和垫支的营运资金。如果该项目的筹建费用、开办费用较高，也可以作为初始投资阶段的现金流量计算递延资产。在一般情况下，初始阶段的固定资产原始投资通常在年内一次性投资，如果原始投资不是一次性投资，则应把投资归属于不同投入年份之中。

（一）长期固定资产投资

长期固定资产投资包括在固定资产、无形资产、递延资产等长期资产上的购入、建造运输、安装、试运行等方面所需的现金支出。

（二）营运资金垫支

营运资金垫支是指投资项目形成了生产能力，需要在流动资产上追加的投资。由于扩大了企业生产能力，原材料、在产品、产成品等流动资产规模也随之扩大，需要追加投入日常营运资金。同时企业营业规模扩大后，应付账款等结算性流动负债也随之增加，自动补充了部分营运资金的需求。因此，为该投资垫支的营运资金是追加的流动资产扩大量与结算性流动负债扩大量的净差额。

三、营业期现金流量

营业期是投资项目的主要阶段，该阶段既有现金流入量，也有现金流出量。现金流入量主要是营运各年的营业收入；现金流出量主要是营运各年的付现成本。

另外，对于营业期内某一年发生的修理费用支出，如果会计处理在本年内一次性作为收益性支出，则直接作为该年的付现成本；如果跨年摊销处理，则本年作为投资性的现金流出量，摊销年份以非付现成本形式处理。营业期某一年发生的改良支出是一种投资，应作为该年的现金流出量，以后年份通过折旧收回。

在正常营业阶段，由于营运各年的营业收入和付现成本数额比较稳定，因此营运阶段各年现金流量一般为：

营业现金净流量（NCF）= 营业收入 – 付现成本 = 营业利润 + 非付现成本

式中，非付现成本主要是固定资产折旧、长期资产摊销费用、资产减值准备等。其中，长期资产摊销费用主要是跨年的大修理费用、改良工程折旧摊销费用、筹建开办摊销费用等。所得税是投资项目的现金支出，即现金流出量。考虑所得税对投资项目现金流量的影响，投资项目正常营运阶段的营业现金流量测算为：

营业现金净流量（NCF）= 营业收入 – 付现成本 – 所得税 = 税后净利润 + 非付现成本

四、终结期现金流量

终结阶段的现金流量主要是现金流入量，包括固定资产变价净收入、固定资产变现净损益的影响和垫支营运资金的收回。

（一）固定资产变价净收入

对于处在终结阶段的投资项目，其原有固定资产将退出生产经营，企业将对固定资产进行清理处置。固定资产变价净收入是指固定资产出售或报废时的出售价款或残值收入扣除清理费用后的净额。

（二）固定资产变现净损益对现金净流量的影响

固定资产变现净损益对现金净流量的影响 =（账面价值 – 变现净收入）× 所得税税率
如果账面价值 – 变现净收入 >0，则意味着发生了变现净损失，可以抵税，减少现金流出，增加现金净流量；如果账面价值 – 变现净收入 <O，则意味着发生了变现净收益，应该纳税，增加现金流出，减少现金净流量。

变现时，固定资产账面价值是指固定资产账面原值与变现时按照税法规定计提的累计折旧的差额。如果变现时，按照税法的规定，折旧已经全部计提，则变现时固定资产账面价值等于税法规定的净残值；如果变现时，按照税法的规定，折旧还没有完全计提，则变现时固定资产的账面价值等于税法规定的净产值与剩余的未计提折旧之和。

（三）垫支营运资金的收回

伴随着固定资产的出售或报废，投资项目的经济寿命结束，企业将与该项目相关的存货出售，应收账款收回，应付账款也随之偿付。营运资金恢复到原有水平，项目开始垫支的营运资金在项目结束时得到回收。

第四节　投资决策的主要方法

投资决策是对各个可行方案进行分析和评价，并从中选择最优方案的过程。投资项目决策的分析评价需要采用一些专门的评价指标和方法。常用的财务可行性评价指标有净现值、年金净流量、现值指数、内含报酬率法、回收期法等。同时，按照是否考虑了货币时间价值来分类，这些评价指标可以分为静态评价指标和动态评价指标。考虑了货币时间价值因素的称为动态评价指标，包括净现值、年金净流量、现值指数、内含报酬率法等；没有考虑货币时间价值因素的称为静态评价指标，主要是指回收期法。

一、净现值

（一）基本原理

一个投资项目未来现金净流量现值与原始投资额现值之间的差额称为净现值（Net Present Value，NPV）。净现值的计算公式为

净现值 = 未来现金净流量现值 – 原始投资额现值

计算净现值时，要按预定的贴现率对投资项目的未来现金流量和原始投资额进行贴现。预定贴现率是投资者所期望的最低投资报酬率。若净现值为正，则方案可行，说明方案的实际报酬率高于投资者要求的报酬率；若净现值为负，则方案不可行，说明方案的实际报酬率低于投资者要求的报酬率。

当净现值为 0 时，说明方案的投资报酬率刚好达到所要求的投资报酬，方案也可行。所以，净现值的经济含义是投资方案报酬超过基本报酬后的剩余收益。其他条件相同时，净现值越大，方案越好。采用净现值法来评价投资方案，一般有以下步骤：

首先，测定投资方案各年的现金流量，包括现金流出量和现金流入量。

其次，设定投资方案采用的贴现率。确定贴现率的参考标准有

（1）以市场利率为标准。资本市场的市场利率是整个社会投资报酬率的最低水平，可以视为一般最低报酬率要求。

（2）以投资者希望获得的预期最低投资报酬率为标准。其考虑了投资项目的风险补偿因素以及通货膨胀因素。

（3）以企业平均资本成本率为标准。企业投资所需要的资金或多或少地具有资本成本，企业筹集资金承担的资本成本率水平，给投资项目提出了最低报酬率要求。

再次，按设定的贴现率，分别将各年的现金流出量和现金流入量折算成现值。

最后，将未来的现金净流量现值与原始投资额现值进行比较，若前者大于或等于后者，则方案可行；若前者小于后者，则方案不可行，即说明方案达不到投资者的预期投资报酬率。

（二）净现值评价

1. 净现值法的主要优点

（1）适应性强，能基本满足项目年限相同的互斥投资方案的决策。例如，现有 A、B 两个项目，资本成本率均为 10%，A 项目投资 50000 元可获得净现值 10000 元，B 项目投资 20000 元可获得净现值 8000 元。尽管 A 项目的投资额大，但在计算净现值时已经考虑了实施该项目所承担的还本付息负担，因此净现值大的 A 项目优于 B 项目

（2）能灵活地考虑投资风险。根据净现值法设定的贴现率中包含了投资风险报酬率的要求，有效考虑了投资风险。例如，某投资项目期限为 15 年，资本成本率为 18%，由于项目时间长，风险也大，所以投资者认定，在投资项目的有效使用期限 15 年中，第一个 5 年内以 18% 折现，第二个 5 年内以 20% 折现，第三个 5 年内以 25% 折现，以此来体现投资风险

2. 净现值法的主要缺点

（1）采用的贴现率不易确定。如果两个方案采用不同的贴现率贴现，那么采用净现值法不能够得出正确结论。在同一方案中，如果考虑投资风险，那么要求的风险报酬率不易确定。

（2）不适宜独立投资方案的比较决策。如果各方案的原始投资额现值不相等，则有时无法做出正确的决策。在独立投资方案比较中，尽管某项目的净现值大于其他项目，但所需投资额大，获利能力可能低于其他项目，而该项目与其他项目又是非互斥的，此时，只凭借净现值大小无法进行决策。

（3）净现值有时也不能对寿命周期不同的投资方案直接进行决策。例如，某项目尽管净现值小，但其寿命周期也短；另一项目尽管净现值大，但其实是在较长的寿命周期内获得的。两项目的寿命周期不同，因而净现值也是不可直接比较的。要采用净现值法对寿命周期不同的投资方案进行决策，需要将各方案转化成相等寿命周期进行比较。

二、年金净流量

投资项目的未来现金净流量与原始投资额的差额构成该项目的现金净流量总额。项目期间内全部现金净流量总额的总现值或总终值折算为等额年金的平均现金净流量，称为年金净流量。年金净流量的计算公式为：

　　年金净流量 = 现金净流量总现值 / 年金现值系数 = 年金净流量总终值 / 年金终值系数

与净现值指标一样，如果年金净流量指标的结果大于 0，则说明每年平均的现金流入能抵补现金流出，投资项目的净现值（或净终值）大于 0，方案的报酬率大于所要求的报酬率，方案可行。在两个以上寿命周期不同的投资方案比较时，年金净流量越大，方案越好。

三、现值指数

现值指数（Present value index，PVI）是投资项目的未来现金净流量现值与原始投资额现值之比。其计算公式为

　　　　　　　现值指数 = 未来现金净流量现值 / 原始投资额现值

从现值指数的计算公式可以看出，现值指数的计算结果有三种：大于 1，等于 1，小于1。若现值指数大于或等于 1，则方案可行，说明方案实施后的投资报酬率高于或等于必要报酬率；若现值指数小于 1，则方案不可行，说明方案实施后的投资报酬率低于必要报酬率。现值指数越大，方案越好。

四、内含报酬率

（一）基本原理

内含报酬率（Internal rate of return，IRR）是指对投资方案未来的每年现金净流量进行贴现，使所得的现值恰好与原始投资额现值相等，从而使净现值等于 0 时的贴现率。

内含报酬率法的基本原理是：在计算投资方案的净现值时，若以必要投资报酬率作为贴现率，则净现值的结果往往会大于 0 或小于 0，这说明投资方案实际可能达到的投资报酬率大于或小于必要投资报酬率；而当净现值为 0 时，说明两种报酬率相等。根据这个原理，内含报酬率法就是要计算净现值等于 0 时的贴现率，这个贴现率就是投资方案实际可能达到的投资报酬率。

1. 未来每年现金净流量相等

每年现金净流量相等是一种年金形式，通过查阅年金现值系数表，可计算出未来现金净流量现值，并令其净现值为 0，有：

　　　　　　　未来每年现金净流量年金现值系数 − 原始投资额现值 =0

计算出净现值为 0 时的年金现值系数后，通过查阅年金现值系数表，即可找到相应的贴现率 i，该贴现率就是方案的内含报酬率。

查阅年金现值系数表可得，当（P/A，i，10）=5.333 时，对应的贴现率为 12%、14%。采用插值法求得，该方案的内含报酬率为 13.46%，高于最低投资报酬率 12%，故方案可行。

2. 未来每年现金净流量不相等

如果投资方案的未来每年现金净流量不相等，即各年现金净流量的分布不是年金形式，就不能采用直接查阅年金现值系数表的方法来计算内含报酬率，此时需要采用逐次测试法。逐次测试法的具体做法是：根据已知的有关资料，先估计一次贴现率，来试算未来现金净流量的现值，并将这个现值与原始投资额现值比较。如果净现值大于0，为正数，则表示估计的贴现率低于方案实际可能达到的投资报酬率，需要重新估计一个较高的贴现率进行试算；如果净现值小于0，为负数，则表示估计的贴现率高于方案实际可能达到的投资报酬率，需要重新估计一个较低的贴现率进行试算。如此反复试算，直到净现值等于零或基本接近于0，这时所估计的贴现率就是希望求得的内含报酬率。

（二）内含报酬率法的评价

1. 内含报酬率法的优点

首先，内含报酬率法反映了投资项目可能达到的报酬率，易于被高层决策人员理解；其次，对于独立投资方案的比较决策，如果各方案原始投资额现值不同，则可以通过计算各方案的内含报酬率，反映各独立投资方案的获利水平。

2. 内含报酬率法的缺点

计算复杂，不宜直接考虑投资风险大小。在互斥投资方案决策时，如果各投资方案的原始投资额现值不相等，就会出现无法做出正确决策的情况。某一方案原始投资额低，净现值小，但内含报酬率可能较高；而另一方案原始投资额高，净现值大，但内含报酬率可能较低。

五、回收期

回收期（Payback Period，PP）是指投资项目的未来现金净流量与原始投资额相等时所经历的时间，即通过未来现金净流量回收原始投资额所需要的时间。

投资者希望投入的资本能以某种方式尽快收回来，收回的时间越长，所承担的风险就越大。因而，投资方案回收期的长短是投资者十分关心的问题，也是评价方案优劣的标准之一。用回收期指标评价方案时，回收期越短越好。

第五节　中小企业的筹资与投资管理

一、筹资对中小企业有哪些重要性

古人云"借鸡下蛋"。古人尚且知道这个道理，现代公司的经营者就更该明白其中的玄妙了。我们这里讲的"筹资"与"借鸡下蛋"还是有一定区别的，借鸡下蛋是指借别人的钱为自己谋利，而公司的筹资广义上讲既包括自有资金的筹集也包括借债。筹资对中小企业经营的作用是不容忽视的。

1．弥补公司日常经营的资金缺口

经营公司的人都知道并不是公司要投资、要扩展时才需要资金，日常经营经常也会出现资金缺口。比如与农产品打交道的中小企业，季节到了，需准备一大笔资金收购农产品，再制成商品售出；如果公司应收账款过多，而手头资金短缺，公司也会选择短期融资。

2．为公司的投资提供保障

要投资，就需要资金，当然也可以用设备、土地、无形资产投资，但大多数情况下，对资金的需要是直接的，但是钱从哪里来呢？要知道"巧妇难为无米之炊"，要想做好投资，就要先学会筹资。

3．公司发展壮大的需要

公司要占领市场、要经营房地产、搞多元化经营、要与对手拼个死活、要向国际进军，哪一条不需要巨额资金支持呢？想一想彩电、微波炉之战，哪一个战役不是由巨资为支撑，一旦哪个公司耗不下去了，资金不足了，市场也将向它关闭，这就是现代商业经营残酷的现实。因此，无论是中小企业还是大型企业，想要在市场中生存，想要将公司不断发展壮大，筹资是一门必要的学问，值得好好研究。

二、中小企业如何做好投资决策

当完成了投资的第一步——抓住机遇后应如何继续进行好投资的决策呢？为什么有些中小企业抓住了机遇而投资又最终失败了呢？原因很简单，迈好了第一步不等于能迈好第二步，只有一步一个脚印踏踏实实地走下去最终才能获得成功。因此中小企业要进行好投资决策首先要树立好几个理念。

1．今天的钱总要大于明天的钱

从理论上说，如果今天的钱留到明天花就损失了今天花钱所带来的多出的那一部分效用，这是西方人的观点。比如彩电两年前买21时大概要2000多元，现在买只要1000元左右。如果一个人两年前可以买但就是要等到现在便宜了才买，实际上他损失了两年看彩电带给他的效用。就实际而言，经济中是存在通货膨胀的，今年的1元钱到明年自然也会有所贬值。

公司在投资的过程中当然要明白这个道理。"今天的钱总要大于明天的钱"就告诉我们：

（1）能现在投资的项目不要放在以后再做。

如果一项投资在市场机遇上、在资金配置、管理上都是可行的，那么现在就做；过个一两年还不知道市场会变成什么样呢！

（2）投资的回收期越短越好。如果有甲、乙两个项目，其他情况都一样，一个2年内收回初始投资，一个3年内收回初始投资，你会选择哪一项？你当然会本能地选择回收期短的，因为在第3年甲项目就会产生净现金流入，而乙项目还不会。

国外的很多投资决策模型都是在这条理念的引导下设计的。

2．投资的过程也是管理的过程

仔细想一想投资是什么？

- 选定几个目标；
- 进行市场调研，可行性分析；
- 确定一个可行的项目；
- 进行相应的准备：人力、技术、物资、设计图、场地……
- 实施这一项目；
- 投产；
- 投资后的评估。

投资的过程是不是上面所列示的过程呢？也许你还有别的见解，但总体思路没有错吧！由上面这一过程来看投资本身也是一个管理的过程，是集计划、决策、运行、评价为一体的过程。有的人片面地认为投资只要有钱就行了。这是不是片面观点呢？目前中国的现状是：很多公司在投资过程中不缺钱，也不缺项目，但缺乏的是好的管理。

在前面我们提到管理包含了市场营销、人力资源、财务等各项管理。在投资中也是如此，包括人员安排、工程进度、财务收支、后勤辅助等等。这都需要与各个单位统一协调。如果仅仅把投资理解为计划、决策的过程就片面了。许多好的项目最终失败的原因可能就在于实际的执行与当初的设计事与愿违。

因此在投资决策之时就应明确"投资的过程是管理的过程"是相当重要的，使决策从一开始就和执行与管理紧密挂钩，加强投资决策的科学性。

3．投资决策要与筹资计划紧密结合

有的公司在做投资决策时筹资安排总是一笔带过，认为"车到山前必有路，船到桥头自然直"，而实际执行过程中，很多项目由于执行中资金不足而闲置在那里一两年，一两年后市场是否还真的需要这个项目呢？还有的投资项目由于资金不足索性将公司也拖得破产。这种例子在现实中并不少见，如巨人集团的巨人大厦，这些失败的案例都是应该引以为戒的。

投资与筹资是紧密结合的，这也是我们这本书再三强调的。筹资的目的不完全为了投资，但投资的过程绝对少不了筹资。因此公司有必要在进行投资决策之时制订一份详细而周密的筹资计划。

4．树立正确的风险价值观念和机会成本观念

任何投资都是存在风险的，只是风险的大小有别罢了。一般规律是：风险越大，要求的收益也就越高，风险越小，要求的收益也就越低。公司的经营管理者追求什么样的风险价值观取决于经营者自身的经营习惯与公司的管理理念。

机会成本的概念早就引入了我国的公司管理之中。在进行投资项目决策时，你常会发现这样一种情况：不同的备选方案各自带来不同的收益，当你选定一种方案而放弃其他方

案时，其他方案所潜在的收益便被称之为机会成本。我国很多中小企业的老总缺乏这方面的认识，只看一处而不见其余。如果投资时多想想：除了这个项目，我还可以投资哪个领域呢？会有什么样的收益呢？这样思路就会开阔了许多，也会大大增强资金的使用效率。

5. 资金的时间价值运用到投资决策之中

资金是有时间价值的，在前面第一个理念之中我们已经提到过。正所谓"一寸光阴一寸金"！

（1）首先，我们先来关注一个普遍的经济现象：若银行的存款年利率为 5%，将 100 元存入银行，一年之后它会变成多少呢？当然是 105 元，这是一个很简单的计算问题，但我们可以从中得到以下几个结论：

①相同量的资金在不同时点上反映的价值量是不同的。

②等量的资金随时间推移而增值，越靠前的资金越值钱。

③时间对资金产生重大的影响。

因此引出资金时间价值的概念：在资金的使用过程之中，随着时间的推移而发生的资金增值。

资金只有使用才会发生增值，如果把钱放在罐罐中埋起来，那么只有贬值的结局了。

（2）资金的时间价值如何被用于解决实际问题？首先要明确一点，不同时点上的资金是不具有可比性的。今年的 1 元钱不等于明年的 1 元钱。既然不同时点上的资金数额是不能用于相互比较的，进行投资决策时应怎么办呢？

很简单，我们可以把不同时点上的资金换算到同一时点上进行比较。比如市场利率为 5%，明年的 100 元换算到今年为 $100 \div (1+5\%) = 95.2$ 元，这样不就可以比较了吗？

从上面这个简单的小例子我们可以总结出资金的时间价值解决实际问题的方法：

①估算出各年的现金流量。

②将各年的现金流量换算到同一点。

③将结果进行比较。

在换算过程中运用的方法要复杂一些，比如复利的计算、年金的计算等等。

三、中小企业如何利用股票融资

有的中小企业老总认为利用股票融资是可望而不可即的事。其实，距离中小企业并不遥远，许多大型的中小企业都希望利用股票融资，也有的中小企业不希望发行股票及上市。大家的出发点各不相同。

希望上市的，认为发行股票有助于筹集更多资金，有利于资本结构的优化，也有利于公司的股份制改造；不希望上市的，认为发行股票上市会分散公司的控制权，也有潜在的被人恶意收购的风险，各种资料还需定期公开，自己在明，他人在暗，不合算。

中小企业究竟何去何从，还要看公司的发展策略，是想走股份制道路，还是沿袭原有的经营策略。

我国上市公司中纯中小企业很少，绝大部分含国有股的成分。这并不意味着中小企业不能利用股票上市融资。根据《公司法》第七十三条规定："设立股份有限公司，应具备下列条件：

①发起人符合法定人数。

②发起人认缴和社会公开募集的股本达到法定资本最低限额。

③股份发行、筹办事项符合法律规定。

④发起人制订公司章程，并经创立大会通过。

⑤有公司名称，建立符合股份有限公司要求的组织机构。

⑥有固定的生产经营场所和必要的生产经营条件。"只要符合条件，经过证监会批准，中小企业可以发行股票上市融资。从目前情况来看，受各种条件的影响，中小企业要成为上市公司仍需要进行各方面的努力。

买壳上市——一种上市的好办法。

所谓买壳上市就是非上市公司通过收购上市公司，获得上市公司的控股权之后，再由上市公司收购非上市控股公司的实体资产，从而将非上市公司的主体注入上市公司中去，最终达到非上市的控股公司间接上市的目的（见图4-1）。

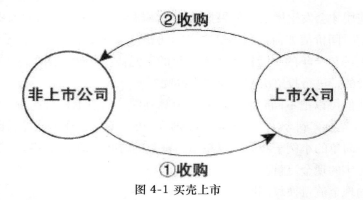

图 4-1 买壳上市

买壳上市属于我国证券市场资产重组的主要形式之一，目前在中小企业成为直接上市公司难度较大的情况下，买壳上市不失为一种争取上市融资的良好方式和意图。我国现行股票发行和上市还受额度管理的限制，一些有潜质的中小企业由于无法获得发行额度而不能通过证券市场融通资金，选择买壳上市的方式也算是一种便宜，一方面有助于中小企业自身发展；另一方面，也将一批处于"隐性死亡"状态下的上市公司救了回来，既有利于自己，又有利于他人。

公司是否真的需要买壳上市要从以下几个方面考虑：

·公司的发展意图是什么？

·公司上市后有什么样的好处？

·公司是否选择了目标公司？

·目标公司的经营状况如何？

·目标公司可有进一步发展的前景？

·买壳上市的资金从何而来，是否有保证？

·买壳上市后，两个公司的领导层应如何协调？

·买壳上市后竞争对手会有什么反应？

·买壳上市后的潜在收益与成本相比较，买壳上市值得吗？

当然，中小企业需考虑的不单单是以上这几个问题，这里只给出一个基本的思路。私营企业选择目标公司也不是盲目选择，还是有些讲究的。

（1）选择一些主营业务、资产规模增长缓慢甚至是倒退的壳公司，这类公司负担沉重，公司自身面临的问题很多，比如公司有大量不良资产，公司离退休职工比重较高，公司负债比率高等情况。在收购它之前。一定要先确定该公司有一部分优良资产，有一定的发展前途，在明确这一点后，收购它们注入自己的资产，随后改变其主营结构，剥离不良资产，待到时机成熟的时候，改变挂牌名称。

（2）还可以选择一些处于夕阳产业的壳公司，或虽取得上市资格，但不具竞争力的新兴产业公司为壳公司。

（3）股权结构有利于第三者控股的壳公司。

四、中小企业如何谋求银行贷款

银行是中小企业获得大额、中长期资金的重要来源与支持者。是中小企业成长的重要支柱。因此，精明的中小企业老板常常把银行家当作自己的朋友，把信贷当作事业腾飞的杠杆。

1. 贷款是有条件的

银行，尤其是商业银行，是愿意向外贷款的。因为只有通过贷款，他们才能赚到钱。不过，他们却未必愿意向中小企业贷款。如果让他们自由选择，他们宁愿把钱贷给那些并不确实需要钱，但有许多担保和抵押的大公司。不过，问题是他们并不总是有这种选择的权利，大公司也不能完全满足银行的要求，因此银行同样需要小公司、中小企业的生意。在申请贷款时，银行需要申请人具备一些条件。

（1）偿还贷款的能力。即使有可靠的抵押，但是如果银行不相信你的中小企业能够像你预测的那样获得成功，那么还是有很大的可能不批准你的贷款申请。银行一般不愿意强行取消抵押赎回权，不愿意找担保人追究责任，或用客户的抵押品兑换现金——即不愿意采用以上三种方法中的任何一种收回对方无法偿还的贷款。银行希望得到这样的保证——你的中小企业有能力用中小企业的收入偿还全部的贷款。

（2）超过贷款价值的财物作抵押。尽管银行并不想没收这类抵押的财物，但是为安全起见，还是必须有这种财物抵押的。银行越是相信中小企业的发展前途不可限量，也就越不会计较抵押财物需要符合什么要求。最佳抵押物，包括存折、股票、债券、房契、人寿保单等。但是其他抵押品也能为银行所接受，如老板配偶的财产、昂贵的宝石或古董等。

（3）本身资金投放的证据。老板可能不愿意把自己的全部积蓄都投入目前从事的业务，但是你必须向银行表示出你打算把积蓄投资到中小企业经营上的决心。一个申请贷款的人只有表明自己的能力和信心，银行才愿意向他贷款。

要使银行明白：你已经全力以赴地把你的资金和时间用在扩展你的业务上了，这样银行就会对你产生信心，愿意贷款给你。

（4）创业精神同组织能力和管理才能的结合。创业精神固然对于能否申请到贷款十分重要，不过老板的为人、性格也同样有着举足轻重的作用。此外，还在很大程度上取决于你的组织能力和管理才能。银行在批核贷款时将会考虑：你在安排时间和组织人力方面是否十分成功？你是否有灵活调配资金的才能？如果你能找到有说服力的证据，那么就应该毫不犹豫地提供给银行。例如，你曾为一家公司工作过，而这家公司又使你的组织能力和管理能力得到充分的发挥等，你将这些信息提供给银行，以作为批准贷款的参考。

（5）产品销售十分理想。在这方面，时间和地点也不容忽视。如果中小企业能够证明所销售的产品是近期所需要的热门商品，那么即使中小企业规模很小，银行也会愿意提供贷款的。另外，银行一般都会把自己视为热心公益的机构，愿意以服务于社会的面目出现，因此，如果行得通，你就要大力宣传自己产品在一般公众心目中的地位，并且强调在造福社会方面不容忽视的作用。

（6）贷款在较短时间内可以归还。银行一般都不愿意给小中小企业发放中长期贷款，而是以提供短期贷款为最安全、最能赚取利润的办法。银行特别愿意考虑贷款在一年以内的情况，这样就便于及时地评估贷款的风险，决定以后的贷款方案。通常情况是，贷款期越长，银行需要的抵押就越多，加到中小企业运作上的限制就越多。如果希望为销售旺季多进点货物，或者资金一时不能大量回笼，那么这两种情况下的短期贷款是银行最乐于考虑的。至于长期贷款，银行也可以发放，但一般需要用于购买重型设备、增加固定资产，或者购进别的中小企业等方面。这时，必须有可靠的抵押、强有力的担保才行。

2. 争取贷款的方法

为能在银行取得贷款，可以做也应当做很多事情。有些人是由于心血来潮才去银行的，目的不外乎去碰碰运气，看是否能从银行贷到款，这种办法显然是不可取的。在去银行之前，你首先要认真考虑你对于贷款金额和条款的要求，然后才可以为日后的成功做些脚踏实地的工作，争取到银行的贷款。

（1）要同银行建立良好的业务关系。中小企业组织和商业朋友都会向中小企业介绍合适的贷款银行。有些银行也愿意向中小企业提供贷款支持。这样的银行对中小企业的需求做出反应的可能性就比较大了。对中小企业来说，最理想的情况就是：已经同某一银行建立了良好的业务联系。银行通常会特别优待自己的老客户，因此，老板一定要保持并增加同银行的联系，扩大银行协助自己业务活动方面的作用，并结识在那家银行工作的人员，就商业问题向他们求教。银行除了能提供资金上的帮助外，还可以给你出些主意。他们有良好的信息服务网，很容易得到全面的统计资料，而这些资料可以影响到中小企业的发展方向。银行都愿意向老客户提供信息，因为这是十分受欢迎的服务项目。

（2）与熟悉贷款业务的朋友一起去银行。在向银行申请贷款时，如果能说服熟悉贷款业务的朋友陪你一起去，就一定不要放弃这种机会。银行中的职员很喜欢用业务术语与人谈话，或者使用一般门外汉不熟悉的行话，这时，通晓银行术语的朋友就显得尤为重要了。你无须因为听不懂而局促不安，你的朋友会代你回答一些较困难的问题，并向你解释其中的含义。

（3）要提早办理申请手续。小本经营者很少能立即得到商业贷款，这是因为银行往往要做信用调查，并且认真研究整个贷款计划。如果无法接受较长时间的审核程序，那么获得贷款的机会就会付诸东流。因此，必须未雨绸缪，提前做出计划才行。

（4）进行自我推销。在向银行提出贷款计划之前，首先应该介绍自己的情况。银行一旦认为你和你的公司值得信赖，那么具体的谈判也就容易了。要尽一切努力说服贷款银行相信你所经营的中小企业是在良好的运作，是具有发展潜力的。可以视具体情况把样品、照片、顾客对产品需要的文字介绍、权威人士的推荐信以及有助于获得贷款的任何资料带到银行去。

（5）申请贷款的数目超过自己的实际需要。银行都是比较保守的，特别是涉及资金有限的客户，不管申请多少数量的贷款，他们决定发放时，打点折扣都是十分可能的。如果预算表明，为了业务进展顺利，你需要某一数量的贷款，那么在申请时至少要比这一数目多填写30%的金额，才不至于失去预算。

（6）不要低声下气。由于某些原因，一些经验不足的申请人往往把银行当作施主或恩人，因此把申请多少和寻找施舍等同看待。要知道，银行借钱给你时，并不是打算帮你忙，而是要同你做生意。你是贷款客户，借了钱是要付利息的。如果说帮忙的话，由于你的贷款增加了银行的生意，实际上是你帮了这家银行。因此，你在同银行职员打交道时，应当把他当作是需要你帮忙的生意人，而不是让自己显得是祈求他们施恩的商业生手。你应该记住：有银行的帮助也好，没有银行的帮助也好，你都能使自己梦想成真，都会使自己的生意兴旺。如果你不从这家银行借钱，也会从别的银行借到钱，这样你就会站在平等的地位上同银行对话。

（7）不要隐瞒重要的事实。银行能通过各种信息来源，了解到希望了解的内容。比如银行问你申请贷款是不是曾经遭到过拒绝，如果确实遭到过拒绝；就万不可认为说没有就可以保住面子。只要你申请过贷款，不管是否被接纳，申请书都会被保留下来，如果需要的话，检索是不会太困难的。

你可以表现得诚实坦率，向银行提供他们从别处也都可以了解的信息，这样，你就在他们心目中就建立了诚实可靠的形象。

（8）要有一个深谋远虑的发展计划。在争取贷款时，以上各条对你的成功都是十分重要的，但是本条却是决定性的。你要制定一份十分精细的业务发展规划，随时准备提交给银行审查，但大多数小本经营者却不能做到这一点。

深思熟虑的计划可以看作你未来生意成功的蓝图，它强迫你考虑中小企业运作的每一个细节。如果你是一位生意兴隆的小本经营者，那么不管你是否申请贷款，都会按蓝图办事的，而生意的成功就在于你对中小企业近期和长远的发展做出了完善的计划。

随同贷款申请一起提交的业务计划包括什么内容呢？公司特点、业务范围、固定资产及存货一览表、个人简历、中小企业运作情况、预计的资产负债表及经营报告（包括预计的现金流动及工资支出情况）、销售设想等等。

准备以上内容应当在称职的会计的协助下进行，因为会计在中小企业运作方面掌握不少供研究的统计资料，并能为我们的设想提出比较现实的分析。为银行提供一份有职业水平的计划，也就意味着为银行考虑贷款申请打下了坚实的基础。你最终留给银行的印象是：有责任感，可以信赖，不必承担太大风险，这样得到贷款的机会就增加了。

五、中小企业如何通过租赁融资

中小企业在谋取银行贷款、内部集资等筹融资手段外，还可以"借鸡生蛋"的方式开辟新的筹融资渠道，这就是租赁筹资。

现代租赁是以融通资金与融通物资相结合为特征的筹资方法。在这种租赁关系中，存在三个当事人，即出租人、承租人和供货人；要签订两个合同，即出租人和承租人签订的租赁合同和出租人与供货人签订的购买合同。在租赁合同关系中，承租人所需的租赁物件，由承租人自己选择，出租人不得干涉。承担人必须在约定的日期内按期向出租人缴纳租金，出租人通过收取租金，收回设备投资的全部或者大部分。在租期内，租赁物件所有权仍属于出租人，但使用权属于承租人，承租人在使用期内有负责设备的维修、保养、保管义务。租赁合同具有不可撤销性。

采取租赁融资形式，租赁双方一般能够享受到不同程度的税收优惠和由此带来的间接利益。因此，它尤其适合中小企业。

中小企业要让借来的鸡生个金蛋，需要利用各种有利条件，使租赁融资的优势能得到充分发挥。下面将介绍几种租赁筹资技法供中小企业老板参考。

1．选择理想的租赁公司

有经验的中小企业会根据自己的需要，选择理想的租赁公司。理想的租赁公司应符合以下条件：

（1）资金力量雄厚，筹资能力强，筹资成本低，与国内外金融机构和设备供应商联系广泛、密切。

（2）办事效率高，资信状况好。

（3）有丰富的经验和较好的业绩。

（4）能提供多种多样的租赁"品种"。

（5）租金公平、合理。

（6）能够提供设备安装、检验、修理等方面的咨询、指导等一揽子服务。

（7）拥有较多的分支机构，能及时向企业提供多种多样的、方便的、快捷的服务。

2．选择合适的租赁筹资形式

比较适合中小企业筹融资的租赁形式有金融租赁、经营租赁、维修租赁等。下面逐一介绍。

（1）金融租赁。是指企业需要购买某些设备而缺乏资金时，由出租人代其购进或租进所需设备，然后再出租给承租企业使用的租赁形式。金融租赁的期限一般较长，有的甚至相当于设备的寿命期，承担企业可根据企业的长期生产发展计划，充分利用租赁设备。金融租赁的资金要比经营租赁、维修租赁的租金低。采取这种形式，租赁公司不向承租企业提供维修服务，设备的保养、维修等等都需承租企业自己承担。

（2）经营租赁。是指出租人不仅向承租人出让设备的使用权，而且还负责设备的保养、维修、保险以及其他专门性技术服务的租赁融资形式。同金融租赁相比，经营租赁期限较短，租金较高，遇不可抗力，承租人可提前解约。对企业来说，采取这种租赁形式筹资的好处，是可以减少技术风险，获得各项优质服务。有些中小企业并不经常使用的设备，若要自己购买，要占用一大笔资金，而且在技术不断进步的条件下，设备很快过时，企业又得再购置新的设备，从而造成不必要的损失。鉴于此，很多中小企业对于这类非常用的设备都采取"租"的形式。由于租赁公司可以提供各种服务，因此设备的使用不会遇到多大的困难。

（3）维修租赁。是在狭义的金融租赁基础上附加各种维修项目的租赁融资形式。此种租赁对象以车辆为主。

3．租金越低越好

为降低筹资成本，必须努力争取降低租金。租赁公司在计算租金时，考虑的主要因素是设备的购置成本、预计租赁期满后设备的残值、利息费、手续费。

$$租金 = 设备购置成本 - 预计租赁期满后设备的残值 + 利息费 + 手续费$$

在具体租金的计算方法上，租赁公司往往会耍花招使承租企业多付租金，中小企业应指派或聘请专家参加谈判，以免吃暗亏。

中小企业还可以在租金的支付方式上，巧妙安排以降低租金水平。如果按租金分期支付的时间划分，企业可以采取等额支付方式、递减支付方式、递增支付方式。在通货膨胀的条件下，企业应采取等额支付方式，以减少实际的租金支付；如果一般物价水平在未来时期会下降，货币升值，则企业应采取递减的支付方式，以此来减少实际的租金支付。

如果租金涉及货币币种选择，企业必须考虑不同种货币在未来的价格变化。企业应对不同货币未来价格变化进行分析，选定在未来会贬值的货币支付租金。如果企业不能准确判断不同货币价值未来的变化，就应争取以多种货币来支付租金。

4．租赁时机选择要适当

时机选择，对企业以较低租金租用所需设备是相当重要的。时机选择恰当，企业不仅可以少付租金，而且可以得到租赁公司提供的免费服务。

有经验的企业，往往在经济不景气或设备投资需求下降时租用设备。这时，供应商的设备卖不出去，因而会降低对租赁公司的售价。企业可以充分利用这一有利条件压低租金，要求租赁公司提供免费服务。

5．尽可能少地支付保证金

租赁公司在开办租赁业务时，要承担一定的风险，承担人不按合约支付租金就是风险之一。为避免或减轻这种违约风险，租赁公司大多要求承租企业支付一定的保证金。作为企业的最佳选择，应是争取不付保证金；次佳选择，是争取少付保证金。

保证金数额一般是按租赁设备价款的一定比率确定的，是租赁设备价款同保证金比率的乘积。保证金比率作为一个弹性很大的指标，每提高1个百分点，企业将多付很多保证金。企业一定要争取降低保证金的比率，这是减少保证金数额的重要一环。保证金一般不是在签约之日立即支付，而是签订了租赁合同后某一时间缴付。对承租企业而言，缴付时间越是提前，实际支付量就越多，所受损失就越大。因此，企业尽可能延迟缴付保证金时间。

企业还要注意租赁公司计算保证金的方法，防止租赁公司在计算方法上要花招。

6．善于防范和化解租赁融资风险

租赁筹资是要冒一定风险的，怎样防范和化解这种风险，最大限度地减轻损失？以下几种方法可供借鉴。

（1）降低信用风险。应择优选择租赁公司。对各种可能遇到的信用风险进行详尽的考虑，签订合同时应明确租赁公司违约所承担的责任和承担责任的方式。

（2）降低利率风险。一种方法是以浮动利率计付利息，若市场利率下降，企业可以减少租金支付；另一种方法是进行利率调换，即将同一种货币的利率债务进行对双方有利的交换，从而避免因市场利率下降而使企业多付利息。

（3）降低自然灾害风险。企业最适宜的做法是向保险公司投保，这样，即使因自然灾害造成损失，企业也可以得到全部或部分的经济补偿。

（4）避免税务风险。企业应争取在租赁合同中以专门条款列出税收政策变化时，租金应做相应的调整，从而可与租赁公司共同承担税收风险，减轻损失。

（5）降低技术风险。一是要在租赁期内加速使用租赁设备，充分利用生产设备；二是要将租赁期定得短一些，这样有利于企业在设备和生产工艺落后时再行续租。即使在租赁期内发生设备贬值，企业损失也比较小；三是在租赁合同条款中应规定：一旦租赁设备贬值，企业租金应相对减少。

六、中小企业如何分析防范投资风险

当你花2元钱买一张体育彩票时，你是否肯定你一定能中奖呢？当然不能。你当然清楚购买彩票是存在风险的，你之所以欣然购买，是因为你认为这点儿风险你还是可以承受的。

什么是风险呢？其一种行为的结果具有多种可能而又不确定就叫作风险。有的人片面地将风险理解成为损失是不正确的。风险的存在可能会超出预期的损失，也可能超出预期的收益，后者在经济学中往往被称为风险价值（即风险报酬）。中小企业在进行投资时当然会面对风险，这时的风险可不像买体育彩票的风险那么简单，投资成功会带来超额收益；

投资一旦失败造成巨额损失也是在所难免。我们以投资金融资产为例，看看投资的风险都有哪些，公司应如何防范。

1. 投资金融资产风险分析

（1）违约风险。违约风险即证券发行人无法按期支付利息或偿还本金的风险。一般而言，政府发行的证券违约风险小，金融机构发行的证券次之，工商企业发行的证券风险较大。

（2）利率风险。由于利息率的变动而引起证券价格波动，使投资人遭受损失的风险叫利息率风险。我们知道，证券的价格是随着利息率的变动而变动的。一般而言，银行的利率下降，则证券价格上升；银行利率上升，则证券价格下降。不同期限的证券其利息率风险也不一样，证券的期限越长，利息率风险越大。这很简单，如果你现在买进10年期债券，假设利率是5%，而10年后市场利率变为15%；或在10年之间，市场利率有几次大的涨幅，对你而言都会是一种风险。

（3）购买力风险。由于发生通货膨胀而使证券到期或出售时货币所获得的资金购买力降低的风险称为购买力风险。在通货膨胀时期，购买力风险对投资者有着极为重要的影响。在通货膨胀发生时期变动收益证券比固定收益证券要好很多。因此，普通股被认为比公司债券和其他固定收入的证券能更好地避免购买力风险。

（4）流动性风险。流动性风险即投资人想出售有价证券获取现金而证券又不能立即出售的风险。如果一种资产在较短的时期内按市价大量出售，说明这种资产的流动性较高；反之，这种资产的流动性较小。流动性高的资产风险较小，流动性低的资产风险较大。比如公司面临偿还大量债务，而公司的资产都表现为非流动资产，变现能力很差，纵使有几亿元资产，也有可能面临破产。

（5）期限性风险。由于证券期限长给投资人带来的风险，叫期限性风险。一项投资，到期日越长，投资人遭受的不确定性因素就越多，承担的风险也就越大。例如，同一家企业的10年期债券的风险要远远的大于1年期债券的风险，因为没有人能确切地预测到10年之后这家企业会变成什么样。

2. 证券市场投资风险防范的技巧

（1）分析被投资公司的财务状况。一个公司经营风险的强弱，可由该公司收益增长的稳定性与否看出来。如果公司收益中增长的稳定性越大，投资者预期的股息收益就会越准确，公司股票经营风险相对也较小。对公司财务状况进行分析也是分析该公司可持续发展的潜力。有些ST的公司虽然在短期看股票价格上升很快，但长期运营下去，除非进行有效的资产重组，否则公司的前景并不值得乐观。

此外，在分析财务状况时，还应注意其盈利结构的分析，比如公司的盈利主要由其他业务收入或投资收益获得的，并不能说明在今后几年中这种盈利状态还能保持。总之，对被投资公司财务状况的分析可以列为一个专门研究的领域。

（2）把握价格变动趋势。金融资产的价格不光受公司财务状况的影响，其中也包括炒作的因素。西方对于单纯股票价格变动规律研究的也是很多，如K线图，缺口理论等等。

通过研究这些理论，把握价格运动的规律对于中小企业投资于金融资产并避免一部分风险也是大有帮助的。

（3）选择合理的投资期。公司的经营状况从总体上来说呈现一定的周期性。同样，在经济蓬勃发展之时，股市交易活跃，在经济趋于下滑时，股市也较为冷清。而且股票市场和其他市场也呈一种反向变化。在中国当股市繁荣时，大量资金涌入股市，而邮市相对冷清；股市轻淡时，大量资金涌入邮市，于是邮市又火起来。中小企业要想进行金融资产的投资首先要选择一个合适的投资时期。

（4）投资结构的合理化。俗话说，"鸡蛋不要都放在一个篮子里"。股票投资亦是如此。在投资时注意投资的结构，进行合理的搭配可以有效降低风险。比如在购买高科技公司股票的同时可以购买一些经营稳健、分红派息稳定的公司的股票，以防止前者股价暴跌时，公司没有其他盈利的金融资产。

3. 固定资产投资的风险与防范

固定资产投资的风险当然不会向金融资产的风险一般变动频繁，但由于固定资产投资占用的资金量大，对公司而言，很可能"一着棋差，满盘皆输。"

固定资产投资的风险是多方面的，如政策风险、行业风险、融资风险、管理风险等，因此风险的防范也就更具复杂性。到问题真正发生时再来采取措施往往已经来不及了，这就需要在制定投资计划时具有一定的前瞻性。

第七章 中小企业财务危机形成与演化的系统分析

第一节 企业财务危机的系统模型

一、财务危机的定义

作者"将财务危机定义为包括介于比较轻微的资金管理技术性失败和极为严重的破产两者之间的整个过程，会模糊财务危机的严重性，不便于在企业管理中区别对待。因而，从管理的角度看，应将财务危机与财务困境分开。"但不同意其"从轻微的资金管理技术性失败到大规模重组这一过程为财务困境阶段，从大规模重组至企业破产这一过程为财务危机阶段"的划分标准，因为企业实际进入大规模重组往往是已经进入财务危机之后（两者之间往往有一段时间），并且某些企业可能并没有实际进行大规模重组就破产清算了。因此，笔者把"财务危机"定义为：企业财务危机是指常规自救措施不能奏效，必须经大规模重组才能走向正常的企业状态，英文译为 Financial crisis。从本章开始，"财务危机"均采用此定义。财务困境与财务危机的分界如图 7-1 所示。

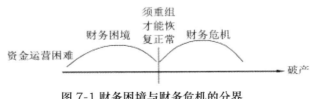

图 7-1 财务困境与财务危机的分界

注：图中横轴表示财务状况恶化程度，从左到右危机加深（从资金运营困难到破产清

算），"须重组才能恢复正常"状态是划分财务困境与财务危机的分界线。

本书对财务危机的严重程度将不做进一步分级。由此，本书认为企业财务危机的爆发存在临界点。

二、财务危机的一般过程

企业作为一个有机体，其生存的外部环境和内部条件一直处于动态变化之中。正如企业基本价值流模型所显示的那样，可以把企业本身作为一个"受力体"，而把影响企业价值流的内外变化作为"价值力"。

企业财务危机形成与演变的一般过程是：在正向价值力和负向价值力的共同作用下，企业的生存和发展能力处于动态变化之中，正向价值力改善企业的财务状况、经营成果和现金流量，负向价值力恶化企业的财务状况、经营成果和现金流量。企业本身和企业的利益相关者都会对企业的整体财务状况进行评价，如果正常，企业只需要按常规采取一般性的调整措施就可以了；而如果不正常，则要区分财务困境状态和财务危机状态。如果是困境状态，采用常规自救措施；如果是危机状态，则又要区分现在是否已经进入重组阶段。如果现在还未进入重组阶段，需要考虑是否进行大规模重组；如果已经处于重组阶段，则考虑是否继续重组。如果重组结束且成功，企业恢复正常如果重组结束且失败，则企业进入破产清算（图7-2）。

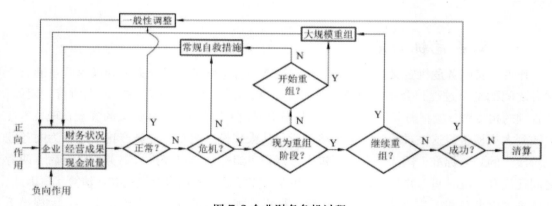

图 7-2 企业财务危机过程

根据财务危机形成的快慢，即从健康状态到财务危机状态的过渡期长短，可以将财务危机划分为急性财务危机和慢性财务危机两类。

比如以一年或超过一年的一个营业周期为标准，过渡期短于这个标准的，为急性财务危机；过渡期长于这个标准的，为慢性财务危机。

一般来说，急性财务危机没有经历明显的财务困境阶段或财务困境阶段很短，导致财务危机的主要原因很容易明确（一般为外部突发事件）；而慢性财务危机经历的财务困境阶段很长，财务危机的形成是长期积累的结果，导致财务危机的原因是多方面的，很难判断某个因素在其中起的作用有多大。

三、财务危机的形成与演化模型

从系统科学的观点看，企业发生财务危机是以下两个条件同时成立的综合结果：一是企业本身的财务抗冲击能力不够；二是企业环境的冲击（负向价值力强于正向价值力）。作者在此引入控制论中的"鲁棒性"概念：控制系统的鲁棒性（Robustness）是指系统中存在不确定因素时，系统仍能保持正常工作性能的一种属性。于是企业本身的财务抗冲击能力可以看成系统的鲁棒性，负向价值力可以看成系统的干扰因素，财务危机就是两者共同作用的结果，得到企业财务危机的系统模型（图7-3）。

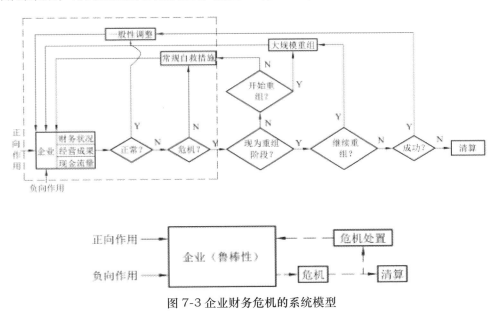

图 7-3 企业财务危机的系统模型

因此，研究企业财务危机的形成与演化机理，既要研究各种价值力的作用，又要研究企业的鲁棒性，还要研究它们之间的互动关系。

第二节　各种价值力的作用机理分析

一、负向价值力的传导模型

在企业基本价值流模型中，已经按照力的作用点列举了8种直接价值力和8种间接价值力。现在从负向考虑这些价值力，并对这些力进行适当归并，主要有：一是合并重大资产损失（直接价值力①②③⑤⑥⑧和间接价值力⑩，由于对外投资失败后一般不需要补充投资，这与其他重大资产损失后果不同，故"投资失败"单列）；二是合并管理费用和销售费用（直接价值力⑧）；三是把各种原因造成的"停工"单列一项，最后形成了12种主要的负向价值力和 1 种特殊状态"生产停工",即原材料价格上涨、设备涨价、产品销售价格下降、税费率提高、银行利率上升、股利上升、对外投资失败、工资率上升、设备故障率上升、管理与销售费用失控、销售率下降、重大资产损失、生产停工,合称"13 主要负向价值力"。这基本上囊括了导致企业财务危机的主要因素对企业实际的影响作用。

以下分析采用边际分析(严格讲,是增量分析)的方法,或者说偏导的方法,即在考虑某个价值力的时候,假设其他价值力为零且其他自变量不变。由于企业是个复杂的非线性时变闭环系统,在以下各价值力分析中,只考虑主要的传递环节,并没有考虑反馈形成闭环(如现金流量反过来影响采购量)的作用,因此仅给出各种价值力的传导模型而无法给出完整的数学模型。实际上企业系统受到的价值力只相当于刺激(干扰),其完整的响应过程应该由网络化系统模型决定。

(一)原材料价格上涨

原材料价格上涨,在假设材料采购数量不变的前提下,材料采购的价值量必然增加。基于企业基本价值流模型,原材料价格上涨对企业现金流量、经营成果、财务状况的主要作用如下:

对现金流量的作用(假设同时存在现购和赊购,如图 7-4 所示):①现购部分立即增加现金流出;②赊购部分通过延迟(分期)付款增加现金流出。

对经营成果的作用:入库原材料成本增加,通过(延迟)投入生产,提高产品成本,经过销售结转,提高主营业务成本,引起利润下降。

对财务状况的作用:对现金流量的作用途径和对经营成果的作用途径,都会影响到财务状况。

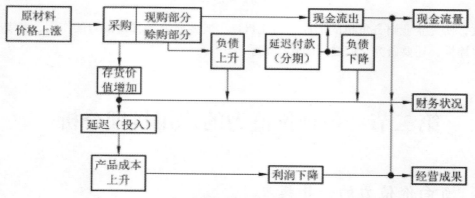

图 7-4 原材料价格上涨的作用传导模型

(二)设备涨价

设备价格上涨,在假设设备采购数量不变的前提下,设备采购的价值量必然增加。基于企业基本价值流模型,设备涨价对企业现金流量经营成果、财务状况的主要作用如下:

对现金流量的作用:①现购部分立即增加现金流出;②赊购部分通过延迟(分期)付

款增加现金流出。

对经营成果的作用：固定资产价值增加，通过折旧（延迟）增加产品成本（或管理费用），通过销售结转，提高主营业务成本（或期间费用），引起利润下降。

对财务状况的作用：对现金流量的作用途径和对经营成果的作用途径，都会影响到财务状况。

由此得到设备价格上涨的作用传导模型，如图7-5所示。

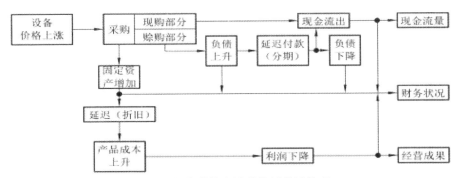

图7-5 设备价格上涨的作用传导模型

（三）产品销售价格下降

产品销售价格下降，在假设产品销售数量不变的前提下，销售收入必然下降。基于企业基本价值流模型，产品销售价格下降对企业现金流量、经营成果、财务状况的主要作用如下：

对现金流量的作用：①现销收入部分的减少立即减少现金流入；②赊销收入部分的减少通过延迟（分期）收款减少现金流入对经营成果的作用：价格下降引起销售收入下降，在成本不变的前提下，导致利润下降。

对财务状况的作用：对现金流量的作用途径和对经营成果的作用途径，都会影响到财务状况。由此得到产品销售价格下降的作用传导模型，如图7-6所示。

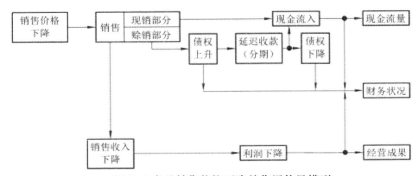

图7-6 产品销售价格下降的作用传导模型

（四）税费率提高

税费率提高，在假设税基不变的前提下，税费必然上升。基于企业基本价值流模型，税费率提高对企业现金流量、经营成果、财务状况的主要作用如下：

对现金流量的作用：①税费即付部分的增加立即增加现金流出；②税费延后部分的增加通过延迟（分期）缴纳增加现金流出。对经营成果的作用：直接税费的增加，引起费用上升，从而导致利润下降。

对财务状况的作用：对现金流量的作用途径和对经营成果的作用途径，都会影响到财务状况。

（五）银行利率上升

银行利率上升，在假设银行贷款不变的前提下，利息费用必然上升。基于企业基本价值流模型，银行利率上升对企业现金流量、经营成果、财务状况的主要作用如下：

对现金流量的作用：①即付利息的增加立即增加现金流出；②后续利息分期增加现金流出。

对经营成果的作用：利率增加引起财务费用增加以及固定资产等资本化增加，最终导致折旧费用增加，从而导致利润下降。

对财务状况的作用：对现金流量的作用途径和对经营成果的作用途径，都会影响到财务状况。

（六）股利上升

股利上升，在股份数不变的前提下，总股利支出必然增加。基于企业基本价值流模型，股利上升对企业现金流量、经营成果、财务状况的主要作用如下：

对现金流量的作用：①即付股利的增加立即增加现金流出；②延迟股利通过延迟（分期）发放增加现金流出。

对经营成果的作用：不直接作用于经营成果，但资金退出减少了企业的资源，降低了企业未来的利润潜力。

（七）对外投资失败

基于企业基本价值流模型，对外投资失败对企业现金流量、经营成果、财务状况的主要作用如下：

对现金流量的作用：①当期收现部分的减少立即减少现金流入；②未来收现部分通过后期收款减少现金流入。

对经营成果的作用：投资收益下降导致利润下降。

对财务状况的作用：对现金流量的作用途径和对经营成果的作用途径，都会影响到财务状况。

（八）工资率上升

工资率上升，在人工量不变的情况下，人工费用增加。基于企业基本价值流模型，工资率上升对企业现金流量、经营成果、财务状况的主要作用如下：

对现金流量的作用：①即付部分的增加立即增加现金流出；②延后部分通过延迟（分期）支付增加现金流出。

对经营成果的作用：人工成本的提高，增加产品成本（或管理费用），经过销售结转，增加主营业务成本，从而导致利润下降。

对财务状况的作用：对现金流量的作用途径和对经营成果的作用途径，都会影响到财务状况。

（九）设备故障率上升

设备故障率上升，必然导致设备故障增加。基于企业基本价值流模型，设备故障率上升对企业现金流量、经营成果、财务状况的主要作用如下：对现金流量的作用：①维修支出增加的即付部分立即增加现金流出；非即付部分的增加通过延迟（分期）付款增加现金流出（其中领用库存材料等也会导致未来现金流出增加）。

对经营成果的作用：①维修支出的增加，直接增加产品成本或费用，经过销售结转，增加主营业务成本，引起利润下降；②设备故障会导致停工损失，引起利润减少；③设备故障会引起产品质量下降，降低产品等级引起产品价格降低，或提高产品担保或维修支出等质量成本。

对财务状况的作用：对现金流量的作用途径和对经营成果的作用途径，都会影响到财务状况。

（十）管理与销售费用失控

管理与销售费用失控，必然导致经营费用增加。基于企业基本价值流模型，管理与销售费用失控对企业现金流量、经营成果、财务状况的

主要作用如下：

对现金流量的作用：①管理费增加的即付部分立即增加现金流出；②非即付部分的增加通过延迟（分期）付款增加现金流出（其中领用库存材料等也会导致未来现金流出增加）。

对经营成果的作用：管理与销售费用增加，经过期末结转，引起利润下降。

对财务状况的作用：对现金流量的作用途径和对经营成果的作用途径，都会影响到财务状况。

（十一）销售率下降

销售率下降，在其他因素不变的前提下，必然导致销售收入下降、产成品库存增加。基于企业基本价值流模型，销售率下降对企业现金流量、经营成果、财务状况的主要作用如下：

对现金流量的作用：①现销部分的减少立即减少现金流入；②赊销部分的减少通过延

迟（分期）收款减少现金流入。

对经营成果的作用：销售收入的下降减少主营业务收入，引起利润下降。对财务状况的作用：①对现金流量的作用途径和对经营成果的作用途径，都会影响到财务状况；②销售受阻会导致产品库存增加。

（十二）重大资产损失

基于企业基本价值流模型，重大资产损失对企业现金流量、经营成果、财务状况的主要作用如下：

对现金流量的作用：①现金损失立即减少现金余额；②应收账款有价证券等货币性资产损失立即减少现金流入或通过延迟(分期)收款减少现金流入；有价证券等即使可以救济，也会发生现金支出；③存货设备损失后的补充现购部分立即增加现金流出，赊购部分通过延迟（分期）付款增加现金流出；④重大资产损失还可能引发停工。

对经营成果的作用：资产损失引起利润下降。

对财务状况的作用：对现金流量的作用途径和对经营成果的作用途径，都会影响到财务状况。

（十三）生产停工

基于企业基本价值流模型，生产停工对企业现金流量、经营成果财务状况的主要作用如下。

对现金流量的作用：停工后的保养可能涉及现金支付，增加现金流出。

对经营成果的作用：停工损失引起利润下降。

对财务状况的作用：①对现金流量的作用途径和对经营成果的作用途径，都会影响到财务状况；②停工导致生产性资产到产成品资产的转换过程受阻。

需要强调的是，在这些价值力影响企业财务状况、经营成果和现金流量后，这些财务状况、经营成果和现金流量反过来又会影响企业的经营，如：①现金：余额小于一定数值，采购不能进行，可能导致停工及一系列问题；②原材料：余额小于一定数值，生产不能进行；③财务状况恶化到一定程度，会导致债务融资困难、无法获得正常商业信用并产生一系列后果；④经营成果差，会影响未来股权融资，这在上市公司中表现得更为突出；⑤企业财务表现不好，也会引起人员流失、人工士气低落，甚至拖欠工资而导致罢工。另外，在企业内部存在非线性环节这些价值力并不是相互独立的，而是相互影响的，所以财务状况并不完全是这些价值力的作用效果的线性叠加，而是一个多维耦合的系统进程。

二、正向价值力与财务危机的相对可逆性

上节分析了负向价值力对企业财务危机形成与演化的作用。但实际上，作用于企业的价值力不可能都是消极的，即使在财务困境或财务危机下，某些正向价值力也在发挥作用，如有利的市场机遇、有效的管理措施。人们在面对逆境时不是无所作为的，合理的管理行

动（一般性调整措施、常规自救措施、大规模重组等）都可能发挥正向作用。正向价值力有助于改善企业财务状况，增强企业抗风险的能力，其一般逻辑是：正向价值力有助于企业改善现金流量、提高经营成果或改善财务状况，或者这三者的组合，由此改善企业的整体财务状况，提高企业的抗风险能力和生存能力，增强企业的财务鲁棒性；或者改变财务危机的发展方向，阻止或推迟财务危机的发生，成为财务危机可逆的动力源泉。正向价值力的作用传导模型参照负向价值力的传导模型，只是作用的效果（方向）相反。

企业的实际财务状况是多种负向价值力和正向价值力同时作用的综合结果，其财务变化的具体方向取决于这些力的相对强度对比。由此造成了财务危机形成演变的不确定性与财务危机可逆性。机遇（外在的正向价值力）和正确的管理行为（内在的正向价值力，如常规自救措施、大规模重组等）都有可能促使企业摆脱财务困境或财务危机。下面主要讨论财务危机的可逆性。

物理学上是这样定义"可逆"的：一个系统由某一状态出发，经过某一过程达到另一状态，如果存在另一过程，它能使系统和外界完全复原（即系统回到原来的状态，同时消除了系统对外界引起的一切影响），则原来的过程称为可逆过程；反之，如果使用任何方法都不可能使系统和外界完全复原，则原过程称为不可逆过程。

牛顿力学、相对论和量子力学，都否定了时间的方向性。在这些决定性的理论中，时间被降到次要的地位，时间只是描述运动的一个参量，不具有演化方向的意义。不管时间朝哪个方向走，整个的未来和整个的过去都包含在现在之中；过去、现在和未来只不过是同一整体的几个不同方面而已。在这些方程中，没有内在的时间箭头，它们对时间反演是完全对称的；无论时间向前进行还是向后倒退，所发生的运动没有质的差异。也就是说，运动是可逆的。

但是，当人们把思考转向真实的世界和现实生活时，就明明白白地得出结论：时间是不对称的。"时光不会倒流""机不可失，时不再来""少壮不努力，老大徒悲伤"……这些经验和体验，包含着"时间不可逆转"这个平凡而颠扑不破的真理。19世纪诞生的达尔文的进化论，更令人信服地表明时间是有箭头的。生物进化的过程是不可逆的，生物的进化由低级到高级、从简单到复杂，其结构愈来愈精致，功能愈来愈完善，它从最小、最简单的微生物一直进化到结构高度有序的人类。大概在达尔文提出进化论的同时，演化的观点也进入到物理学领域之中。在19世纪50年代的热力学理论中，描述系统热运动的方程不具有时间反演的对称性；当以 –t 去代替 t 时，方程的形式也就不同了，表明"过去"与"未来"是不等同的。例如，一个系统初始时温度不均匀，处于不平衡状态，随着时间的推移，系统将趋于温度均匀的平衡状态；而反方向的过程却不可能自动出现，已达到温度均匀的平衡状态，不可能自行倒转回去形成冷热悬殊的非平衡状态。上述不可逆性的表述表明，自然界的过程是有方向性的，沿某些方向可以自发地进行，反过来则不能，虽然两者都不违反能量守恒定律。克劳修斯指出，有必要在热力学第一定律之外建立另一条独立的定律，这就是热力学第二定律。他于1850年提出一种表述：不可能把热量从低温物体传到高温物体而不引起其他变化。翌年开尔文提出另一种表述：不可能从单一热源吸取热量，使之完全变为有用功而不产生其他影响。可以证明，这两种表述等价。

显然，按照物理学上的可逆性定义，所有的有机体的生命都是不可逆的，因为它们不可能在不与外界环境进行物质能量交换的情况下生存下去。因此，作者在这里定义的可逆性是"相对可逆性"：一个系统由某一状态出发，经过某一过程达到另一状态，如果存在另一过程，它能使系统完全复原（即系统回到原来的状态），则原来的过程称为"相对可逆"过程。"相对可逆"与"可逆"的区别是不再强调"外界完全复原"（消除了系统对外界引起的一切影响）。

显然，按照"相对可逆性"的定义，企业的生命周期具有相对可逆性。企业的生命体与动植物生命周期显著不同的是，企业是由人创造的，企业的生命在相当程度上是可以人为改变的，它体现了人的意志。在企业生命周期中，企业在一定条件下可以起死回生，企业的生命是相对可逆的。

企业在消亡之前，通常经历了一个持续的绩效衰退过程，一般包括四个阶段。每个阶段都有可能改善组织绩效，使企业由危机转为正常。在阶段一，通常表现为盲目投资与不当的管理行为，良好的信息与敏捷的行动可以避免组织绩效衰退；在阶段二，通常表现为财务困境，正确的管理行动将使企业转入正轨；在阶段三，表现为财务危机，有效的重组可以使企业转危为安；在阶段四，企业进入破产（保护）程序，但启动破产（保护）程序后，经破产重整后重获新生的公司不乏其例。理论上讲，如果不考虑成本，企业绩效衰退过程中任何时点都是相对可逆的。

第三节　企业的财务"鲁棒性"

一、产业资本循环与企业的财务"鲁棒性"

资本交替存在着货币资本、生产资本、商品资本三种形式，资本在循环过程中都要经过购买、生产和销售三个阶段。要保持资本运动的连续性，产业资本的三种形式就必须在空间上并存，资本循环的三个阶段在时间上必须继起。正如马克思所指出的：产业资本的连续进行的现实循环，不仅是流通过程和生产过程的统一，而且是它的所有三个循环的统一。"产业资本循环是三个循环的统一"的原理，说明资本循环中任何一个环节出现问题，再生产过程就可能中断，资本运动的连续性就遭到破坏，资本周转，即不断重复进行的资本循环运动过程，就难以进行下去。因此，企业的经营过程存在各种各样的风险，也可能因各种各样的内外干扰而不能顺利进行下去。

"鲁棒性"概念来自控制论，控制系统的鲁棒性是指系统中存在不确定因素时，系统仍能保持正常工作性能的一种属性。企业作为一个系统，其正常运转是需要一定条件的，其本身也应当具有一定的抗干扰能力；否则，任何微小冲击都会中断企业的正常运转，企业将失去生存的可能。

参照控制论中的定义，作者给出企业的财务鲁棒性的定义为：企业的财务抗拒各种干扰而保持系统稳定正常工作性能的能力。

二、财务鲁棒性的决定因素

影响企业的财务鲁棒性的因素很多，从资产负债表来看，左栏是企业的资产（资产规模和资产质量），右栏是资金来源（资本结构），同时影响左、右栏的企业融资能力（特别是临时举债能力）。影响企业的财务鲁棒性的决定因素也就是上述三项。

（一）资产规模和资产质量

一般来说，资产规模越大，企业参与利润创造的资产越多、创造经营现金流的能力越强，并且企业调整资产结构满足流动性需求的选择余地越大，企业抗风险能力越强。但是，这种资产规模应该是有质量的资产规模。资产质量是由企业整体资产的先进水平、创利能力和结构合理程度决定的，它主要包括以下方面：

1.资产的物理质量

资产的物理质量主要通过资产的质地、结构、性能、耐用性、新旧程度等表现出来。资产的物理质量对企业财务状况的影响是显然的，如果有两个拥有同样数额资产的企业，其中一个企业资产为近年来购置的，而另一个是若干年前购买的，那么它们的财务状况一定存在差别。

2.资产的完整性

按照资产的定义，资产是指企业过去的交易或事项形成的、由企业拥有或者控制的、预期会给企业带来经济利益的资源。资产的完整性包括两个方面，一是被企业"控制"的程度，有些资产能被企业"自由"地支配，有些不能被该企业"自由"地支配；二是创造经济利益的能力，或者参与利益创造的程度，某些资产如"其他应收款"实际上没有参与利益创造，某些资产诸如待摊费用、长期待摊费用之类的名为资产实为费用的项目，还有待处理财产损益之类的损失项目只是"有名无实的资产"已经不能带来经济利益。

3.资产的结构质量

资产的结构质量是指以各种形态存在的资产在企业总资产中所占的比重。企业的生产经营一般是连续的，各种形态的资产应该是同时存在的，并呈现一定的比例关系。合理的比例关系有利于企业生产经营的正常进行，而不合理的比例关系会阻碍企业生产经营的正常进行。

衡量资产质量的指标主要有盈利性和流动性。企业资产的盈利能力越强，利息保障倍数越高，财务鲁棒性越高。资产流动性反映了企业的变现能力。资产流动性越高，企业的偿债能力越强，企业财务越安全。

但是，资产盈利性与资产流动性是一对矛盾，盈利性越高的资产往往流动性越差，固定资产盈利能力越强，但因专用性而降低了流动性；现金流动最强，资产却失去了盈利性。

（二）资本结构

资本结构，又称资金来源结构，是指负债与所有者权益两大部分之间的相对比例。准确地讲，企业的资本结构应定义为有偿负债与股东权益的比例。长期资本结构是指企业长期负债与股东权益的比例。负债经营是现代企业普遍采用的策略。负债会产生财务杠杆作用和税盾效应，在借款利率比息税前资金利润率低的情况下适当利用借入资金，可以扩大企业的资产规模，提高企业的创利能力，有利于提高权益资金净利率。

但是，企业的负债是有风险的，且风险随负债比率的增加而增大，这会导致债务成本随负债比率的增加而上升，进而导致公司价值的降低。财务危机成本与代理成本就是负债导致的主要成本。借款要按期还本付息，过分地利用负债会发生较大的财务风险，影响企业财务安全，甚至可能由此丧失偿债能力而面临破产。一般说来，财务杠杆越低，企业财务风险越低，财务鲁棒性越高。

"财务风险"定义为因负债经营而引起的股东收益除营业风险之外的新的不确定性。衡量财务风险大小的主要因素是财务杠杆。

（三）企业融资能力

企业融资能力是指在一定的经济金融条件下，一个企业能够融通资金的最大规模。一般而言，企业融资能力，由企业股权的完整性、经营治理方面的规范和透明度、资产的有效性和盈利能力、债权债务关系的清洁度、财务报表的质量决定。透明的公司治理结构、漂亮的财务报表、良好的盈利能力，是吸引投资者的要素，也是银行放贷的前提。融资会同时改变资产负债表的左、右栏。临时举债能力有助于满足紧急融资需求和提高偿债能力。它依赖于企业良好的信用和银企关系，企业如果能够获得银行信贷额度，将大大提高财务鲁棒性。

需要说明的是，上述三者也是互相联系的。良好的资产盈利能力和合适的资本结构可以提高融资能力，良好的资产盈利能力和流动能力可以支撑更高的资本杠杆，较强的融资能力可以承受更高的资本杠杆、改善企业的资产盈利能力和流动能力。

第四节　财务危机的临界条件

一、临界点的含义

马克思主义认为，任何事物都是质和量的统一，都是同时具有质的方面和量的方面。这两者的统一，在"度"中得到了体现。度是指一定事物保持自己质的量的限度、幅度、范围，是和事物相统一的数量界限，保持事物质不变的数量界限。在度中，质和量不可分割：一方面，质制约着量，一定的质决定一定的量，规定着量的范围；另一方面，量也制约着质，量是质存在的条件，只有在一定的数量界限内，才有某种质的稳定存在。质和量相互制约、相互规定，形成质和量的统一体。一旦质和量的统一体发生分裂，即超出或破坏了度，一事物就转化成为他事物。任何事物都是质和量的统一，它的存在都有自己的度。度的两端称为"关节点"或"临界点"。事物的数量变化超出这个"关节点"，事物的质就会改变。可见，度和关节点的关系是区间和极限量的关系，是整体和边缘的关系，两者是有区别的联系。

线性与非线性现象有着质的差异和不同的特征。非线性复杂系统的个特征牵涉到临界水平的概念。一个经典的例子就是"压断骆驼背的根稻草"。当重量被加到一个骆驼的负荷上的时候，最后会达到骆驼不能再承担任何更多的重量的一个点。此时在骆驼背上放一根稻草都会使骆驼垮下来。骆驼突然垮下来是一个非线性反应，因为骆驼垮掉和那根特定的稻草没有直接关系。所有重量的累积效应最后超过了骆驼站直的能力（骆驼的临界水平），使得骆驼垮下来。另一个日常生活中的例子是在一个不通风的屋子里抽烟，香烟会升起一根烟柱，烟柱会突然破碎成烟的旋涡并消散。什么事情发生了？烟柱升起并加速，一旦它的速度超过了一个临界水平，烟柱就不能再克服空气的密度了，于是烟柱破碎了。

从企业基本价值流模型可以看出，企业是包含非线性环节的非线性系统，更准确地说，是一个具有各种正负反馈结构和非线性作用相互"耦合"交织在一起的非线性复杂系统。企业作为非线性复杂系统，企业财务危机的爆发应该存在临界点——突变点。这个临界点的意思是，任何企业的正常生产经营需要一定的条件，其抗击负向价值力的能力也有一个限度，如果负向价值力的长期累计影响（量变）使企业丧失了起码的生存能力，或者价值力合力的负向强度达到了企业当时财务鲁棒性（可能经历了长期削弱）的承受极限。一旦超过该点，企业就进入财务危机状态（质变），常规性自救措施已经不能扭转局面，只有通过大规模重组才能挽救企业。

这就是财务危机的临界条件。显然，突变点不是预警管理中的"扳机点"，也不是单一指标的某种分界点（如最大贷款量）。

企业财务危机的临界点受多因素影响。从财务危机的恶性终极结果—破产的定义分析。在 Black Law Dictionary 里，破产被定义为：一个人无力支付其债务；一个人缺乏支付其债务的手段。上述定义有两个一般的主题或要点：存量和流量。当一家公司的净资产为负值，即资产价值少于负债价值时，就会发生"存量破产"。而当它的经营性现金流量不足以抵偿现有到期债务时，则将出现"流量破产"。公司无力支付其债务，是破产的直接原因。因此，财务危机首先是与债务契约联系在一起的。当然，如果企业长期亏损，理论上在设备更新之前折旧额大于亏损额或在特殊融资环境下能借新债还旧债以避免出现债务危机，但显然没有实现企业存在的目的，随着设备更新的到来或特殊融资环境的消失，特别是随着净资产为负的出现，很难继续借新债还旧债，从而出现生存危机。

因此，企业财务危机临界点的决定因素有三个。

（一）债务契约

企业财务危机临界点受债务契约的约束，当企业的现金流持续性无法保证债务契约的履行时，企业则可能陷入财务危机。这是财务危机临界点的基础性决定因素。

债务契约是经理代表企业股东与债权人签订的，用于界定债权人、债务人双方权利义务关系的一种法律文件。债务契约包括借贷契约、债券契约、商业信用契约等。债务契约的主要目的是限制公司的行为或要求其按一定原则、目的行事，以保护债权人的合法、正当权益。

目前我国企业的举债方式主要有：公开上市交易的举债，向银行非金融机构举债，向其他债权人借债（如商业信用）三种形式。每一种举债都有一定形式的债务契约。因为每一种举债所面对的信息环境不同，因而其对管理当局的约束程度也就不同。有些债务契约，如借贷契约不仅规定了贷款种类、期限、利率、还款办法等一般契约基本内容，还包含保护性条款。保护性条款可分为两类：消极条款和积极条款。消极条款限制或阻止了公司可能采取的行为。这里列举一些典型的消极条款：

①限制公司的股利支付额；②公司不能将其任一部分资产抵押给其他债权人；③公司不能兼并其他企业；④未经债权人同意，公司不能出售或出租主要资产；⑤公司不可发行其他长期负债。积极条款规定了公司所同意采取的行动或必须遵守的条件。例如：①公司同意将其营运资本维持在某一最低水平；②公司必须定期提供财务报表给债权人[4]。我国银行的贷款通则包括了如上所述的债务契约保护性条款的基本内容，是企业与银行之间的贷款契约标准。

如果债务人违反债务契约，债权人可以对债务人采取对应措施，如中止契约关系、资产保全、债务重组，甚至要求债务人破产。《贷款通则》第二十二条规定："五、借款人未能履行借款合同规定义务的，贷款人有权依合同约定要求借款人提前归还贷款或停止支付借款人尚未使用的贷款；六、在贷款将受或已受损失时，可依据合同规定，采取使贷款免受损失的措施。"这是市场经济制度为维护正常经济秩序而作出的制度安排。因此，《企业财务通则》第六十三条规定："企业应当建立财务预警机制，自行确定财务危机警戒标准，重点监测经营性现金流量与到期债务、企业资产与负债的适配性。"

（二）社会评判标准

企业是否财务危机是人们对企业的一种评价和判断。而这种评价和判断必然涉及评价判断标准，主要是监管和业绩评价指标、信用评价重点等。

1. 监管和业绩评价指标

从会计监管和业绩评价看，根据我国有关法律、法规的规定，对公司进行监管和评价的主要指标是利润而不是未来的现金流量，强调的是过去的会计信息。

2. 信用评价重点

《贷款通则》第二十六条规定："对借款人的信用等级评估：应当根据借款人的领导者素质、经济实力、资金结构、履约情况、经营效益和发展前景等因素，评定借款人的信用等级。评级可由贷款人独立进行，内部掌握，也可由有权部门批准的评估机构进行。"但是实际操作中银行对企业的信用评价重点主要是长短期偿债能力，符合信用标准的企业可以获得贷款的权利。

短期偿债能力是指企业偿付短期债务的能力。短期债务，又称流动负债，是指将在一年内或超过一年的一个营业周期内到期的债务，这种债务一般需要以流动资产来偿还。一般通过流动资产与流动负债之间的比例关系来计算且判断企业的短期偿债能力。这种比例关系一般有：流动比率和速动比率。

对于企业的长期债权人，他们既要关心企业的短期偿债能力，又要关心企业的长期偿债能力。企业的长期偿债能力不仅取决于长期负债在资金总额中所占的比重，而且还取决于企业经营的效益。所以，分析企业的长期偿债能力应该与企业的盈利状况相结合。反映企业长期偿债能力的财务指标一般有：负债比率、负债与股东权益比率、利息保障倍数以及固定支出保障率。

社会评判标准对企业的行为具有导向作用，甚至可能催生企业的不良行为，比如会计信息的提供者为了取得商业信用、获得信贷资金，往往会利用各种手段来左右公司会计报表，拔高企业偿债能力。例如，公司利用会计信息不对称，采取年度结账前将有价证券出售、将应收票据向银行贴现以清偿债务、对不良存货长期放置不理、短期投资市价低于成本时不处理也不披露、逾期应收账款长期挂账等方法，"美化"会计报表，提供虚假偿债能力信息。企业长短期偿债能力以会计信息为基础的现实，给企业操纵信用状况留下了空间，使企业财务危机的临界点发生某种偏移。

（三）主观因素

由于评价判断的主体是人，这种评价判断过程必然会掺杂一些人的主观因素，如政府目标倾向、心理预期、银企关系等。这些主观因素会影响社会对企业的判断。

1. 政府目标倾向

在我国,由于社会保障体系很不完善,企业的破产清算可能带来比较突出的失业(下岗)问题、社会安定问题。大企业破产带来的失业人数剧增、国有企业清算带来的人员补偿安置,是政府亟须解决的大问题。政府直接或间接对破产清算的干预,使很多该破产的企业没破产、该清算的没清算、该消失的没消失,或者没有及时破产、清算、消失,"僵尸企业"众多。

2.心理预期

心理预期有三类。第一类是在政府目标倾向客观存在的环境下,人们认为政府会对大企业、国有企业,特别是大中型国有企业"出手相救"。第二类是银行对国有企业贷款的"放心"。在我国,国有企业与银行之间有"兄弟关系",属于同一个所有者—国家,债权人和债务人不一定是实际意义上的相互独立的产权主体。国有企业有政府扶持,即使银行贷给企业的资金无法收回,最后也是由国家来"买单"。对于作为债权人的银行,虽然资金是从城乡居民手中集中起来的,但最终的风险承担者仍然是国家,因而投资者和企业转嫁的风险,对于国有银行也没有切肤之痛。结果是,银行资金贷出效率的高低也没有一种以利益为基础的激励和约束机制,即通常所说的"软预算约束"。因此,在信贷市场上,我国的国有银行虽然已经进入商业化运行,但是在融资对象的选择上,仍青睐于国有企业。于是,国有企业贷款往往能得到某些优惠,甚至在"病入膏肓"时还能得到"安定团结贷款"。第三类是受风险投资者青睐行业中的企业。该类行业中的企业,有时可能表现出这样的状况:现金链对外依赖严重、公司运营缺乏谨慎、短期资产远远不足以偿还短期负债等,看似已经如履薄冰,财务危机重重;但由于受到风险投资者的青睐,仍能获得有效的投资,可以继续有效运营很久。

3.银企关系

良好的银企关系有助于企业顺利地得到银行贷款,增强企业的贷款能力,特别是企业的临时举债能力。国有银行与国有企业之间交易的频繁程度高,彼此较熟悉,获得企业信息比民营企业更容易,因此国有企业往往容易取得银行信任。信用度较高的企业还可以获得银行的信贷额度。信贷额度是银行与借款人之间达成的正式或非正式的在一定期限内的最大贷款额的协定,其中的循环使用的信用协议是一种正式的信贷额度。银行做出的此种承诺,往往具有法律效力。在协议期限内,借款人可以自由使用其信贷额度,但借款人不仅要对其使用的信贷额度支付利息费用,而且对其未使用的信贷额度也需要支付一定的补偿费用。由于银行可以根据企业的经营状况调整其核准的信贷额度,上期未使用的信贷额度往往会影响下期信贷额度。有些企业为了维持良好的银企关系和获得较高的信贷额度,甚至情愿多付出一些利息而故意充分使用信贷额度。

总之,主观因素会影响人们对企业财务状况的判断,影响企业的举债能力,特别是企业的临时举债能力,往往可以延缓甚至避免财务危机的发生,使企业财务危机的临界点发生某种漂移。

二、破产与企业财务危机的临界点

(一) 信用与破产

什么是市场,市场是商品交换的场所。从法学的观点看,市场是无数交易形成的一个网络,而债是交易关系的法律形式。因此,市场经济就是无数债的总和。企业是市场经济的主体,可以从两个角度来界定企业:企业是动态财产的集合体,企业是一揽子合同的集合体。从某种意义上讲,企业是无数合同的总和。

债的关系在市场经济中具有举足轻重的地位。市场经济是信用经济,及时清偿债务是信用最重要的体现。不讲信用的经济是交易成本很高没有效率的经济。

市场经济是法制经济。市场经济健康不健康,在很大程度上取决于法律对债的关系的调整情况。一个国家司法的优劣,在很大程度上取决于法律对道德和信用的影响。人类的经济活动和所有其他交易及协作活动的效率,取决于人类能在多大程度上相互信任、遵守契约。一国的经济繁荣,主要取决于该国各项制度的影响,即看它们是否鼓励诚实守信及其鼓励程度。今天某种程度上的信用缺失,与我们整个法律制度体系有着密切的关系。

国际上的破产有两层含义,首先是一种"insolvency"的事实状态,然后是在这个事实状态下通过一种集体清偿程序实现债务的公平清偿,同时在可能的情况下实现企业拯救。所谓insolvency就是无力偿债,无力偿债的基本的界定标准之一就是"不能清偿到期债务",即"非流动性"。不管债务人的资产负债表上是资产大于负债,还是资产小于负债,只要债务人没有能力清偿到期债务,没有流动性,在这种情况下如果不进入破产程序,债务人就可以法庭外和解、债务重组等。如果债务人不能及时采取一些债务清偿的措施,这导致的局面可能有两种:第一种是所有债权人一哄而上,竞相寻求个别清偿,这是一种"捷足先登"的游戏规则,是在民事强制执行能够顺利进行的情况下会发生的局面;第二种是在一个国家,比如在中国处于转轨时期、法制不是非常健全、民事强制执行又不能得到切实严格执行的情况下出现的另一种情况,就是这些债务都不能执行,企业还不了债,它没有钱,但是它有资产,谁也没有办法去执行这些资产,这个时候这些债务以应收款登记在账上,处于一种呆滞状态。企业没有信誉,就没有办法获得资金、获得新的原材料供应,只能不死不活地拖着。但是它存在就要消耗财产,它需要给职工发工资,需要应付一些日常的费用,这个时候再无谓地消耗财产,其结果就是若干年以后它的财产比过去大大地减少,流动性根本谈不上,资产负债比不断恶化,所以若干年以后这个企业甚至是"无产可破"。另外在银行方面形成大量的不良资产,所谓的"应收款"是收不回来的,企业存在时它是呆账,企业一旦破产或倒闭(以其他方式倒闭掉),它就变成坏账。这就是债务人不能及时采取清偿措施也不进入破产程序时的基本情况、基本规律。破产法的意义:一是在债务人不能清偿到期债务的情况下,通过一种公平的集体清偿程序在债权人之间建立一种秩序。二是通过破产这样一种程序,能够使债务人的财产及时得以保全,在这种保全的状态下可能会有两种结果,第一种情况是通过企业的重整、再建使企业恢复生机、起死回生,这就是目前国际上通行的、普遍采用的"重整"的程序;第二种情况就是这个企业可能无法挽救,但是由于及时保全了财产，债权人能够在目前情况下最大限度地得到清偿，使债权人的利益得到尽可能多的实现。无论是哪种结果，破产对社会经济都是有利的。

（二）破产标准与企业财务危机临界点

目前，对破产界限在理论界尚有争议。一种观点认为，破产界限应是丧失偿债能力，即因经营管理不善造成亏损所引起的不能偿还到期债务，也就是人们常说的资不抵债；另一种观点认为，破产界限应是不能清偿到期债务，不仅包括前述的经营管理不善造成亏损引起的不能偿还到期债务，还包括由于资金周转不灵造成的不能清偿到期债务。国际上通行的破产标准就是一个"非流动性"标准— insolvency 所谓 insolvency 就是无力偿债，无力偿债的基本的界定标准之一就是"不能清偿到期债务"，即"非流动性"。

《中华人民共和国企业破产法》（以下俗称"旧破产法"）第三条规定："企业因经营不善造成严重亏损，不能清偿到期债务的，依本法规定宣告破产。"从这一规定可以看出，旧破产法规定的破产界限倾向于丧失偿债能力，即因经营管理不善造成亏损所引起的不能偿还到期债务，也就是人们常说的资不抵债。大多数学者认为，对破产原因进行简单界定，取消经营管理不善、严重亏损的条件，直接以支付不能或不能清偿到期债务作为破产原因。因为企业经济上亏损与否是企业内部的问题，与企业外部的债务情况如何并没有绝对和固定的联系。内部亏损再严重的企业只要对外没有负债，便不会出现法律上的破产。法律上的破产则是不管企业经营是否亏损，只考虑能否偿还债务。加入世界贸易组织（WTO）之后，我国很多法律规定应与国际惯例接轨，采用"不能清偿到期债务"作为破产界限必将是大势所趋。因此，以经营管理不善严重亏损作为适用破产程序的前提条件是不科学的。

新破产法第二条规定："企业法人不能清偿到期债务，并且资产不足以清偿全部债务或者明显缺乏清偿能力的，依照本法规定清理债务。企业法人有前款规定情形，或者有明显丧失清偿能力可能的，可以依照本法规定进行重整。"该法第七条规定："债务人有本法第二条规定的情形，可以向人民法院提出重整、和解或者破产清算申请。债务人不能清偿到期债务，债权人可以向人民法院提出对债务人进行重整或者破产清算的申请。企业法人已解散但未清算或者未清算完毕，资产不足以清偿债务的，依法负有清算责任的人应当向人民法院申请破产清算。"该法第七十条规定："债务人或者债权人可以依照法律规定，直接向人民法院申请对债务人进行重整。债权人申请对债务人进行破产清算的，在人民法院受理破产申请后、宣告债务人破产前，债务人或者出资额占债务人注册资本十分之一以上的出资人，可以向人民法院申请重整。"但是，由于"宜粗不宜细"的立法理念的影响，新破产法的条文设计线条还比较粗，只提供了一个制度框架和标准，一些具体操作中可能涉及的问题，比如破产的标准、破产的前置程序、债务人财产的确定特别是欺诈性交易的认定等，有待司法解释和行政法规的进一步细化。

在"临界点的决定因素"中，作者提出，债务契约是企业财务危机的基础性决定因素。而在市场经济条件下，不能履行债务契约的直接逻辑后果就是破产。破产是一种法律行为，是否进入破产程序受多种因素影响，因此不应当把"进入破产程序"作为财务危机的标志，而应当把"达到破产标准（界限）"作为财务危机的标志。达到破产标准不一定都进入破产程序，人们也可以选择庭外和解。因此，本书将在第四章"企业财务危机仿真"中采用以下标准作为财务危机的临界点：企业出现拖欠的时间达到 6 个月且拖欠的债务额大于现金余额。因为这时候企业已经不能完全清偿到期债务，有可能被债权人提起破产申请（虽然现实中提起破产申请的案件，大多数是债务人自己提起的，占 90% 以上，但这无疑是一种压力）。

第八章　中小企业财务困境

第一节　企业财务困境的内涵及成因

一、企业财务困境的定义

企业财务困境有许多定义，每一种定义都试图描绘企业的财务状况，并且尽可能地包含企业所面临的其他经济问题。用于描述企业财务困境的各种文献中较常见的术语有：失败、无力清偿、违约和破产等，这四个术语的含义各有侧重。

（1）失败。失败意味着投资回报率经过风险调整以后，显著并且持续低于同等投资的平均回报率。有些经济学标准还包括没有足够的收入来补偿成本，或者企业投资收益低于资本成本。事实上，企业是否能够持续经营取决于企业期望回报率的高低以及是否能够补偿成本。

（2）无力清偿。这是描述企业业绩恶化的一种术语，一半用于较为技术化的场合。从防范财务困境角度看，企业处于经营性现金流量不足以抵偿现有到期债务就称为技术破产，表示企业资产流动性较差。

（3）违约。违约可以事技术上的，也可以是法律上的。违约其实是指债权人与债务人的关系。如债务人违反了与债权人合同中的法律条款（比如说违反贷款合同中规定的速动比率和负债比率不超过某值）。但实际上尽管这种违约已经意味着债务人的财务正在陷入困境，也可能预示着正式的破产公告将会到来，但这种违约经常会重新谈判。

（4）破产。一种形式的破产是指企业资不抵债，即资产净值为负；另一种形式的破产是指企业正式向法院申请破产。后者时常伴随着资产清算或者是企业重组。

企业财务困境的界定实际上就是要确定财务困境应包含哪些具体困境事项。参考有关学者对财务困境的界定，笔者认为财务困境应包含三种困境事项。

第一，财务困境应包含破产事项。破产包括清算、重组、与债权人达成减少债务的协议等。财务困境时向包含破产时向有利于说明其他财务困境事项可能的最终结果。

第二，财务困境应包含企业严重亏损以及现金流量严重不足事项。财务困境中的亏损以及现金流量不足不是一般的亏损及不足，而是指将在很大程度上导致企业不能支付优先股股利、无偿债能力、资不抵债的亏损及不足。

第三，财务困境还应包含不能支付优先股股利、无偿债能力、资不抵债等事项。

上述财务困境构成三种严重程度不同的困境状态：状态一——严重亏损以及现金流量严重不足；状态二——不能支付优先股股利、无偿债能力、资不抵债；状态三——破产。这三种困境状态的逻辑关系时，企业严重亏损以及现金流量严重不足将导致不能支付优先股股利、无偿债能力、资不抵债，最终将导致企业破产。

综合国内外的研究结果，虽然在财务困境的概念上还有一定的分歧，但在以下几个方面已形成基本共识：财务困境都主要是从现金流量而不是盈利的角度来下定义的，按照资产收益与资产流动匹配的状态，可以把财务困境分成两类：亏损型财务困境和盈利型财务困境。当企业对债权人的承诺无法实现或难以遵守时，就意味着财务困境的发生。财务困境不等于破产，破产清算仅仅是处理财务困境的方法之一，有学者将违约视为流量破产，资不抵债成为存量破产；陷入财务困境的企业，要达到持续经营状态需要花费一定的代价——财务困境成本。财务困境的影响主要是在违约之前发生，因此公司价值的损失大部分是在违约或破产之前而非以后。

二、企业财务困境的形成过程

（一）企业财务困境形成过程的原因观

据美国《财富》杂志统计，大约62%的美国企业寿命不超过5岁，只有2%的企业寿命能达50岁；世界500强平均寿命只有2岁，100强平均寿命只有30岁。而我国的调查资料显示，我国集团公司平均寿命7～8岁，中小企业平均2.9岁。

安然（Enmn）、世界电信（Worldcom）、GlobalCrossing、Kmart、宝丽来、安达信、施乐、Qwest……它们一个个相继陨落。

为什么这些公司会陨落？虽然我们必须承认，导致失败的原因通常牵涉到一家公司所处的行业以及所特有的文化，每个公司倒闭的原因各不相同，但通过认真分析，我们可以发现隐藏在失败背后的一些规律。而了解这些，无疑对所有企业都大有裨益。

成功的企业各有其因，但失败的企业都是类似的。JohnAr—genti列出的导致企业失败的八项原因如下。

（1）企业管理差。企业管理差主要是指高级管理层的结构缺陷，包括六个方面：首席执行官一人独断控制企业，其他董事不作为。知识结构不平衡的高管队伍，财务职能弱，缺乏管理深度，具有很高权利的首席执行官。在上述六项缺陷中，首席执行官一人独断控制企业这项缺陷与其他却显得关系是：独裁的首席执行官尽可能保持让他维持独裁的管理结构缺陷长久存在；或者如果一个公司没有独裁，但是如果容许管理结构缺陷的产生，那么，独裁将肯定会出现。

（2）会计信息不足或会计信息系统存在缺陷。失败企业在会计信息方面常常被提到的四项缺陷是：没有预算控制系统，或者预算控制系统不健全，或者完全不存在；缺乏现金流量预测；不存在成本核算系统；资产价值的不恰当估价。会计信息系统的不足将阻碍其他人发现临近的灾难，并且可让高管人员隐藏他们所知道的事实；可靠的会计信息的缺乏也使得企业内外人员难以分析其存在的问题和评估其他解决方案。

（3）企业对经营环境的变化不能采取恰当的应对措施。经营环境的变化可分为五大类：①竞争趋势的变化。例如，国外低成本生产者的出现，两个竞争者的合并，竞争对手开发出新产品，你所经营的行业出现一个新企业。②政治环境的变化。在世界各地，政治家对企业经营影响逐渐增大，他们影响企业的原材料、市场、融资、税负等等。③经济环境的变化。主要是指货币的贬值、国际金融危机，以及经济循环、通货膨胀、利息率的变化趋势、收益分配模式。④社会变化。例如人们对工作态度的变化，生活方式的变化，特定人群的年龄、种族的变化，人们对污染和消费保护的态度变化。⑤技术变化。公司没有发现经营环境的变化或者对于环境的变化没有做出正确的反应是公司失败的主要原因。

（4）制约公司对环境变化做出反应的因素。在世界各地，都可听到企业应当承担某些社会责任的要求，这些要求大大降低了公司对环境变化做出反应的自由。

（5）过度经营。应为过度经营而导致企业失败的具体方式有很多，其中的两种方式值得注意：①经理对筹资的金额和时间估计不足，到时不能支付应该支付的现金，从而导致企业的失败；②以牺牲利润率追求扩展，提高销售额，最终企业耗尽现金，走向失败。

（6）开发大项目。大项目包括兼并，多元化经营，项目扩张，开发新产品，引进新服务、研究项目等等。大项目导致企业的失败，主要是高估项目收入、低估成本等错误所造成的。如果企业对大项目预测存在的错误较小，则通过管理人员的加倍努力，项目可能会盈利；如果企业对大项目预测存在很大的错误，则管理人员的努力也很难免会项目的失败。

全美第二大电信运营商世界电信公司创办人伯纳德·埃伯斯一直热衷于收购。他先后收购了 MCI、MFS 及其 UUNet 子公司，还试图吞下 Sprint，华尔街也以廉价资本和上涨股价帮助他进行消化。一度，世界电信的局面一片大好：年收入高达 390 亿美元。但存在一个问题：埃伯斯不知道如何消化收购的公司。作为天生的交易人，他似乎更加关心捕获新的收购对象，而不是整合现有公司（共有 75 家）。埃伯斯对此直言不讳："我们的目标不是夺取市场份额或成为全球大公司，而是成为华尔街头号股号。"

结果是公司局面常常混乱不堪。甚至有一段时间，已被收购的 UUNet 公司的销售代表同世界电信公司的销售队伍面对面竞争，争夺企业电信订单。小客户抱怨：为了询问有关网络、长途和地方电话的情况，要分别打三个电话给世界电信公司不同的客户服务代表。

当然，这并非表示收购的结果都这么差。通用电气就将收购的天性与消化收购公司，并将其整合到现有业务的非凡才能完美结合起来。但往往 CEO 们禁不住追求增长这一难以抑制的诱惑，为了积累资产而积累资产。

（7）高杠杆经营。经营业绩、经营效益较差时，高杠杆经营容易导致企业失败。

（8）常见经营危险。常见经营危险一般不会导致企业的失败，但对于实力弱小、管理差的企业来说，就经不起常见经营危险的打击。

John Argenti 提出的企业四项失败症状如下。

（1）财务比率。毫无疑问，财务比率是企业困境预测的有用指标，某些比率或者一些比率的组合能够给出企业困境的早期警告，但能够提前多长时间给出企业困境预警则存在一定的争议，一些专家认为能提前5年，也有些其他专家认为能提前2到3年。

（2）创造性会计。创造性会计的目的是使公司的状况看起来要比视情况要好。创造性会计的技巧主要有：①尽可能地拖延公布财务结果；②资本化研究成本；③即使企业不得不筹资满足经营的需要，但仍然继续支付股利；④削减日常维护指出，直至需要重大更新，这样就可以作为资本化处理；⑤租赁没有反映在财务报表上；⑥指示财务部门将非经常性收益处理为经常性收益，将经常性费用处理为非经常性费用；⑦指示子公司提高分配给母公司的股利；⑧包含在合并会计报表中的子公司逐年增多；⑨以适应自己的数字估价资产；⑩不仅研究费用资本化处理，而且培训成本、利息费用、安装计算机成本也作为资本化处理。

（3）非财务症状。走向失败的企业表现出大量的非财务症状。例如，顾客发现质量和服务下降、价格下降、企业紧缩信贷政策，供应上发现企业减少零部件或原材料存货、减少订单等。

（4）清算前数月表现出的症状。在清算前数月，症状的数量和严重性迅速增加。

John Argenti 认为，这12项原因和症状构成如下有机关系：如果一个企业的管理差，那么容易忽略会计信息以及会计信息系统存在的不足，更为严重的是不能对环境变化作出充分的反应。一些公司，即使管理好的公司，可能应为一些限制性因素而招致严重损害。管理差也会导致如下三个错误中的至少一个发生：企业过度经营、投资失败的大项目、高杠杆经营。高杠杆经营使一般性经营危机成为企业的经常性威胁。随着企业滑向清算之路，财务比率恶化，经理开始使用创造性会计，一些非财务症状也将出现，最后可以看到失败前数月的典型症状。John Argenti 将企业失败的原因分为不同层次，管理差是企业失败的根本原因，是第一层次的原因，其他由管理差引起的、导致企业失败的原因是次层级的原因。

（二）企业财务困境形成过程的时间观

财务预警分析中的"四阶段症状"分析法认为，企业财务危机可分为四个阶段：第一阶段为财务危机潜伏期，特征是盲目扩张、无效市场营销、疏于风险管理、缺乏有效的管理制度、企业资源分配不当、无视环境的重大变化。第二阶段为财务危机发作期，特征是自有资本不足、过分依赖外部资金、利息负担过重、缺乏会计的预警作用、债务拖延偿付。第三阶段为财务危机恶化期，特征是经营者无心经营业务和专心财务周转、资金周转困难、债务到期违约不支付。第四阶段为财务危机实现期，特征是负债超过资产、丧失偿付能力、宣布倒闭。显然，"四阶段症状"分析法认为企业财务危机的形成有一个时间过程，这个过程的起点是企业出现盲目扩张、无效市场营销、缺乏有效的管理制度、资源分配不当等管理问题。随后，如果企业不能及时采取有效措施改正上述问题，将出现自有资本不足、过分依赖外部资金、债务到期违约不支付等现象，发展到一定程度，丧失偿付能力，到达过程的终点，即企业宣布破产。

（三）企业财务困境形成过程概略模型

虽然我们很难建立一个非常精细但又普遍适用的财务困境形成过程模型，但对不同类型财务困境发生过程进行分析，我们发现，财务困境形成过程存在三个基本要素，即原因、征兆、特征。用这三个要素对财务困境形成过程可作出这样简略性的概括：如果企业存在导致企业陷于财务困境的原因，那么，首先表现为出现财务困境征兆；然后，在企业陷于财务困境时，出现财务困境特征。上述逻辑过程可用图8-1直观地表示。

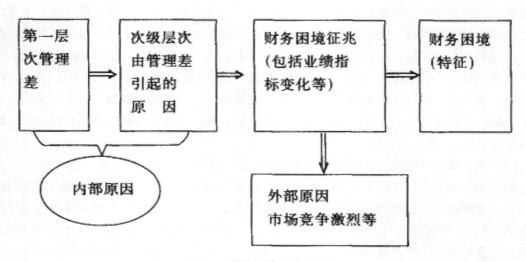

图 8-1　财务困境形成过程模型

第二节　企业财务困境成本

财务困境成本可以分为三个部分：困境企业承担的成本，债权人的损失，其他利益当事人的损失。

一、企业的财务困境成本

财务困境企业承担的成本体现为企业股权价值的损失，主要包括以下三个方面。

1. 直接成本

企业陷入财务困境后，无论是进行资产重组、破产清算还是债务重组时，都必须从外面聘用大量的专家，例如律师、会计师、投资银行家、评估师等等，对企业来说，雇用这些专家的高昂费用就是直接成本。

2．公司管理成本

为了保证重组的进行，公司相关人员需花费大量的时间和精力，以及财务等职能部门的配合，这是一种额外的管理成本。这些工作包括位专家整理提供资料和信息、相应的法律事务、对资产的评估、对商业活动的调整等等。这些工作是公司重组计划重要的组成部分。而且，公司的一切经营或商业活动都处于破产的威胁之中，这可能对所有员工的心态和工作效率有不小的消极影响，但这方面成本的估计很难。

3．间接成本

企业更大的损失可能还是来自于财务困境对公司价值的侵蚀，包括股价下降、投资机会丧失、市场竞争力降低、人才流失、廉价处理资产等。

二、债权人的损失

债权人的损失主要是指债权价值的损失，即普通债券和银行贷款价值的损失。

1．普通债券损失的价值

当企业陷入财务困境进行破产清算处理时，对债权人按照优先顺序进行偿付，在这种情况下，普通债券持有人损失最大。对债券的损失用"偿还率"来表示，即违约后债券市场价格与票面价值的比例。

2．银行贷款损失的价值

由于银行贷款一般都有抵押或者担保，与其他任何类型的债权人相比，具有更加有限的地位，因此会得到更高的偿还率。

3．其他成本

作为债权人来说，因为面临违约的风险，必然会降低债券的流动性，导致债券价值的下降。而且为了在重组过程中，最大限度的保护自己的利益，债权人特别是银行等机构投资者也会产生相应的法律等方面的费用和内部管理成本。主要包括：

（1）专家费用。在债务重组的过程中，原有的债权人与企业之间的协议必须重新谈判以制定新的协议。对于机构投资者来说，例如银行和保险公司，为了最大限度地保障自己的利益，可能需聘请律师、会计师等专家参与重组过程，包括评估自己的法律地位、对重组决策过程和债权托管人的工作进行监督、评估债务人的提案并代表自己处理有关事务等。

（2）管理成本。同困境企业一样，这些机构投资者和债权人也必须有内部相应部门和人员的投入，特别是高层管理人员必须对债务重组的计划、方式等重大问题做出决策。显然，对债权人来说，这是因债务人财务困境导致的管理成本。

（3）交易成本。投资机构这样大的债权人和小债权人在对重组计划的偏好方面是不同的，前者可能更加看重对企业接管后持续经营产生潜在长期的利益回报，而后者则希望能在短期内变现利益，并在与优势持有人对潜在利益的瓜分中获得尽可能高的分成。在这种博弈中，必然存在交易成本。

（4）变现成本。对投资者来说，困境企业的债券作为投资组合的一种，现在已经不再合适，如果继续持有次优证券，必须付出一定的机会成本。但是，当公司陷入财务困境的信息向市场公开后，必然导致相关证券价值的下降，同时由于持有者急于将该证券卖空，使市场上供需失衡进一步导致价格的下跌。这是一种变现成本。

三、利益相关者的利益损失

债权人在接管企业或参与企业的决策后，往往倾向于资产出售、裁员，特别是大量管理人员的调整，所以对于困境公司部分员工来说，债务重组和资产重组往往意味着随之而来的失业。另一方面，现有的雇员特别是高级经理人员会利用自身影响力和工会组织对重组计划施加压力，以尽可能保住自己的工作。但是，不管博弈的结果如何，正常情况下总会有部分员工被解雇，对他们来说，这是经济和精神上的双重损失，也是一种成本。

对于商业债权人和商业客户（业务合作伙伴、供货商、经销商等等）来说，相对于是自己与困境公司之间的商业利益得到保护（如应收账款的回收）的短期利益，可能更倾向于继续拥有一个良好客户的长期利益。因为根据市场营销理论，开发一个新客户的成本是维护一个老客户的四倍，所以，即是商业债权人的利益能得以完全收回，为了开发替代的客户，也必须承担相应的转换成本。另一方面，原来给予困境公司的商业信用被迫延长，考虑到资金的时间价值，对商业债权人或供货商来说，这也是一种额外的成本。

第三节　企业财务困境的处理

一、企业财务困境的处理方法

一个企业的财务合同可大致分为"硬合同"和"软合同"。"硬合同"一般是指与债权人签署的债务合同，其详细指明了企业定期付给债权人的款项，如果不能按期支付，企业就违背了合同，而债权人可通过法律途径来强制执行。此外，企业与供应商、雇员签订的合同也可被视为一种"硬合同"。"软合同"主要包括普通股和优先股，即使它们的持有者希望得到出股权之外的现金收益，但这些均由公司的政策决定。这些支付额在满足"硬合同"的支付后，根据公司流动资产的剩余可能被暂停或延期支付。

一个企业的资产可根据其流动性分为流动资产和长期投资（如厂房、设备等），由于后者在将来产生流动资产故可称为"硬资产"。由此，可以从上述企业合同和资产的划分来定义财务困境，即财务困境是在给定的某一时点，企业的流动资产不能满足企业"硬合同"中债务的现金需求。

企业财务困境产生的原因是由于企业当期可获得的流动资产与"硬合同"中的到期债务不相匹配。对企业财务困境的管理包括事前管理和事后管理。前者指在企业发生财务困境前确定合理的融资结构，以防止财务困境的发生。后者指通过增加资产的流动性或降低债务合同的"硬独"，以便流动资产与"硬合同"的债务相匹配，主要包括以下几个方面，见图8-2所示。

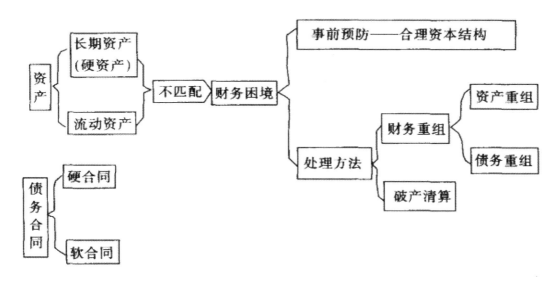

图 8-2　企业财务困境处理图

1．破产清算

破产清算意味着作为永续经营的公司的终止，包括以残值出售公司的资产，出售的所得扣除交易成本后，按已确定的优先顺序分给债权人。

2．财务重组

财务重组可在私下或通过正式的法律途径来解决，而采用哪种方法来管理财务困境，依赖于各种方法产生的相关成本和收益，财务重组包括资产重组和债务重组。

资产重组是通过重组资产负债表左边的资产部分来满足"硬合同"的要求，包括出售主要资产、与其他企业合并、减少资本支出、发行新股等具体形式。如果以长期资产（硬资产）全部或部分变现来产生额外的现金流去偿还到期债务，他将破坏企业未来的收益创造能力和产生相应的资产变现损失。

另一种财务重组方法是重组债务合同。其中一种方法是与债权人协商来重组"硬合同"中的条款，如削减当前债务数目使其与现金资产相近或延长到期债务时间。另一种方法是用一个新合同代替现有合同，其中的新合同主要形式可分为：①削减到期支付的数目；②延长到期的时间；③债权转股权。在新合同下，财务困境发生的可能性将见效。

二、企业财务困境公司债务和股权处理面临的问题

(一)再融资问题

理论和实践上，陷入严重财务困境的企业面临清算、重组和持续经营三种选择。只有当债权人认为企业继续运营的预期价值大于清算价值时，才可能选择债务重组。具有经营前景的债务人企业和债转股企业均希望努力恢复经营业绩和资本市场信任，重新获得资本市场青睐和资源流人。但是，从重组到重新获得银行和资本市场信任的过渡时期，需要短期和长期资金支持。

（1）短期内，从生存角度，需要大量资金支持近期经营。债务重组虽然减轻或解除了企业现金流出的法律责任、历史负担，但债务重组企业自由现金流仍然为负。企业由于现金流产生能力低下，供应商可能会施加更严格的信用条件。因此，短期融资需要非常迫切。

（2）从竞争和发展角度，需要中长期资金支持技术改造、调整产品结构和市场开拓。因此，需要一个新的资本结构，保持财务弹性和合理的资信等级，降低公司再次陷入财务困境的可能性。

对美国财务困境企业的研究表明，在发生财务困境的公司中，缺乏后续融资将使资产管理公司收购的不良债务企业处于竞争劣势，企业最终再次陷入财务困境甚至破产的可能性大大增加。因此，这类企业重组计划的一个重要措施是提供短期融资和具有财务弹性的长期融资工具。这也促进了许多现在广为应用的新融资工具的推出，包括延迟零息债务和可转换债券、收入债券、优先股等。

延迟零息债务是19世纪70～90年代期间铁路重组时推出的。首先，通过调整支付条款，现有债券持有者在重组过程中接受暂时的利息支付延迟，当公司希望重新建立正常的资本结构时，零息债券利率会随着时间延续而上升。其次，通过发行新的债券来支付现有债券利息。最后，发行具有很长期限（50年甚至100年）和较低利率的债券。长期债券使投资者规避了资本市场利率下跌的风险，给投资者提供一种通过未来获利补偿近期放弃的利益。或有要求的证券特性介于债券和股票之间，它们像债券一样具有收入上限，又像股票一样不能为股利支付提供任何保证。它主要包括两种形式：收益债券和优先股。或有债券支付不固定，并且建立在企业未来预期收入的基础上，使企业在不增加破产风险和法律纠纷的前提下避免每年的现金支出，是一种更富有财务弹性的长期融资工具，应用更为广泛。

(二)法律问题

几乎所有国家在处理银行不良资产过程中得出的一个重要的基本经验，就是在其设立之初和运作过程中创立相应的法律支持，以保证重组真正起到盘活债务企业部分或全部资产、恢复其经营能力的作用。

解决财务困境企业再融资问题须解决财务困境企业现有债权人与股东之间、债权人之间以及现有投资者与新投资者能够的风险、收益和权利边界，使新的投资者能够对公司更好地进行治理和控制。同时，须建立一个更牢固、更负责的公司治理体系，这都需要相关

法律制度的创新和完善。因为财务困境企业原债权人与股东之间、债权人之间、债务重组后新投资者和现有投资者之间往往存在权利争议。显然，当一家发生财务困境的企业具有大量的高级债务时，新的投资者往往不愿意主动为债务重组企业提供具有风险的公司次级要求债务。他们更倾向于等待其他投资者先主动增加投资。虽然向发生债转股企业注入新的资本有利于增强企业现有债务和股权价值的实现程度，但如果现有债权人在新增收益的分配上具有更优先的权利，或者新筹集的资金用于偿还现有高级债权人债务或用于回购资产管理公司股权，并没有创造出新的价值，即新增资本价值被现有高级债权人和股权所吸收，作为低级债权人的投资者将不愿意提供任何类型的资本。现有投资者以及新老投资者之间的权利争论导致相当高的交易成本。

第九章　中小企业财务成本控制技术分析

第一节　变动成本法与完全成本法

　　20 世纪 30 年代的经济危机，使企业对于会计信息提出了更高的要求，要求会计信息在预测、决策、控制中发挥更重要的作用。根据美国权威的《柯勒会计词典》（Kohler's Dictionary for Accountants）记载，第一篇专门论述变动成本法的论文是美籍英国会计学家哈里斯（Jonathan n. Harris）撰写的。1934 年哈里斯在杜威　阿尔末化学公司设计"直接标准成本制造计划"时发现，该公司销售量上升，可收益反而下降。这种反常的情况引起了哈里斯的注意。哈里斯发现矛盾的根源在于该公司采用传统的完全成本法。因此哈里斯在刊载于 1936 年 1 月 15 日的《成本会计学会会刊》的论文中阐述、对比了变动成本法与完全成本法对利润的不同影响，揭示了变动成本法的优点。自此，新的成本观念才得以迅速并广泛地传播。尤其在二战后，科学技术迅猛发展，市场环境日趋严峻，人们要求会计工作能提供更为广泛、深入、适用，更具决策相关性的信息，其中就包括成本信息由于变动成本法提供的信息能够为企业预测、决策、控制提供更为有用的信息，因此被作为非传统的成本计算方法与损益确定方法，应用于企业内部管理。变动成本法中所使用的贡献毛益概念还可用于本量利分析及其他方面，有利于企业加强成本管理，对制订利润计划、进行经营决策有很大帮助。而之前强调成本"对象性"的成本计算方法，被称为完全成本法。

一、变动成本法与完全成本法的含义

在现代管理会计的常规成本计算过程中，按照期间成本的划分口径和损益确定程序不同，成本计算分为完全成本法和变动成本法两种。

完全成本法也称吸收成本法，是指在产品成本的计算中，以成本按经济用途分类为前提，产品成本不仅包括生产过程中所消耗的直接材料、直接人工，还包括全部的制造费用（固定性制造费用与变动性制造费用），非生产成本则作为期间成本，按传统式损益确定程序计量损益。在完全成本法下，产品成本是能对象化的成本，制造费用无论是固定的还是变动的，都会计入产品成本。

《财政部管理会计应用指引第 303 号——变动成本法》规定，变动成本法是指企业以成本性态分析为前提条件，仅将生产过程中消耗的变动生产成本作为产品成本的构成内容，而将固定生产成本和非生产成本作为期间成本，直接由当期收益予以补偿的一种成本管理方法。变动成本法通常用于分析各种产品的盈利能力，为正确制定经营决策、科学进行成本计划、成本控制和成本评价与考核等工作提供有用信息。

从完全成本法与变动成本法的概念中不难发现，二者的根本区别是如何看待固定性制造费用：完全成本法认为固定性制造费用是一种可以在将来换取收益的资产，而变动成本法认为它是为取得收益而已然丧失的资产

二、变动成本法的应用环境

《财政部管理会计应用指引 303 号——变动成本法》的应用环境主要包括以下方面：

1. 应用变动成本法的一般要求

企业应用变动成本法，应遵循《管理会计应用指引第 300 号——成本管理》对应用环境的一般要求。这意味着成本管理的应用环境也适用于变动成本法，体现了管理会计应用指引的概括性指引与各工具方法指引之间的联系

2. 外部环境

（1）市场竞争环境激烈，需要频繁进行短期经营决策。

（2）市场相对稳定，产品差异化程度不大，以利于企业进行价格等短期决策。

3. 财务会计核算基础

（1）企业应保证成本基础信息记录完整，财务会计核算基础工作完善；

（2）企业应建立较好的成本性态分析基础，具有划分固定成本与变动成本的科学标准，以及划分标准的使用流程与规范；

（3）企业能够及时、全面、准确地收集与提供有关产量、成本、利润以及成本性态等方面的信息

三、变动成本法与完全成本法的比较

变动成本法与完全成本法对固定性制造费用的不同处理，导致两种方法下的一系列差

异，主要表现在应用前提不同、产品成本的构成内容不同、存货成本的构成内容不同和各期损益不同四个方面。

1. 应用前提不同

完全成本法首先要求把全部成本按照经济用途分为生产成本和非生产成本。在生产领域中为生产产品发生的成本归于制造成本（生产成本），发生在流通领域和服务领域由于组织日常销售或进行日常行政管理而发生的成本归属期间费用（非制造成本）变动成本法首先要求进行成本性态分析，把全部成本划分为变动成本和固定成本两部分，尤其要把属于混合成本性质的制造费用按生产量分解为变动性制造费用和固定性制造费用两部分。即在使用变动成本法前，企业需要进行成本性态分析

2. 产品构成内容不同

完全成本法将所有成本划分为制造成本（又称生产成本，包括直接材料、直接人工和制造费用）和非制造成本（期间费用，包括管理费用、销售费用和财务费用）两类，将制造成本完全计入产品成本，而将非制造成本作为期间费用，全部计入当期损益。

在变动成本法下，为加强短期经营决策，按照成本性态，企业的生产成本分为变动生产成本和固定生产成本，非生产成本分为变动非生产成本和固定非生产成本。其中，只有变动生产成本才构成产品成本，其随产品实体的流动而流动，随产量变动而变动。完全成本法与变动成本法在产品成本计算上的差异见表9-1。

表9-1 变动成本法与完全成本法比较

标志		变动成本法	完全成本法
应用的前提条件		以成本性态分析为前提:将全部成本(费用)划分为产品成本和期间成本	以成本按经济用途分类为前提:将全部成本(费用)划分为制造成本和非制造成本
成本的构成内容	产品成本	变动生产成本: 直接材料 直接人工 变动性制造费用	制造成本: 直接材料 直接人工 制造费用
	期间成本	固定性制造费用与期间费用: 固定性制造费用 期间费用(包括管理费用、销售费用、财务费用)	非制造成本: 管理费用 销售费用 财务费用

产品成本构成内容上的差别，是两种成本计算法的主要区别，其他方面的区别均由此而产生。

3. 存货成本的构成内容不同

广义的产品有销货和存货两种实物形态，在期末存货和本期销货均不为零的条件下，本期发生的产品成本最终要表现为销售成本和期末存货成本。在变动成本法下，固定性制造费用作为期间成本直接计入当期利润表，因此本期销售成本、期末存货成本都不包括固定性制造费用，二者均按照变动成本计价。在完全成本法下，由于固定性制造费用计入产

品成本，因此已销产品和期末存货均"吸收"了一部分固定性制造费用，二者均按照完全成本计价。因此，变动成本法与完全成本法下销售成本与期末存货成本的构成内容和金额不同。

4．各期损益不同

两种成本计算法的区别不仅限于成本计算，在税前利润的计量程序方面也有区别：在完全成本法下，按照传统式损益确定程序计算营业利润；而变动成本法下，须按照贡献式损益确定程序计量税前利润完全成本法的损益确定程序：在传统式（也称为职能式）损益确定程序下，首先用销售收入补偿本期所售产品的销售成本，计算出利润表的中间指标—毛利，然后再用毛利补偿期间成本确定税前利润。

变动成本法的损益确定程序：在贡献式损益确定程序下，首先用销售收入补偿当期变动成本总额，从而确定贡献式损益表的中间指标—贡献毛益，然后再用贡献毛益补偿固定成本总额（固定性制造费用、管理费用和销售费用），确定当期税前利润。

在变动成本法损益表中，须提供一个重要的中间指标—贡献毛益，是指产品销售收入超过变动成本的差额，其实质是反映产品的盈利能力，反映产品对企业利润做出贡献的大小，是管理会计各个环节的一个重要指标。贡献毛益有两种表现形式：一种是绝对数形式，表现为贡献毛益和单位贡献毛益；另一种是相对数形式，表现为贡献毛益率。贡献毛益并不是企业的利润，因为贡献毛益首先要用来补偿固定成本，如补偿之后还有剩余，才能为企业提供利润；反之，若贡献毛益不够补偿固定成本，则为亏损。

两种成本计算法下损益表格式对比如表9-2所示。

表9-2 损益表

完全成本法（职能式）	变动成本法（贡献式）
销售收入	销售收入
减：销售成本	减：变动成本
期初存货成本	变动生产成本
加：本期生产成本	变动性管理费用
可供销售的产品成本	变动性销售费用
减：期末存货成本	变动成本合计
销售成本合计	贡献毛益
毛利	减：固定成本
减：期间费用	固定性制造费用
管理费用	固定性管理费用
销售费用	固定性销售费用
财务费用	固定成本合计
税前利润	税前利润

两种成本计算方法在损益确定程序上的不同源于两者的服务对象不同：完全成本法主要是财务会计应用的成本计算方法，侧重于为外部信息使用者提供企业经营成果的信息，它的侧重点在于确定企业最终利润；变动成本法主要是管理会计应用的成本计算方法，侧

重于为企业内部管理提供决策、规划、控制有关的信息，其重点是确定贡献毛益，反映企业产销量变动对贡献毛益和税前利润的影响。

两种成本计算法的税前利润是否相等、差异的大小取决于产量和销量的均衡程度，销量越均衡，两种成本法下所计算的损益相差越小；反之则越大；只有当产销绝对平衡时，差异才会消失。本例中假设公司没有期初存货，而当期的产量大于销量形成了期末存货，按变动成本法计算的税前利润小于按完全成本法所计算的损益。但是从长期来看，可能出现多种产销量的情况，为了全面说明两种成本计算法损益的差异规律，下面将进行更详细的分析。

综上所述，变动成本法与完全成本法对各期损益计算的影响，依照产量与销量之间的相互关系，可以归纳为：

（1）当产量等于销量时（产销绝对平衡时），两种成本法下计算的税前利润相等。

（2）当产量大于销量时，按变动成本法计算的税前利润小于按完全成本法所计算的税前利润

（3）当产量小于销量时，按变动成本法计算的税前利润大于按完全成本法计算的税前利润。

四、变动成本法与完全成本法的评价

1. 变动成本法的评价

变动成本法是适应面向未来，加强企业内部经营管理而产生的。其优点包括：

（1）区分固定成本和变动成本，有利于明确企业产品盈利能力和划分成本责任。按照经济学原理，商品只有销售出去，其价值才得到社会的承认，企业可以获得收入和利润。

在成本水平一定的前提下，多销售产品就会多获得利润，扩大产品销售从而增加企业利润是一种常识。但是在完全成本法下，却会出现"销量下降而只是由于产量大幅上升导致利润不减反增"的不正常情况，这样的信息会导致企业盲目生产，造成产品积压，进一步增加企业资金占用和保管成本。而采用变动成本法计算利润，在售价、单位变动成本和产品销售结构不变的条件下，税前利润直接与产品销量挂钩，与销量同方向变动，与产量无关。

即当某期销量比上期增加时，税前利润也会比上期增加；当某期销量比上期减少时，税前利润也会比上期减少；当两期销量相同时，税前利润也相等。这一事实告诫企业管理者，只有清楚各产品的盈利能力，划分清楚成本责任才能真正提高企业盈利水平

（2）揭示了销售量、成本和利润之间的依存关系，使当期利润真正反映企业经营状况，有利于企业经营预测和决策。企业短期决策常常涉及成本、产销量、利润及弹性预算有关信息，采用变动成本法以成本性态分析为前提，所提供的变动成本信息能帮助企业管理层实施本量利分析，揭示三者之间的规律，有利于预测经济前景、规划未来，如预测盈亏临界点，对目标利润、目标销售量进行规划，编制弹性预算等，都是建立在变动成本法基础之上的。此外，在进行短期生产经营决策时，利用变动成本信息对各种方案进行边际贡献

分析，有利于管理人员做出正确的经营决策。

（3）保持利润与销售量增减相一致，促进以销定产。在完全成本法下，扩大销售量经常成为管理者调节利润的手段，而采用变动成本法时，产品变动成本不受固定成本的影响，因而变动生产成本的升降最能反映供应部门和生产部门的工作业绩。变动成本法的利润额与销售量成正向变动，使各部门之间的业绩比较建立在更客观、公正的基础上。通过对变动生产成本事前制订合理的标准成本及建立弹性预算进行日常控制，可以直接分析由成本控制工作的好坏而导致成本升降的原因，同时考核执行情况，并能与由产量变动所引起的成本升降清楚的区别开，因而能够正确地评价各部门的工作业绩，兑现奖惩。同时，将固定成本指标分解落实到各个责任单位，并通过制定费用预算进行控制，可以调动各责任单位降低成本的积极性。例如，对于供应部门，应该考核供应资金的占用情况和单位供应成本；对于生产部门，应该对生产产品的物耗水平负责；对于销售部门，则应考核销售数量。

与完全成本法相比，变动成本法的优点是主要的，适用于提供与短期决策相关的成本信息，但是变动成本法也存在以下缺点：

（1）计算的单位成本并不是完全成本，不能反映产品生产过程中发生的全部耗费。按照各国会计准则的要求，产品成本是指生产过程中发生的全部制造成本，应该包括固定性制造费用。对外编制财务报告时，产品存货的计价和损益的计算都应当以完全成本为基础，而变动成本法确定的产品存货成本不能被企业外部有关各方所承认。

（2）不适应长期决策的需要。变动成本法以相关范围假定为前提，包括时间范围与业务量范围。而在长期决策中，由于涉及的时间较长，需要解决诸如增加或减少生产能力和扩大或缩小经营规模的问题，再加上通货膨胀和技术进步等因素的影响，固定成本和单位变动成本的水平不可能长期保持不变，甚至可能会发生很大变化，很有可能不满足相关范围的假设。因此，变动成本法所提供的资料，对短期决策适用，但对长期决策就难以胜任了。

（3）变动成本法的前提是成本性态分析，而成本按性态划分为固定成本和变动成本很大程度上是假设的结果，具有一定的局限性。变动成本法一般适用于同时具备以下特征的企业：第一，企业固定成本比重较大，当产品更新换代的速度较快时，分摊计入产品成本中的固定成本比重大，采用变动成本法可以正确反映产品盈利状况；第二，企业规模大，产品或服务的种类多，固定成本分摊存在较大困难；第三，企业作业保持相对稳定。

2. 完全成本法的评价

完全成本法的优缺点是相对于变动成本法而言的。完全成本法的优点包括：符合传统的成本观念及税法要求，产品的成本应该是能够对象化的成本，即制造成本；符合配比原则中的"因果配比"，生产产品的成本，无论是直接人工、直接材料还是制造费用，全部都要归集到产品中，并在产品实现销售时从收入中一次扣除；使企业重视生产，当产品供不应求时，加大产量能够增加企业利润。

完全成本法的缺点包括：在完全成本法下，其他条件不变时，只要产量不同，各年的单位产品成本和税前利润就有很大区别，有时尽管企业某年产品销量超过去年，但是在期末存货较去年显著减少时，会出现今年利润反而低于去年的情况；间接成本在分摊时，会受到人为因素的影响，可能存在一定的随意性。

值得注意的是，随着生产力水平的不断提高，资本有机构成不断提高，设备折旧费作为重要的固定性制造费用在两种成本计算法下的"杠杆作用"也会越来越大，从而导致两种成本计算的利润差异可能进一步拉大。

3. 变动成本法和完全成本法在企业中的应用

企业会计应具有对内和对外两方面的职能：一方面要定期发布财务报告，为企业外部信息使用者提供会计信息；另一方面要通过灵活多样的方式、方法，为企业内部经营管理提供有用信息。完全成本法和变动成本法各有优点和不足，可以相互促进、相互补充。变动成本法对企业各种产品盈利能力的分析，为企业正确制定经营决策以及科学进行成本计划、成本控制和成本评价与考核工作提供有用的信息；而完全成本法则可满足企业对外公布财务报告的要求。企业为了兼顾内部与外部两方面的信息需要，可以将二者结合应用。

完全成本法是传统的成本计算方法，若要与变动成本法相结合，就需要重新建立一套统一的成本计算系统，即在日常按变动成本法组织核算、随时提供能够满足企业内部管理需要的信息的基础上，定期将变动成本法所确定的成本、利润信息调整为按完全成本法模式反映的信息资料，以满足企业外部的信息需要。

（1）日常核算以变动成本法为基础，"生产成本""产成品"账户只登记变动生产成本。

（2）设置"变动制造费用"账户，借方用以核算生产过程中发生的变动性制造费用，期末将其发生额转入"生产成本"账户

（3）设置"存货中的固定制造费用"账户，借方用以归集当期发生的固定性制造费用，期末则将应由已销产品负担的部分从贷方转出，转入"主营业务成本"账户的借方并体现于利润表中；该账户的期末余额则反映了期末存货所负担的固定性制造费用，于期末列入资产负债表。

（4）设置"变动非制造成本"和"固定非制造成本"账户，借方用于分别归集销售费用和管理费用中的变动部分和固定部分，期末则全部由贷方转入"本年利润"账户。

（5）"主营业务成本"账户仍按完全成本法核算和使用，已销产品的变动成本自"产成品"账户转入，应负担的固定性制造费用自"存货中的固定制造费用"账户转入。

第二节 分批法与分步法

一、分批成本法

（一）分批法

以产品生产的批别或者客户的订单作为成本计算对象，并据以归集生产费用，计算各个批别产品的总成本以及单位成本的一种成本计算方法，又称为成本计算订单法。这种方法适用于单件小批量、多品种以产品生产的批别或者客户的订单作为成本计算对象，并据以归集生产费用，计算各个批别产品的总成本以及单位成本的一种成本计算方法，又称为成本计算订单法的生产类型。

在这一方法下，成本对象（或批别）的确定有两种方法，一是根据客户的订单直接分批组织生产，另一是依据客户的订单并结合企业生产经营的具体情况，按照企业内部订单分批组织生产。

（二）适用范围

这种方法适用于小批生产和单件生产，例如精密仪器，专用设备，重型机械和船舶的制造，某些特殊或精密铸件的熔铸，新产品的试制和机器设备的修理，以及辅助生产的工具模具制造等。每件产品或服务所要求的操作不同，确定一件产品或服务的成本的最佳方法是按产品或批次归集成本。

实际工作中还采用一种按产品所用零件的批别计算成本的零件分批法：先按零件生产的批别计算各批零件的成本，然后按照各批产品所消耗各种零件的成本，加上装配成本，计算各该批产品的成本。但是这种方法的计算工作量较大，因而只能在自制零件不多或成本计算工作已经实现电算化的情况下才采用。

（三）西方关于分批法的战略作用

分批成本法为管理者提供信息，以使管理者能够在产品和顾客、制造方法、价格决策及其他长期问题上进行战略选择，分批成本信息对企业具有战略重要性，原因有四：

（1）企业是通过使用成本领先或产品差异战略来进行竞争的，如果企业采取成本领先战略，而间接费用又十分复杂，则传统的数量型分批成本法（比分步成本法和作业成本法都简单）不能提供很多帮助。

（2）有关分批成本法的重要战略问题和潜在伦理问题，涉及企业有关分配间接费用和摊派多分配或少分配间接费用的决策

（3）分批成本法适合服务企业，特别是专业服务企业。追溯直接成本不是主要问题，分配间接费用也不复杂困难。

（4）分批成本单可通过四个方面来扩展成战略平衡记分卡，这四个方面是：财务、顾客、

内部经营过程、学习与成长。

二、分批成本法的计算过程

（一）分批成本计算单

分批成本系统中最基本的支持文件是分批成本计算单。一份分批成本计算单记录和汇总了某一特定工作的直接材料、直接人工和工厂间接费用。

当一项工作的制造或加工开始时，分批成本计算单就开始启动。分批成本计算单为所有的成本项目及管理者选择的其他详细数据提供了记录空间，它伴随着产品一起经过各个加工流程，并记录下所有的成本。

分批成本计算单上记录的所有成本都包含在产品控制账户中。在产品控制账户的次级账户是由工作成本单组成的，而这些分批成本计算单包括处理这批工作的当期之内或之前发生的制造成本。

因为每一项工作都有独立的分批成本计算单，一项已经开始尚未结束工作的成本单代表了在产品存货控制账户的明细分类账。当一项工作完成后，相应的成本单被归拢在代表已完工产品成本的一组成本计算单中。

（二）分批法的步骤及程序

在开始生产时，会计部门应根据每一份订单或每一批产品生产通知单（内部订单），开设一张成本明细账（即产品成本计算单）。月终根据费用的原始凭证编制材料、工资等分配表，结算各辅助生产的成本，编制辅助生产费用分配表，加结各车间的制造费用和管理部门的管理费用明细账，算总数，按照规定的分析方法，分配计入各有关的成本明细账。月终各车间要将各订单在本车间发生的费用抄送会计部门进行核对。当某订单、生产通知单或某批产品完工、检验合格后，应由车间填制完工通知单。会计部门收到车间送来的完工通知单，要检查该成本明细账及有关凭证，检查无误后，把成本明细账上已归集的成本费用加计总数，扣除退库的材料、半成品以及废料价值，得到产成品的实际总成本，除已完工数量就是产成品的单位成本。月末完工订单的成本明细账所归集的成本费用就是在产品成本。

三、简化分批法

为了避免任务繁重，因此在投产批数繁多而且月末未完工批数较多的企业中，还采用着一种简化的分批法，也就是不分批计算在产品成本分批法。

（一）简化分批法

简化分批法也称为间接计入费用分配法。这种方法与前述一般的分批法不同之处在于：各批产品之间分配间接计入费用的工作以及完工产品与月末在产品之间分配费用的工作，即生产费用的横向分配工作和纵向分配工作，是利用累计间接计入费用分配率。到产品完工时合并在一起进行的。以及某批产品的完工产品与月末在产品之间分配各该费用的依据；成本计算工作中的横向分配工作与纵向分配工作在有完工产品时，根据同一个费用分配率一次分配完成。

（二）特点

采用这种分批法，每月发生的各项间接计入费用，不是按月在各批产品之间进行分配，而是将这些间接计入费用先分别累计起来，到产品完工时，按照完工产品累计生产工时的比例，在各批完工产品之间再进行分配。其计算公式如下：

1．全部产品

某项累计间接计入费用分配率＝全部产品该项累计间接记入费用÷全部产品累计生产工时。

2．某批完工产品

应负担的该批完工产品全部产品该项累计间接记入费用。

某项间接记入费用＝累计生产工时×分配率。

（三）优缺点及适用条件

由于生产费用的横向分配工作和纵向分配工作，利用累计间接记入费用分配率，到产品完工时合并一次完成，因而大大简化了生产费用的分配和记入工作。月末完工产品的批数越多，核算工作就越简化。

这种方法只适用于在各月间接记入费用的水平相差不多的情况下采用，否则就会影响各月产品成本的正确性。如果月末完工产品的批数不多，也不宜采用这种方法。

四、分步成本法及其战略作用

（一）分步成本法

产品成本计算分步法，是按照产品的生产步骤归集生产费用，计算产品成本的种方法。其成本计算对象是各种产品的生产步骤适用分步成本法的是那些经由一系列相似步骤或部门而生产出相似产品的企业。这些企业通常连续、大量生产类似的产品，生产部门或生产步骤所做的工作没有什么差别，因为所有的产品基本上是相同的，制造成本在每个过程中积聚起来。

（二）特点

（1）成本计算对象是各种产品的生产步骤。

（2）月末为计算完工产品成本，需要将归集在生产成本明细账中的生产费用在完工产品与在产品之间进行费用分配。

（3）除了按品种计算和结转产品成本外，还需要计算和结转产品的各步骤成本。其成本计算对象是各种产品及其所经过的步骤。其成本计算期是固定的，与产品的生产周期不一致。

（三）成本计算步骤与意义

首先分析产品成本的实物流。计算各成本因素的实物产量确定各成本因素的总成本。计算各成本因素的单位约当产量成本。将总成本分摊到产成品，转出产品和期末在产品中去。

根据分步成本法编制部门生产成本报告单有两种方法，即加权平均法和先进先出法，加权平均法在计算单位成本时要包括全部成本项目，即本期发生的成本和上期在产品存货的成本在这一方法中，上期成本与本期成本加总平均，因此称作加权平均；而用先进先出法计算单位成本时，则只涉及本期发生的成本和工作耗费。

分步成本法为管理人员提供信息，以便做出有关产品和顾客、生产方法、定价决策及其他长期性战略的等方面决策。为什么分步成本法的相关资料对一个企业具有战略性的重要意义呢？

因为，一个企业凭借领先战略或差异化战略取得竞争优势，如果采用成本领先战略，当间接费用很复杂时，该企业应该改变其传统的以数量为基础的分批成本计算法，取而代之的是以作业为基础的分步成本法，它能给管理者提供更有用的信

五、逐步结转分步法

在采用分步法的大量大批多步骤生产企业中，由于种种原因，成本管理往往需要成本核算提供各个生产步骤的半成品成本资料。这些原因是：

（1）各生产步骤所产的半成品不仅由本企业进一步加工，而且还经常作为商品产品对外销售。

（2）有的半成品虽然不一定外售，但要进行同行业成本的评比，因而也要计算这种半成品的成本。

（3）有一些半成品，为本企业几种产品所耗用，为了分别计算各种产品的成本，也要计算这些半成品的成本。

（4）在实行责任会计或厂内经济核算的企业中，为了全面地考核和分析各生产步骤等内部单位的生产耗费和资金占用水平，需要随着半成品实物在各生产步骤之间的转移。结转半成品成本，这也要求计算半成品成本。

（一）逐步结转分步法

1. 逐步结转分步法

逐步结转分步法是按照产品加工的顺序，逐步计算并结转半成品成本，直到最后加工步骤才能计算产成品成本的一种方法。它是按照产品加工顺序先计算第一个加工步骤的半成品成本，然后结转给第二个加工步骤，这时，第二步骤把第一步骤转来的半成品成本加上本步骤耗用的材料和加工费用，即可求得第二个加工步骤的半成品成本，如此顺序逐步

转移累计直到最后一个加工步骤才能计算出产成品成本。逐步结转分步法就是为了分步计算半成品成本而采用的一种分步法，也称计算半成品成本分步法。

2. 逐步结转分步法的适用及优点

逐步结转分步法在完工产品与在产品之间分配费用，是指各步骤完工产品与在产品之间的分配。其优点：能提供各个生产步骤的半成品成本资料；为各生产步骤的在产品实物管理及资金管理资料；能够全面反映该处各生产步骤的生产耗费水平，更好地满足各生产步骤成本管理的要求。其缺点：成本结转工作量较大，各生产步骤的半成品成本如果采用逐步综合结转方法，还要进行成本还原，增加核算的工作量。

（二）综合结转

综合结转法的特点是将各步骤所耗用的上一步骤的半成品成本，以"原材料"或专设的"半成品"项目，综合记入各该步骤的产品成本明细账中

1. 半成品按实际成本结转

所耗上一步骤半成品费用 = 半成品实际数量 × 半成品实际单位成本，其中，半成品实际单位成本可用先进先出，后进先出，全月一次加权平均等方法计算。

2. 半成品按计划成本结转

采用这种方法时，半成品的日常收发均按计划单位成本核算；在半成品实际成本算出后，再计算半成品的成本差异率，调整所耗半成品的成本差异。按计划成本结转的优点：

第一，计划成本结转半成品成本，可以简化和加速半成品收发的凭证计价和记账工作；半成品成本差异率如果不是按半成品品种，而是按类计算，更可以省去大量的计算工作；如果月初半成品存量较大，本月耗用的半成品大部分甚至全部是以前月份生产的，本月所耗半成品成本差异调整也可以根据上月半成品成本差异率计算。

第二，便于各步骤进行成本的考核和分析。按计划成本结转半成品成本，在各步骤的产品成本明细账中，可以分别反映所耗半成品的计划成本、成本差异和实际成本，因而在分析各步骤产品成本时。可以剔除上一步骤半成品成本变动对本步骤产品成本的影响，有利于分清经济责任，考核各步骤的经济效益。如果各步骤所耗半成品的成本差异，不调整计入各步骤的产品成本，而是直接调整计入最后的产成品成本，不仅可以进一步简化和加速各步骤的成本计算工作，而且由于各步骤产品成本中不包括上一步骤半成品成本变动的影响，因而更便于分清各步骤的经济责任，考核和分析。

3. 成本还原

从企业角度分析和考核产品成本的构成和水平很重要。因此，在管理上要求从整个企业角度考核和分析产品成本的构成和水平时，还应将综合结转算出的产成品成本进行成本还原。所谓成本还原，就是从最后一个步骤起，把所耗上一步骤半成品的综合成本还原成原来的成本。

（1）计算还原分配率 = 本月产成品所耗上一步骤半成品成本合计 ÷ 本月所产该种半

成品成本合计。

（2）还原分配率分别乘以本月所产该种半成品各个成本项目的费用可得还原后的各个具体费用。

（3）还原前的与还原回的各项费用分别相加可得还原后产成品的各项耗费及单位成本。

（三）分项结转分步法

1 分项结转法

是将各生产步骤所耗半成品费用，按照成本项目分项转入各该步骤产品成本明细账的各个成本项目中。如果半成品通过半成品库收发，那么，在自制半成品明细账中登记半成品成本时，也要按照成本项目分别登记分项结转，可以按照半成品的实际单位成本结转；也可以按照半成品的计划单位成本结转，然后按照成本项目分项调整成本差异。

2．分项结转法程序

以前述逐步结转分布法中甲产品的产品成本资料，说明分项结转法的成本计算程序：

（1）根据第一车间甲产品成本明细账，第一车间半成品交库单和第几车间半成品领用单登记半成品明细账；

（2）根据各种生产费用分配表，第二车间半成品领用单，自制半成品明细账，第二车间产成品交库单和第二车间在产品定额成本资料，登记第二车间甲产品成本明细账。

第三节　标准成本控制管理

一、标准成本概论

（一）标准成本的概念

标准成本是经过仔细调查、分析和技术测定而制定的，在正常生产经营条件下应该实现的，因而可以作为控制成本开支、评价实际成本、衡量工作效率的依据和尺度的一种目标成本，也称应该成本。标准成本是按正常条件制定的，并未考虑不能预测的异常变动，因而具有正常性。标准成本一经制定，只要制定的依据不变，不必重新修订，所以具有相对的稳定性。采用标准成本时，成本预算应按标准成本编制，因此标准成本同预算成本没有质的差别，两种名称常常混用。

（二）标准成本的作用

标准成本的作用有：一是在领料、用料、安排工时和人力时，均以标准成本作为事前和事中控制的依据。二是标准成本的客观性和科学性使它具有相当的权威性。三是采用标准成本，有利于责任会计的推行。标准成本不仅是编制责任成本预算的根据，也是考核责任中心成本控制业绩的依据。四是标准成本是价格决策和投标议价的一项重要依据，也是其他长短期决策必须考虑的因素。五是采用标准成本有利于实行例外管理。六是在产品、产成品和销货成本均以标准成本计价，可使成本计算、日常账务处理和会计报表的编制大为简化

（三）标准成本的种类

对于应制定怎样的标准成本，众说纷纭。他们提出了许多不同的或大同小异的各种标准成本，这里只介绍其中理想标准成本、正常标准成本和现实标准成本三种。

1.理想标准成本

理想标准成本是以现有生产经营条件处于最佳状态为基础确定的最低水平的成本。也就是在排除一切失误、浪费和耽搁的基础上，根据理论上的生产要素耗用量、最理想的生产要素价格和最高的生产经营能力利用程度制定标准成本；这种标准成本要求过高，会使职工因感到难以达到而丧失信心。

2.正常标准成本

正常标准成本是根据正常的耗用水平、正常的价格和正常的生产经营能力利用程度制定的标准成本。也就是根据以往一段时期实际成本的平均值，剔除其中生产经营活动中的异常因素，并考虑今后的变动趋势而制定的标准成本。

3.现实标准成本

现实标准成本是在现有生产技术条件下进行有效的经营管理的基础上，根据下一期最可能发生的生产要素耗用量、价格和生产经营能力利用程度制定的标准成本，也称可达到标准成本。这种标准成本可以包含管理当局认为有时还不可避免的某些不应有的低效、失误和超量消耗，最切实可行，最接近实际的成本，因此既可用于成本控制，也可用于存货计价。在经济形势变化无常的情况下，这种标准成本最为适用对许多在高度竞争产业中求生存的企业来说，理想标准可以适当地激励工人们去发挥超常努力，然而，如果多次不能达到标准而使雇员们沮丧，理想标准就没有效果。相反的，当期可实现标准则会允许低效率在大多数企业从事经营活动的激烈竞争环境中，这种允许在战略上是不明智的。理想标准预示着最高成就的业绩表现，任何对理想标准的偏离都意味着不完美，对企业来说是不可取的。当今动荡和高度竞争环境要求所有企业定期重新检查一下标准，并保持连续的改进。新技术、设备及生产流程经常使现行的标准不再适用。

（四）制定标准成本的原则

这里要讲的实际上是制定单位产品标准成本（即成本标准）及其各项依据的原则。可供参考的原则有以下几个：

1.以平均先进水平为基础

标准成本应该制定在平均先进的水平上，以便只要努力就能达到，甚至超过。这样可以鼓励职工满怀信心地挖掘降低成本的潜力。

2.充分利用历史资料

制定标准成本必须依据历史成本资料。当需得到可靠和精确的数据时，制造类似产品的历史数据就是确定一项经营活动的标准成本的一条佳径。当确定标准的数据缺少或不充分，且通过作业分析或其他可选择方法确定标准的成本高出限度时，企业可能会使用历史数据来构建标准。

通过仔细分析制造产品或执行作业的历史数据，管理者加以确定营业活动的适当标准。通常的做法是利用一项业务活动平均或中间历史数据作为这项活动的标准。然而立志出类拔萃的企业会使用过去的最好业绩作为标准。在确定标准方面，历史数据的分析通常要比作业分析的耗费小得多。然而，依靠过去的标准会带有偏见性，并会承继过去的低效率。因此，还应预测经济形势的动向，供需市场的变动，职工熟练程度的提高，改革技术和改进某些规章制度的预计效果等因素，在历史水平的基础上做适当的调整。

3.实行全员参与的原则

标准成本基本上是生产要素的耗用量与单价相乘之积，因此在制定标准成本时除需要管理会计人员收集和整理资料，并参与整个制作过程以外，离不开工程技术人员的研究和测定，材料价格和工资率的确定离不开采购人员和劳动工资管理人员的调查和预测。但他们往往有要求从宽的偏向，所以通过同他们的反复商议，最有由上级管理当即拍板定案，也是十分必要的。

4.可供参考的其他几个因素

企业通常从数条途径来决定它们经营活动的适当标准。这些途径包括作业分析、其他同类企业的标准（即技术标杆）、市场期望（目标成本）以及战略决策。

（1）作业分析

作业分析是指对完成一项工作、工程或业务活动所需的确认、描述和评价的过程。一项完整的作业分析包括有效完成此项任务所需的所有输入因素和作业活动。这项分析需要来自不同职能部门人员的加入。因为每种产品都不相同，产品技术人员需要详细确认产品的组成部分。以企业的设施、设备及产品的设计基础，工业设计人员在分析完成该工作和产品所需的步骤和流程

（2）标杆

制造商协会通常收集产业信息并掌握管理者可用来确定经营标准的数据，与不属同一产业，但却与该产业有类似经营活动的其他企业的实际数据，也可以作为确定该产业标准的较好依据。

近年来，许多企业不满足于利用同一产业内企业，而是采用任意企业的最佳经营业绩作为标准。利用标杆的好处在于企业以各地的最好业绩作为标准。使用这样的标准有助于企业在当今全球竞争中保持较强竞争力，定期检验其基准并与全球最好业绩相比较，公司能持续在经营上压倒竞争对手。

（3）市场期望与战略决策

市场期望与战略决策通常在标准确定方面发挥重要的作用，尤其是对使用目标成本的企业。当售价是企业可以或期望售出产品的固定价格时，标准成本就指产生产品期望贡献毛益的成本。

战略决策也对产品的标准成本产生影响。追求持续改进和零缺陷战略决策要求企业在最具挑战性的水平下不断地确定产品的标准

二、标准成本的制定

标准成本的制定通常只针对产品的制造成本，不针对期间成本。对管理成本和销售成本采用编制预算的方法进行控制，不制定标准成本。由于产品的制造成本是由直接材料、直接人工和制造费用三部分组成，与此相适应，产品的标准成本也就由上述三部分组成。

（一）直接材料标准成本的制定

直接材料标准成本，是由直接材料用量标准和直接材料价格标准决定的。材料用量标准是指生产单位产品所耗用的原料及主要材料的数量，即材料消耗定额。它包括构成产品实体和有助于产品形成的材料，以及必要的损耗和不可避免地形成废品所耗用的材料。

材料价格标准是指采购某种材料的计划单价。它以订货合同价格为基础，并考虑各种变动因素的影响，包括买价、采购费和正常损耗等成本。制定材料价格标准时，也应按各种材料分别计算，各种材料价格标准通常由财会部门根据供应采购部门提供的计划单价分析制定。

（二）直接人工标准成本的制定

直接人工标准成本，是由直接人工用量标准和直接人工价格标准决定的。人工用量标准即工时用量标准，它是指在现有工艺方法和生产技术水平条件下。生产单位产品所耗用的生产工人工时数，也成为工时消耗定额。制定工时用量标准时，应按产品的加工工序和生产部门分别计算备工序工时用量标准，由生产技术部门制定。

（三）制造费用标准成本的制定

制造费用标准成本，是由制造费用用量标准和制造费用价格标准决定的。

制造费用用量标准，它与上述直接人工用量标准的制定相同。

制造费用价格标准即制造费用分配率标准，它是指每一标准工时应分配的制造费用预算总额。它可按下列公式计算：

$$制造费用分配率标准 = 制造费用预算总额 / 标准工时总数$$

（四）单位产品标准成本的制定

在某种产品的直接材料标准成本、直接人工标准成本和制造费用标准成本确定后，就可以直接汇总计算单位产品标准成本。汇总时，企业通常要按各种产品设置"产品标准成

本卡"，列明各成本项目的用量标准、价格标准和标准成本。采用变动成本法计算时，单位产品标准成本由直接材料、直接人工和变动性制造费用三个成本项目组成；而采用完全成本法计算时，单位产品标准成本除上述三个成本项目外，还应包括固定性制造费用。

三、成本差异的计算与分析

成本的日常控制，是指成本形成过程中通过对实际发生的各项成本和费用进行控制和监督，以保证原定的目标成本得以实现的管理活动管理会计是通过标准成本的编制来规划成本的，但是在日常经济活动中往往由于种种原因，实际发生的成本数额与预定的标准成本出现差额，这种差额就叫成本为了实现对成本的控制，首先应该计算实际成本偏离标准成本的具体数额（即算成本差异），并在此基础上分析差异形成的原因，以便及时采取相应的对策进行必要的矫正，以保证成本目标的实现

（一）直接材料成本差异的计算与分析

直接材料成本是由直接材料价格和直接材料用量两部分构成的，因此，直接材料成本差异的计算包括直接材料价格差异和直接材料用量差异两部分的计算

1.直接材料价格差异的计算

直接材料价格差异是由于实际直接材料价格脱离标准价格而形成的差异，其计算公式为：

直接材料价格差异＝（实际用量 × 实际价格）–（实际用量 × 标准价格）＝实际用量 ×（实际价格 – 标准价格）

2.直接材料用量差异的计算

直接材料用量差异是实际材料用量脱离标准用量而形成的差异，其计算公式为：

直接材料用量差异＝（实际用量 × 标准价格）–（标准用量、标准价格）

3.直接材料成本差异分析

（1）直接材料价格差异的分析。直接材料价格差异是由于进行材料采购时实际支付的价款与标准支付金额之间的差额形成的。材料价格差异的形成通常有以下几种情况：由于材料调拨价格变动或由于市场供求关系的变化引起价格的变动；由于客户临时订货而增加的紧急采购，致使采购价格和运输费用上升；订货数量未到应有的经济订货量；运输安排不合理，中转期延长，增加了运输费用和途中损耗或由铁路运输改为空运，形成不必要的浪费；在保证质量的前提下，购入替代材料，降低了采购价格和采购费用；市场调查不充分，造成采购舍近求远，增加了材料运费。

采购部门专门负责对外采购生产需要的材料物资，以保证生产经营活动的正常需要。例如，由于生产上的临时需要而进行的紧急订货，或由于客观因素造成的运输延误，不得不由铁路运输临时改为空运，因此而增加的采购费用属于不可控因素。在分析直接材料价格差异时，只有查明原因，才能真正分清责任归属，以便有针对性地采取措施加以改进，降低材料成本。

（2）直接材料用量差异的分析。材料用量差异取决于实际用量与标准用量之间差异的性质和程度。材料用量差异的形成原因也是多方面的。比如：约用料而造成损失；工人违反操作规程或出现机器故障而形成材料消耗超标；仓储部门保管不当，造成材料损坏变质；产品设计根据用户要求做出调整，但材料用量标准未做相应调整；更换机器设备使材料用量变更；由于新产品投产，工人操作技术不熟练。

（二）直接人工成本差异的计算与分析

直接人工成本差异，是指直接人工实际成本与而直接人工标准成本之间的差额。由于直接人工成本是由直接人工工时用量和工资率所决定的。因此直接人工成本差异也包括工资率差异（价格差异）和直接人工工时用量差异（效率差异）两部分。

1. 直接人工工资率差异的计算

直接人工工资率差异 =（实际工时 × 实际工资率）–（实际工时 × 标准工资率）

2. 直接人工效率差异的计算

直接人工效率差异 =（实际工时 × 实际工资率）–（标准工时 × 标准工资率）

3. 直接人工成本差异分析

通过计算确定了直接人工工资率差异和效率差异，对这两种差异产生的原因还需要做进一步的分析。

（1）直接人工工资率差异分析。工资率差异产生的原因主要有以下几个方面：工资制度和工资级别的调整；工资计算方法的改变，计件工资改为计时工资；由于立品工艺过程和加工方法的改变而调整工种结构。工资率差异的产生一般应由生产部门负责，但是在实际工作中往往会出现由于工作安排不当而形成工资率差异。

（2）直接人工效率差异分析。直接人工效率差异的方向和大小取决于实际工时与标准工时之间差异的性质和程度。直接人工效率差异产生的主要原因有以下几个方面：劳动生产率提高或降低；产品工艺过程和加工方法的改变，未能及时调整工时标准；生产计划安排不合理，造成窝工；燃料动力供应中断，造成停工。

（三）制造费用成本差异的计算与分析

制造费用成本差异是制造费用实际发生额和制造费用预算之间的差额，一般按变动性制造费用差异和固定性制造费用差异分别进行计算和分析。

1. 变动性制造费用成本差异的计算

变动性制造费用差异，是指实际变动性制造费用和标准变动性制造费用之间的差额。它是由变动性制造费用耗费差异和变动性制造费用效率差异构成的。

（1）变动性制造费用耗费差异的计算。变动性制造费用耗费差异，是指实际发生额脱离按实际工时计算的预算额而形成的差异。其计算公式为：

变动性制造费用耗费差异 = 实际发生额 – 按实际工时计算的预算额 = 实际工时 × 变动性制造费用实际分配率 – 变动性制造费用标准分配率

（2）变动性制造费用效率差异的计算。变动性制造费用效率差异，是指实际工时脱离标准工时而形成的差异。其计算公式为：

变动性制造费用效率差异 =（实际工时—标准工时）× 变动性制造费用标准分配率

变动性制造费用成本差异 = 变动性制造费用耗费差异 + 变动性制造费用效率差异

2 变动性制造费用成本差异分析

确定变动性制造费用成本差异额，对差异产生的具体原因还需要进一步进行分析。变动性制造费用耗费差异的产生，主要是由于有关各项费用的实际分配率与标准分配率不一致而引起的。

变动性制造费用耗费差异形成的原因主要有以下几个方面：制定预算时考虑不周而使预算数额制定不准确；间接材料价格变化；间接材料质量不合格而导致用量增加；间接人工工资率调整；间接人工人数调整；其他费用发生变化。变动性制造费用耗费差异的责任归属应进行具体分析，如预算数额制定不准确、材料采购价格变化、间接人工工资率调整、其他费用控制不严等，应分别由财务部门、采购部门、人事部门、生产部门等承担责任，以明确责任归属。

3．固定性制造费用成本差异的计算

（1）双差异计算法。这是将固定性制造费用成本差异分为耗费差异和能量差异两部分进行计算的方法。固定性制造费用耗费差异，是指实际固定性制造费用总额与固定性制造费用预算额之间的差异。其计算公式为：

固定性制造费用耗费差异 = 固定性制造费用实际开支额 − 固定性制造费用预算额

固定性制造费用能量差异 = 固定性制造费用分配率 ×（产能标准总工时 − 实际量标准工时）

固定性制造费用成本差异 = 固定性制造费用耗费差异 + 固定性制造费用能量差异

（2）三差异计算法。这是将固定性制造费用成本差异分为耗费差异、生产能力利用差异和效率差异三部分进行计算的方法。固定性制造费用耗费差异，是指实际固定性制造费用总额与制造费用预算额之间的差异。其中生产能力利用差异，是指在标准分配率下实际工时脱离生产能力标准总工时而产生的成本差异；效率差异是指在标准分配率下实际工时脱离标准工时而产生的成本差异。其计算公式为：

固定性制造费用耗费差异 = 固定性制造费用实际开支额—固定性制造费用预算额

固定性制造费用生产能力利用差异 = 固定性制造费用标准分配率 ×（产能标准总工时 − 实际工时）

固定性制造费用效率差异 = 固定性制造费用标准分配率 ×（实际工时 − 实际产量标准工时）

固定性制造费用成本差异 = 固定性制造费用耗费差异 + 固定性制造费用生产能力利用差异 + 固定性制造费用效率差异

4 定性制造费用成本差异分析

确定了各项固定性制造费用的成本差异以后，对固定性制造费用成本差异产生的原因应根据具体情况进行分析。

（1）造成固定性制造费用耗费差异的主要原因有以下几个方面：管理人员工资的变动；固定资产折旧方法的改变；修理费开支数额的变化；租赁费、保险费等项费用的调整；水电费价格的调整；其他有关费用开支数额发生变化。耗费差异责任应由有关的责任部门负责。

（2）形成能量差异的原因主要有以下几个方面：原设计生产能力过高，生产不饱满；因市场需求不足或产品定价策略问题而影响订货量，造成生产能力不能充分利用；因原材料供应不及时，导致停工待料；机械设备发生故障，增加了修理时间；能源短缺，被迫停产；操作工人技术水平有限，未能充分发挥设备能力。

第四节　目标成本管理

一、标成本管理的特点

标成本管理不同于目标成本。目标成本作为企业一项重要的经营管理目标是现代成本概念之一，是目标概念和成本概念的统一，同时兼有目标属性和成本属性两重属性。它一般包括三个相互联系的方面：目标成本、单位产品成本目标、成本降低目标。作为成本概念，它是企业作为奋斗目标和控制指标而预先制定的低于目前成本和经过努力去实现的成本。它具体是指企业在生产经营活动中，把成本目标从企业目标体系中抽取和突出出来，围绕成本目标开展各项成本管理活动和其他管理活动，用它来指导、规划和控制成本的发生和费用的支出，借以达到提高经济效益的目的。可见，它是一种有效地降低成本，提高企业经济效益的手段，是一种科学的现代成本管理方法。综上所述，目标成本和目标成本管理两者是辩证统一的关系。

目标成本管理是目标管理与成本管理的统一，作为一种现代成本管理方法，它的特点是由目标管理的特点决定的。因此它具有以下特点和要求。

（一）面向未来的成本管理

要求企业的成本管理必须有个明确的成本奋斗目标或成本控制指标，把成本管理工作的重点放在企业未来产品成本的降低上，围绕成本的降低扎扎实实地开展目前的成本管理工作，通过对成本发生和费用支出过程的有效控制，保证成本目标的实现。

（二）超前型的成本管理

即要求企业的成本管理，在事先必须进行成本的科学预测和可行性研究，制定出正确的成本目标，并依据成本目标进行成本决策和成本计划，制定最优的成本方案和实施措施，预先考虑到成本变动的趋势和可能发生的情况，提前做好准备和安排，采取妥善的预防性措施，从而把成本的超支和浪费消灭在成本发生之前。

（三）积极主动性的成本管理

即要求企业的成本管理必须充分调动成本管理人员、其他各级管理人员以及一切与成本发生有关的人员的积极性、主动性、创造性，使他们积极主动地围绕成本目标的实现，主动地控制和消灭超支或浪费现象的发生。尤其是企业高层管理人员和成本管理专业人员，要为开展调查研究，及时发现问题和解决问题，敢于开拓创新，主动正确指导成本管理工作的开展，为下级人员创造和提供成本降低的条件，这样才能使目标成本的实现成为现实。

（四）全面性的成本管理

即要求企业的成本管理必须实行全环节、全过程和全体人员参加的成本管理。因为产品成本是企业的一项综合性经济指标，它的形成贯穿于企业生产经营活动的全过程，与企业所有部门、单位和工作人员的工作质量有关。因此要使目标成本实现就必须做到：①实行成本管理各环节相统一的管理。即围绕目标成本认真做好成本预测、决策、计划、控制、分析、考核、核算工作，使这些成本管理的环节相互衔接，相互保证；②实行企业内部全过程、全方位的成本管理。即围绕目标成本对产品成本形成的全部过程进行管理，控制到每个阶段、每个方面的成本发生情况改变过去那种只重生产、销售阶段的单一过程的成本管理；③实行企业内部各单位全体人员都参加的成本管理。即围绕目标成本，动员企业各级、各部门、各单位以及每个岗位上的工作人员都来参与成本管理工作，不仅厂部、会计部门和专职成本管理部门要参加，增强每个人的成本意识和观念，改变过去那种只由成本专职管理人员参加，缺乏全员参与监督意识的成本管理。

（五）系统性的成本管理

即要求企业在成本管理中，要以系统论的原理来指导成本管理工作。因为目标成本是企业系统整体功能作用发挥的未来结果，要实现目标成本，就要协调好企业系统内部各子系统、各要素之间的生产技术关系和人际关系，保证各个系统要素对成本控制作用的充分发挥，改善过去那种无系统整体观念，不注重协调配合的成本管理。

（六）民主型的成本管理

即要求企业在成本管理中制定的目标成本必须先进可行，制定目标成本要由群众参与，上下协商，目标成本的分解、落实要与经济责任制相结合，使每个人既有明确的成本控制方向和任务，又有确定的成本责任，还要有相应的物质利益作动力。

（七）重视效益的成本管理

即要求企业在成本管理中，必须把提高或保证效益作为成本管理工作的出发点和归宿。因为成本反映企业的消耗水平，直接决定着企业的经济效益，因此，目标成本管理工作，必须以提高效益为指南，注重成本效益分析，把提高经济效益放在突出位置，用实际成果、贡献来评价、衡量各部门、人员的工作。

最后，目标成本管理还是一种综合性的成本管理。即它能够综合地运用各种成本管理理论和方法以及其他有关的管理理论和方法，吸收和利用这些理论和方法来为目标成本管理服务，保证目标成本的实现。如依据现代成本概念科学划分成本性态，按成本性态实行分级管理；与全面成本管理、责任成本管理、质量成本管理、计划（定额）成本管理等有机结合起来，共同为实现目标成本服务；引进经济数学模型，使目标成本管理实现定量化；应用电子计算机技术，建立成本信息反馈系统，使目标成本管理手段现代化等等。

二、目标成本的预测

目标成本管理作为一种综合性、全局性、关键性的成本管理，其内容包括目标成本管理过程中目标成本的预测和确定，实施与控制，考核与总结四个阶段的工作和一些必要的基础性工作。其中，目标成本的测定是目标成本管理的第一步工作和首要环节，是目标成本分解与落实，实施与控制，分析与考核的前提。

（一）目标成本预测的特点

目标成本的预测，是指对企业在未来一定时期应以何种成本水平为适宜目标所进行的预测，它与一般的成本预测相比，既有联系，又有区别，即具有自己的特点。二者虽然都要依据各种因素的变动与成本变动的因果关系，全面分析各种因素对成本的影响方向及其程度，对未来一定时期的成本变动趋量和水平做出预见。但目标成本的预测更注重充分考虑，更注重研究企业内部的各种潜力和采取各种主动降低成本措施的可能及影响。一般成本预测的结果只是未来一定时期成本变动的一般趋势和水平，只是为制定一般的成本计划提供依据；而目标成本的预测，则是要在一般成本预测的基础上，进一步测算出未来一定时期经过主观努力使成本变动可能达到的理想水平或最佳水平，目标成本的预测虽然要运用成本预测的一般方法，但在运用中又带有自己的特点，并且还具有自己的一些独特方法。

（二）目标成本预测的目的

目标成本预测的目的主要有以下两个方面：

（1）目标成本预测的直接目的是测出目标成本考值，为目标成本的最后确定提供基础依据。

（2）目标成本预测的间接目的是找出差距，挖掘潜力，拟出措施，为目标成本的实施与控制以及实现奠定基础。目标成本预测的过程，同时就是针对有关因素找差距、挖潜力、想措施的过程，这是由目标成本预测的特点决定的。

（三）目标成本预测的内容

目标成本预测的内容有广义与狭义之分。广义地说，它不仅包括对各种直接间接因素对成本变动影响的预测，对成本项目和总成本变动趋势及水平的预测以及在上述预测基础上进行的目标成本本身数据的预测，而且也包括对各种因素本身变动情况的预测。就目标成本本身的数据预测来说，主要包括以下几个方面：

（1）目标总成本的预测。

（2）单位产品目标成本的预测。

（3）成本降低目标的预测。

以上三个方面互相联系，互相制约，再加上据此进行的基础性预测，共同构成一个有机的完整的目标成本预测内容体系。本书只是对狭义的预测内容进行阐述。

（四）目标成本预测的步骤和方法

目标成本的预测在广泛调查、收集、整理、分析企业历年成本资料和国内外有关资料的基础上，一般要分以下几个步骤进行：

（1）明确预测的目的、内容和要求。

（2）确定上述三种目标的预测次序。在预测时，可根据具体情况和资料，或先预测目标总成本，然后预测单位产品目标成本，再预测成本降低目标。但一般来说，要按第一种次序进行。

（3）根据预测目标和资料，选择适当的预测方法。

（4）按照次序，利用资料和应用选定的方法（有的方法要建立数学模型）进行实际的预测。

（5）分析和估计每种目标的预测误差，修改初步预测值，或修改、补充原来的预测模型，重新进行预测。

（6）初步确定各项目标成本值，并写出预测报告。

目标成本无论哪个方面的预测，都必须借助于适当的科学方法来进行。方法选得是否适当，运用得是否正确，是保证预测结果符合要求的重要前提。各个企业在实际预测时，都要根据自己的生产经营特点，具体情况和掌握的实际资料，按照预测期限的长短和准确程度的要求以及费用的多少综合加以选择。因为就每一种预测的方法来说，都有自己的适用范围条件及优点，然后对各种方法得出的数据进行对比、验证、选择或权衡统一，所应用的各种预测方法综合构成了目标成本预测方法体系。

三、目标成本的分解

从大的方向而言，在考虑目标成本的分解时，应结合考虑其落实。因为目标成本的分解与落实紧密相连，前后相随，分解是落实的手段和前提，落实是分解的目的和最后结果，两者统一构成目标成本管理的一个中间环节。因此，这里仅以分解为主体进行阐述。

（一）目标成本分解的内涵与意义

所谓目标成本的分解，就是将上一阶段测定的目标成本值（即目标总成本、单位产品目标成本和成本降低目标的数额），按照一定的要求，采用一定的形式和方法，进行科学的划分、解剖和展开，化"大"为"小"，使之具体化、细小化、单元化，尽可能地变为若干较小的分、子目标，从而形成一个由相互联系、相互制约的分、子目标构成的有机的目标成本体系，更好地完成和实现对目标成本全面、具体的控制、分析和考核。

（二）目标成本分解的原则

1. 要按照整分合原则和协调平衡的原则来进行

一方面分解前要以测定的目标成本值为对象，另一方面分解之后又要保证各分、子目标之和与被分解的目标成本值相等；同时分解之后仍要保证目标总成本，单位产品目标成本和成本降低目标三者之间的平衡。最后，要做到上下各级、各个目标的综合平衡。

2. 要根据成本的具体内容制订

尽量将目标成本分解到最小单元或单位，即分解要做到底到边，直到不便再进行分解为止。这样，才有利全面、具体的落实，更好的控制、分析和考核；相反，该分的没分，或分得不细、不透彻，落实起来就比较困难，控制、分析和考核也达不到应有的力度。

3. 要按照目标和目标成本特性的要求

使分解的分子目标同样具有目标和目标成本的特性。

4. 要结合企业产品生产、技术和经营管理的特点来科学地选择分解的具体依据和方法以及分解的层次和分解后分、子目标数量的多少

总之，分解要考虑到落实、控制、分析和考核的要求和需要，要便于责任划分，使分解的分、子目标个个都能得到落实；要有利于实施、控制、分析和考核使分解的各分、子目标能真正成为它们的依据和标准。

第五节　责任成本管理

一、责任成本制度

（一）责任成本的作用

随着企业经营的日益复杂化和多样化，企业大型化、跨国化和多角经营化的趋势越来越明显，致使企业内部的经营管理日趋复杂。在行为科学管理理论的影响下，许多企业实行了某种形式的分权管理制度，即将决策权随同相应的责任下放给基层经理人员，而最高层管理者就可将有限的时间和精力集中于企业最重要的战略决策。实施分权管理的好处有：信息的专门化。这是指由于信息的专门化使企业的高级管理层在分享下级部门的信息时遇到了更多的困难：下级管理人员要将其拥有的所有相关信息都传递给高级管理层非常困难，高级管理层要完全了解其信息和做出正确判断同样也是非常困难的。因为许多由观察得到

的信息是很难数量化的，甚至难以用语言表达；反应的迅速化。

企业越是下放经营管理权，越要加强内部控制。于是很多大型企业将所属各级、各部门按其权力和责任的大小划分为各种成本中心、利润中心和投资中心等责任中心，实行分权管理，其结果是各分权单位之间既有自身利益，又不允许各分权单位在所有方面像一个独立的组织那样进行经营。因此，如何对分权单位的经营业绩进行计量、评价和考核，就显得尤为重要，责任成本制度就是为了适应这种要求而在企业内部建立若干责任单位、并对他们分工负责的经济活动进行规划、控制、考核和评价。

分权管理的使各分权单位之间具有某种程度的互相依存性，主要表现在各分权单位间的产品或劳务的相互提供；同时分权单位有时为了自身的利益，有可能采取些有损于其他分权单位甚至整个企业利益的行为。责任成本正是企业加强内部控制的一个有效工具。它是根据授予基层单位的权力和责任以及对其业绩的计量、评价和考核方式，将企业划分成各种不同形式的责任中心，并建立起以各责任中心为主体，以责、权、利相统一的机制为基础，通过信息的收集、加工和反馈而形成的企业内部严密的控制制度。

责任成本在企业内部控制中的作用有：为评价和考核企业职工的工作成果提供了一个可靠的基础。责任成本核算体系既能有效地、自上而下地对各责任中心的责任行为实施控制，也能使各责任中心在责任预算指导下和完成预算所获经济利益的激励下，通过对责任预算执行过程的核算，对发生的偏差及时进行调整，实施自我控制，而且企业还可以依据各责任中心对各自责任预算完成情况的好坏对其进行奖罚，公平合理地评价和考核各责任中心的工作业绩；有利于企业各基层部门与企业整体目标协调一致。为了防止此弊端实施责任成本制度就成为分权管理在企业顺利推行的必要条件，以保证各基层单位与企业整体目标协调一致，圆满地实现企业总目标；有利于应用例外管理原则。责任成本可以提供责任预算执行情况的"业绩报告"。企业内部经济责任制，就是要明确企业内部各管理层次应承担的责任，同时赋予与之相应的权力，并将其责任的履行情况同经济利益相联系。为此，一方面要建立激励机制，实行分权管理；另方面要建立约束机制，实行责任成本。

（二）责任成本的主要内容

责任成本既是会计资料同责任中心紧密联系起来的信息系统，也是强化企业内部管理所实施的一种内部控制制度。企业实行责任成本的具体形式会有所差别，但主要内容都包括以下几个方面：

建立责任中心。实行责任成本，首先应根据企业组织结构的特点，按照分工明确、权责分明、业绩易辨的原则，合理灵活地划分责任中心，使各责任中心在企业所授予的权力范围之内，独立自主地履行职责，并以责任中心作为责任成本的核算对象。

编制责任预算是企业全面预算按责任中心的合理分解、落实和具体化，作为责任中心开展日常经营活动的准绳和评价考核其工作业绩的基本标准。业绩考核标准应当具有可控性、可计量性和协调性等特征为此责任预算应既先进又可行，既全面又有重点，使之真正成为责任中心的奋斗目标和完成企业全面预算的基础。

进行责任控制各责任中心在执行责任预算的过程中，一方面应实行自上而下的控制，上级责任中心对所属的下级责任中心进行全面控制；另一方面各责任中心应进行自我控制。

建立健全责任成本核算制度。为了对责任中心进行有效控制，必须建立一套完整的日常记录、核算和考核有关责任预算执行情况的信息系统，及时报告责任中心执行责任预算的情况，并针对预算执行差异进行调查分析，迅速采取有效措施加以纠正，即进行反馈控制为此，企业要有一套完整的责任成本核算制度，以保证控制所需信息的相关性、适时性和准确性由于不同责任中心的控制范围不同，因而各责任中心的核算内容和核算方法亦有所不同。

进行责任考核。根据业绩报告，对照责任预算，找出差异，调查分析产生差异的原因，判明责任，奖惩分明。通过对责任中心工作成果的评价考核，总结成功的经验，揭示存在的不足，为编制下一任期预算提供资料。为此，企业必须制定一套完整、合理和有效的奖惩制度，以适应责任考核，并有助于实现责任中心权、责、利的统一。

企业内部各责任中心是互相联系的。在处理相互经济关系时，应公平合理视同仁，才能起到应有的激励作用。在编制责任预算时，避免由于内部转移价格制定不当而导致不能体现"等价交换"的状况；在制定奖惩措施时，使各责任中心都感到目标是公正合理的、可实现的，经过努力完成目标后所得到的奖励与报酬同所付出的劳动相比是值得的，避免因奖惩不公平而挫伤企业职工的积极性与创造性的现象。

为了保证企业和责任中心对各自生产经营活动的有效控制，有关负责人需要及时掌握责任执行情况的准确信息，以便对发生的执行差异做出及时、恰当的调整，加强对责任中心的控制，使各自的目标最终得以实现。

各有关负责人应将有限的精力和时间用于对各责任中心在履行责任时发生的重点、"例外性"差异的调查、分析和控制上，以收到事半功倍之效。这与成本效益原则是一致的，因为责任成本本身也应讲究成本效益的有机统一。应针对差异的性质，采用经验估计法或数理统计法来确定？若差异虽未超过预定的界限，但经常在这一界限上下徘徊，也应加以重视。因为此类差异的频频发生，不是反映控制不严，就是说明预算已经过时。不论属于哪一种情况，都应查明原因，及时纠正，加以控制。符合例外管理原则的差异，还必须是责任中心能加以控制的，否则也不必视为例外管理项目。

二、责任中心

（一）成本中心

1 成本中心的定义

成本中心是指有权发生成本或费用并对其负责进行控制的部门，成本中心的工作成果不会形成可以用货币计量的收入，或其工作成果不便于或不必进行货币计量，而只计量和考核发生的成本或费用。成本中心的职责就是以最低的成本费用按质按量按时去完成预定的具体任务。一个成本中心可以由若干个更小的成本中心所构成。

2 成本中心的分类

第一、根据范围分：

（1）生产车间。生产车间包括基本生产车间和辅助生产车间。在不同的企业中，生产车间的设置原则可能有所不同，管理权限也会有所差别，因此生产车间定为何种责任中。

据具体情况来确定。不过生产车间通常只发生生产耗费，不取得收入，而且不拥有供、产、销等方面的权限，因而一般可以定为成本中心。

（2）仓库。包括材料仓库、半成品仓库和产成品仓库。这些仓库分别负责各自对象的收、发、保管业务。其共同的特点是既要占用一定的资金，也会发生一些费用。

（3）管理部门。这里所说的管理部门是指企业的大多数职能部门，包括供应部门、生产部门、会计部门等等。其共同特点是既要对职能履行的结果负责，还要为自身的经费支出负责。从考核的角度讲，对上述职能部门通常只是考核其费用支出的数额，因而它们往往也被称为费用中心。

第二，按管理层次分为：

如果说按管理范围划分成本中心是横向的，那么按管理层次划分则是在横向划分的基础上，对成本中心进行纵向的划分。

（1）车间—班组一个人三级成本中心。如前所述，车间一般应定为成本中心企业在成本方面的目标能否完成，主要是取决于企业内部各车间的工作情况。班组间的基层组织机构，客观上存在着可控成本，所以如有可能，也应作为一级成本中心。班组所负责的责任成本可以进一步分解落实到每一个生产工人，建立以个人为单位的责任中心。

（2）仓库—保管人员两级成本中心。企业的各种仓库分别从属于不同的管理系材料仓库属于供应管理系统；半成品仓库属于生产管理系统；产成品仓库属于销售管理系统。

（3）管理部门—管理人员两级成本中心。对职能管理部门的工作进行量化考核是一项具有相当难度的工作。首先是各职能部门的工作性质有很大差别；其次是各职能部门在行使职能时会出现交叉，尤其是在生产领域。此外，管理人员个人的能力和积极程度有较大弹性，也增加了考核的难度。

第三，根据成本是否明确分为标准成本中心和费用中心。

标准成本中心必须是所生产的产品稳定而明确，并且已经知道单位产品所需要的投入量的成本中心。其典型代表是制造业工厂、车间、工段、班组等。因此，各行业都可以建立标准成本中心。比如银行根据经手支票的多少，医院根据接受治疗的人数多少，快餐业根据售出的盒饭多少等，都可建立标准成本中心。

费用中心适用于那些产出物（工作成果）不能用货币来计量或投入与产出之间没有密切关系的部门。对于费用中心，唯一可以准确计量的是实际费用，而难以通过投入和产出的比较来评价其效果和效率，往往只能根据实际费用与费用预算之间的费用差异来评价考核其工作成绩。但应注意两种情况：一是有些费用中心可能由于工作开展得多和目标完成得好而产生不利差异；二是有些费用中心则可能由于工作不力，敷衍了事而产生了有利差异。

3．成本中心的考核指标

标准成本中心的考核指标，是既定产品质量和数量条件下的标准成本标准成本中心不需要做出价格决策、产量决策或产品结构决策，这些决策由上级管理部门做出，或授权给销货单位做出。标准成本中心的设备和技术决策，通常由职能管理部门做出，而不是由成本中心的管理人员自己决定。因此，标准成本中心不对生产能力的利用程度负责，而只对既定产量的投入量承担责任。如果采用全额成本法，成本中心不对闲置能量的差异负责，他们对于固定成本的其他差异要承担责任。如果标准成本中心的产品没有达到规定的质量，或没有按计划生产，则会对其他单位产生不利的影响。因此，标准成本中心必须按规定的质量、时间标准和计量来进行生产。这个要求是"硬性"的，很少有伸缩余地。

确定费用中心的考核指标是一件困难的工作。由于缺少度量其产出的标准，以及投入和产出之间的关系不密切，运用传统的财务技术来评估这些中心的业绩非常困难。费用中心的业绩涉及预算、工作质量和服务水平。标准成本中心的产品质量和数量有良好的量化方法，如果能以低于预算水平的实际成本生产出相同的产品，则说明该中心业绩良好。一般我们使用费用预算来评价费用中心的成本控制业绩。

由于很难依据一个费用中心的工作质量和服务水平来确定预算数额，一个解决办法是考察同行业类似职能的支出水平。另外一个解决办法是零基预算法，即详尽分析支出的必要性及其取得的效果，确定预算标准。还有许多企业依据历史经验来编制费用预算。越是勤俭度日的管理人员，将越容易面临严峻的预算压力。预算有利差异只能说明比过去少花了钱，既不表明达到了应有的节约程度，也不说明成本控制取得了应有的效果。从根本上说，决定费用中心预算水平有赖于了解情况的专业人员的判断。上级主管人员应信任费用中心的经理，并与他们密切配合，通过协商确定适当的预算水平。

（二）利润中心

1 利润中心的定义

成本中心的决策权力是有限的。标准成本中心的管理人员可以决定投入，但产品的品种和数量往往要由其他人员来决定。费用中心为本企业提供服务或进行某方面的管理。利润中心是指既能控制成本，又能控制销售和收入的责任中心。它不但要对成本、收入负责，而且还要对收入与成本的差额即利润负责，可以说是收入中心，但因企业一般不授予其定价权，因此纯粹的收入中心是不存在的。在一个企业中，利润中心往往处于较高的层次。各利润中心都自成一体，独立经营，但也相互协调，共同实现企业总目标。

利润中心有两种类型：一是自然的利润中心。这种利润中心有产品销售权，能直接对外销售产品或提供劳务，从而取得实际的销售收入，就像一个独立经营的企业一样。这里所说的自然利润中心价格制定权的大小是以企业内部职能如何划分为转移的，而对一个企业来说，理应完全拥有价格制定权。现实的情况是某些企业的包括产品定价权在内的经营决策权并未完全落实。

一般来说，利润中心被看成是一个可以用利润衡量其一定时期业绩的组织单位。但是，并不是可以计量利润的组织单位都是真正意义上的利润中心。利润中心组织的目的是激励下级制定有利于整个公司的决策并努力工作。仅仅规定一个组织单位的产品价格并把投入的成本归集到该单位，并不能使该组织单位具有自主权或独立性。

2．利润中心的考核

对利润中心业绩的评价与考核，主要是通过一定期间实际的利润同责任预算中所确定的预计利润进行比较，并进而对差异形成的原因和责任进行具体剖析，借以对其经营上的得失和有关人员的功过做出全面而公正的评价。

（三）投资中心

投资中心是指既能控制成本和收入，又能对投资进行控制的责任部门，投资中对投资负责的责任中心，而投资的目的在于获取利润，所以投资中心同时也是利润中心。不过利润中心只有短期经营决策权，投资中心则同时拥有短期经营决策权和投资决策权，因此投资中心权力更大，责任也更大，更应注重投资效益，考虑长远的利益。投资中心是分权管理模式的最突出表现。

根据投资中心生产经营活动的特点，通常以投资利润率和剩余收益作为评价考核投资中心经营业绩的主要指标

1 投资利润率

投资利润率是投资中心所获得的利润与投资额之间的比率，其计算公式是

$$投资利润率 = 利润 / 投资额$$

投资中心要提高投资利润率，可以采用不同的策略。一般来说，提高投资利润率的主要途径有如下三条。

（1）增加销售

使销售增加幅度大于费用增加幅度。同时，在资产总额保持相对稳定的前提下，设法增加销售。

（2）降低成本费用

降低约束性固定成本、变动成本及酌量性固定成本。由于约束性固定成本与生产能力形成有关，生产能力一经形成，再想改变它就难了，而变动成本的降低也有难度，因此投资中心经理往往首先要对酌量性固定成本"开刀"，如削减研究与开发费用、职工培训费用、广告费等。

（3）减少资产投资额

减少资产投资额主要通过：一是减少不必要的生产性固定资产占用，如对不需用的固定资产进行适当处理等；二是减少不必要的存货占用；三是尽量压缩非生产性资产占用；四是加快存货周转、应收账款周转等。

用投资报酬率来评价投资中心业绩比较客观，可用于部门之间，以及不同行业之间的比较。投资人非常关心这个指标，公司也十分关心这个指标，用它来评价每个部门的业绩，促使其提高本部门的投资报酬率，有助于提高整个企业的投资报酬率。投资报酬率指标也

有不足，部门经理会放弃高于资本成本而低于部门投资报酬率的机会。

2 剩余收益

剩余收益是绝对数指标，不便于不同部门之间的比较。规模大的部门容易获得较大的剩余收益，而它们的投资报酬率并不一定很高。在这里，我们再次体会到引导决策与评价业绩之间的矛盾。

第十章 解决中小企业财务管理问题的对策

第一节 重视财务管理，增强财务管理意识

一、中小企业管理者要具有创新精神，积极转变观念

著名的管理大师彼得·德鲁克（Peter Drucker）曾经说过，"当今社会不是一场技术革命，也不是一场软件、速度的革命，而是一场观念的革命"。因此，中小企业管理者应积极转变观念，将中小企业的财务管理活动与中小企业的战略发展结合起来。同时，中小企业管理者要敢于突破传统的管理思想和管理方法，勇于接受先进、科学的管理理念，并结合中小企业自身实际，提升财务管理水平；另外，中小企业应选用适合自身发展的财务管理方式。对本中小企业的财务管理、会计核算、资金管理、固定资产管理、预算管理、成本费用管理、内部审计、财务会计报告等制定相应的中小企业规章制度；对于国家相关的财经法律、法规的执行情况，中小企业管理者也要定期或非定期地检查，发现问题要及时纠正，使得中小企业的财务管理更加规范化、制度化。中小企业要改善中小企业的财务管理状况，除了坚持以观念创新为基础外，同时要坚持以制度创新为保证。所以中小企业在财务管理制度方面要建立起一套完整的制度措施，使财务人员的财务工作有章可循，并具备一定的约束力。中小企业领导者首先应当重视加强财务管理制度的建设，明确一个完整的财务制度体系可以帮助中小企业规范各项财务操作，减少人为因素使管理出现问题，加强中小企业对各项资产特别是重要资产的管理和控制，降低中小企业的风险，同时还能够提高中小企业的财务信息质量，提高中小企业财务报表的可信度，为中小企业的顺利发展奠定坚实的财务基础。另外，由于中小企业在人员方面多具有一定的亲缘、血缘或其他关系，会使

财务制度的执行受到一定的阻力。所以中小企业的领导者在制度执行方面一定要具有坚硬的态度，要进行强制执行，不能因为下属是自己的亲戚或朋友就降低制度执行的标准，这样才有利于财务制度约束、控制、监督等职能的发挥，对整个中小企业的正常运转起到良好的保障作用。

二、努力提高中小企业财务人员的专业素质

人才是中小企业生存与发展的关键，中小企业若想在这激烈的竞争中立于不败之地，就必须重视中小企业现有的财务人员的专业素质，并对其进行培训；同时中小企业还应积极努力地引进高素质人才，为中小企业带来更多的效益。为此应从以下方面入手：第一，构建完善的考核和绩效激励机制通过对员工增发股权、红利，将其利益与中小企业的利益统一起来，以调动员工的积极性。同时还可建立权责相结合的管理机制，并运用绩效考核的办法来激发中小企业员工的创造性和开拓精神。第二，建立完善的培训机制中小企业应制定一个完善的培训制度，定期组织财务人员进行业务培训，以提高他们的业务水平，年底给予员工客观公正、全面准确的评价，进行业务考核，竞争上岗。第三，完善中小企业的人才储备系统完善中小企业的人才储备系统是推动中小企业长远发展的补充力量。为此，我国中小企业应结合我国实际情况及中小企业自身特点，建立一套适合自己的人才储备系统。此外，中小企业还可以学习和借鉴国外其他发达国家有关人才管理的先进方式，并形成具有自身特色的人才管理系统，从而吸引更多的人才。

第二节 中小企业可以选择适合自己的财务管理方式

如果中小企业具备了一定的经济实力，能够购买计算机硬件和软件设施，而且其财务人员的专业水平也具有相应的能力，那么中小企业可以运用计算机网络和中小企业软件来对中小企业财务进行科学的管理。这样可以帮助中小企业规范财务操作，提供信息完整的财务资料，并帮助健全中小企业各种管理制度，防止管理漏洞的出现，还可以帮助中小企业各部门明确分工和落实责任，形成相互监督机制，使中小企业能有更好的发展。如果中小企业规模较小，没有实现会计电算化的实力，财务人员素质也比较低，一时难以得到提高，为了提高中小企业整体的财务管理水平，中小企业领导者可以考虑充分利用现在的社会资源，如聘请"公共财务总监"来帮助中小企业有效快速地提高财务管理水平。"公共财务总监"不是一个人，而是在财务管理方面有丰富的财务知识、专业技能和经验的多个人组成的团队，对需要提供专项财务管理服务的出资人和经营者提供帮助。他们的服务对象就是那些出现财务管理缺位、缺少专业财务管理人员的中小企业，还有关注投资财务控制的出资者。其主要的特色不是记账，而是看账，从账面上看出公司存在的问题，然后寻求解决之道。他们不同于一般的会计公司，不进行简单的会计记账工作，而是要对中小企业的财务管理

进行分析并提出具体的改进措施，这样非常有利于小规模的中小企业快速提高财务管理水平。当然从目前来看，利用第三方来管理公司财务，对于不少中小企业来说还不是完全能接受的事。在很多私营中小企业主的眼里，本公司的财务状况几乎相当于老板的个人隐私，至少也视为公司的隐私。但这种"肉烂也要烂在锅里"的想法不仅造成中小企业资金使用效率低下，还造成中小企业管理混乱，难以大规模扩展自己的业务。没有规范的财务管理，中小企业的长远发展就会受到严重的制约，因此中小企业可以考虑从规范、科学管理的角度出发，谋求与"公共财务总监"合作，提高中小企业的财务管理水平。

第三节 创新中小企业财务管理的途径

一、加强财务资料管理

无论是中小企业还是够有大型中小企业、外资独资或合资中小企业，各类中小企业进行财务管理的基础都是财务资料。因此，中小企业应该加强对财务资料的管理，以此创新财务管理的基础，保证财务管理活动始终高校。财务管理资料指的是那些能够运用到财务管理活动中的档案文书和文件，这些资料来源于财务工作的各个方面，例如财务工作人员自身的工作结果、中小企业个部门上报的资金支取和收入报表、中小企业员工流动的成本费用支出等。建议中小企业从以下两个角度进行创新，首先，使中小企业档案管理部门对财务档案进行特别的分类，并提前与会计核算时间提交到财务部门，使这些资料成为中小企业财务工作分析的基础，从而提高财务管理工作的作用范围；其次，将中小企业的财务资料管理信息化，建立财务资料数据库，使数据库资源直接参与财务管理，可以有效地改善中小企业财务资料的管理模式，优化其管理手段，从而提高其管理水平。

二、建立财务管理论坛

对中小企业财务管理进行创新，就必须先使财务管理思想革新。中小企业的财务管理思想落后，是由于中小企业对财务管理工作的实际意义把握不准造成的。对于中小企业管理层来说，财务管理被认为是中小企业管理中的重点，因此不能被赋予他人，可管理者还要求每个员工站在中小企业的角度去履行与财务管理有关的职责，如按时上报部门业绩、进行绿色办公节约中小企业资源和能源等；对于中小企业员工来说，财务管理被认为是管理层的责任，与普通员工无关，很多员工并不了解中小企业的财务管理制度，不理解财务周转的周期性，在必要的资金审批时间过长时还会新生抱怨，这样的思想造成了财务管理思想的落后。中小企业领导者和财务管理工作人员还应该积极主动地参与各地财务管理论坛和管理工作发展会议，在会议中学习其他中小企业先进的财务管理思想和财务管理方法，以促进本中小企业财务管理思想的发展。

三、积极拓展融资方式

大多数中小企业都认为科学的财务管理办法对于中小企业发展来说是没有必要的。因此，有必要对中小企业财务管理的内容进行创新，即将财务管理的重点从管手中的钱转到实现中小企业盈利的方向，使中小企业财务管理的范围扩大，以促进中小企业财务管理活动不断发展，积极拓展融资方式，则是实现这一目的的可行方法。大多数中小企业所采用的投资方式都是使用大量的资金在短时间内获得高额的利润，以迅速提高中小企业的资金占有量。但是，利润越高的投资方式，其风险也就越大，这也是很多中小企业因投资失败导致中小企业财务困难的原因之一。中小企业还应该对中小企业自身的优势加以有效利用，中小企业在行业内的信用度、中小企业员工对中小企业的依附感和忠诚度，都可以作为融资的优势，中小企业可以联合行业内多家中小企业，共同确定融资方向，通过汇集大宗资金，加入大型的、相对风险较低的债券融资；或者采用分散股权的方式，在中小企业职工内部形成自我发展式的融资，将中小企业的利益分配方式转换为融资方式。

四、提高财务员工技能

财务管理从表面上来看是对钱的管理，但实际上，实施管理措施的是中小企业员工，财务管理的结果也是由财务部门管理者和员工通过财务报表展现出来的。因此，要创新财务管理，使财务管理对中小企业发展的积极作用展现出来，就必须创新财务管理结果，使财务管理能够从各个角度对中小企业管理的状况进行描述。要做到这一点，就必须提高财务工作人员的职业技能，只有这些员工的职业既能提高了，财务管理的数字才能表达出更多管理结果。首先，中小企业应针对目前财务管理发展的趋势，聘用专业的财务人员，来管理单位的财务工作，以便在单位实现人本管理和科学管理。同时，要提高中小企业领导的财务管理水平，对财务人员进行培训的时候，领导也要参加，丰富他们的财务知识，才会明白财务管理虽然不能创造利润，但可以协助管理，是中小企业内部管理的重要组成部分。

五、进行财务监督反馈

对中小企业的财务管理进行创新，应以财务管理制度的改革为结点，使财务管理的新局面呈现在管理制度中，确保财务管理创新策略能够被妥善执行。对财务管理制度进行创新，要以财务监督和反馈为基础，对会计制度进行改善，建设中小企业财务管理监督机制是十分必要的。首先，中小企业应该加强对会计工作人员的业务检查，会计工作符合国家基本的会计制度，并且符合中小企业财务管理要求，即实现会计工作人员的财、权分离，使会计工作成为中小企业的服务型工作，而不是权力型工作。这些严密的内部监督和审计行为，能够使中小企业管理者快速发现财务管理中存在的问题、发现财务管理创新对中小企业财务管理整体面貌的改进作用，在这基础上进行的中小企业财务管理制度改革才能够真正起到约束财务管理行为、展现财务管理效力的作用。

第四节 创新财务管理对中小企业发展的意义

一、提高中小企业竞争力

财务管理的工作重点在于中小企业的资产管理，高效的财务管理结果表现在中小企业的资金利用合理、中小企业内部资源分配合理、中小企业资金运转流畅等方面。成功的中小企业财务管理将使中小企业的利润率达到最大，在不断提高利润的情况下，中小企业本身的资本会更加雄厚。一切财务管理创新的结果都直接指向中小企业资金的高效利用以及中小企业的盈利，因此，财务管理创新一旦成功，中小企业在同行业的竞争力也不会不断提升。

二、提高中小企业管理效力

财务管理作为中小企业内部管理的途径之一，其本身的发展将直接影响到中小企业管理的效力。财务资料管理的创新使财务管理作用更全面、财务管理思想的创新使财务管理责任扩大到每个员工身上、财务管理内容的创新使中小企业盈利、财务管理结果的创新和财务管理制度改革使财务管理的作用扩大。

三、有效规避风险

创新财务管理对中小企业发展的深层意义在于，财务管理范围越广、管理方法越科学，财务工作人员能够获得的财务资料越丰富，财务数据就越科学。科学的财务数据对中小企业发展能够做出全面的描述，远比传统财务管理在账目上的资金状况能显示出来的内容多。

第五节 财务管理问题解决的措施

一、筹资管理策略——扩大融资渠道，提高融资水平

目前，我国中小企业普遍存在融资难、筹资能力差的问题，它已严重阻碍了中小企业的快速发展。中小企业要想获得充足的资金，就得扩大融资渠道，提高融资水平。这不仅需中小企业自身做出努力，更需要政府及金融机构提供大力支持和协助。提升中小企业自身素质，增强内源性融资水平。中小企业要想解决融资难问题，首先要从自身找原因，要

注重中小企业内部积累能力，而不能过分依靠外源性融资。而解决内源性融资问题就得从完善中小企业制度入手，建立现代中小企业制度，明晰产权关系。但目前，我国许多的中小企业财务制度还不够完善，提供的财务报告真实度、准确性较低，财务管理体系不够规范等。因此，加快中小企业治理结构的建设，规范和健全中小企业生产经营和财务管理制度，提升中小企业综合素质，是提高内源性融资水平的手段之一。强化中小企业资金运作。中小企业应做好以下几点：首先，在筹集资金时，应在数量上达到合理。倘若中小企业融资数量不足，中小企业的生产经营就会受到影响；相反，如果中小企业存在大量富余资金，则势必会造成资金浪费。其次，中小企业在资金的使用上要实现效益最大化。因为相对大中小企业来讲，中小企业在融资过程中会遇到更多的问题，所以对每笔资金的使用，中小企业要更加的慎重，对资金成本率与投资回报率之间的关系要仔细分析，避免出现决策失误。再次，在资金结构上中小企业要做到配比合理。要将总资产按照结构配比原则，采用中长期融资方式对用于固定资产上的资金进行筹集；采用短期融资方式对那些由周期性、随机因素引起的资金加以运用。最后，努力提升中小企业自身的信誉，主动向中小企业通报中小企业的经营状况，让中小企业对中小企业的具体情况有更深入的了解，改变中小企业对小中小企业的偏见，使其愿意为中小企业提供贷款。改善中小企业融资的法律环境。各级政府应加大对中小企业发展的政策、法律扶持。虽然近年来，我国也相继出台了一些法律法规，但与中小企业完全配套的法规体系还未真正建立。抵押担保难是目前制约中小企业融资的主要原因之一，因此建立适合中小企业发展的担保交易法律制度，引入动产抵押担保制度，是提高中小企业融资能力的方式之一。完善中小企业信用担保体系，打通间接融资渠道。目前，我国大多中小企业由于缺乏信用担保，以致间接融资渠道不畅。因此，建立中小企业信用担保体系，拓宽间接融资渠道至关重要。首先，应尽快建立信用担保的风险控制与防范体系，谨慎选择担保对象，严格限定市场准入条件，提高中小企业的资信评估。其次，各级政府应建立中小企业担保基金，并确保其基金有长期稳定的资金补充。最后，应加快成立信用担保机构，为信用担保产业的发展提供支持。进一步拓宽中小企业直接融资渠道有研究机构表明，中小企业发行债券不仅可以增强对管理层的激励，还可以降低中小企业融资成本，优化中小企业资本结构。然而目前在我国，债券市场的发展却很滞后。许多发展前景良好且有着投资项目的中小企业不能像大型中小企业那样，通过发行债券的方式获得资金，这已严重影响了中小企业的长远发展。为此，我国政府应加快建立一个较为成熟的金融市场，并完善其相关制度，从而拓宽中小企业的融资渠道。加大金融机构对中小企业的扶持力度目前，由于我国中小企业规模较小，很难向中小企业获得资金支持，这就要求中小企业等金融机构正确对待中小企业融资方面的合理需求，并及时处理风险与支持经济发展之间的关系。此外，各金融机构还应加快建立为中小企业提供金融服务的相关部门，提高贷款审批效率，灵活下放授信权限，对符合条件的中小企业给予一定的授信额度。另外，各金融机构要建设中小企业信贷文化，创新中小企业贷款产品，从而拓宽中小企业的融资渠道，提高融资水平。

二、投资管理策略——进行科学有效的投资管理

投资成功的与否，直接影响到中小企业的生存兴衰，因此中小企业在投资过程中，应着重对以下几个方面进行完善。

（一）提高投资决策水平

中小企业决策者应加强对投资项目的科学论证和分析，摒弃凭经主观经验或靠拍脑门定决策的旧模式，同时中小企业决策者还应不断加强对财务管理知识的学习，从而提高自身投资决策水平以及投资项目的成功率。另外，中小企业管理者要重视财务人员专业水平的提升，完善中小企业财务制度，规范中小企业会计核算，并定期对财务人员组织培训，以更新他们的专业知识。只有这样才可以帮助中小企业搜集准确、可靠的投资信息并作出科学的分析论证后，做出正确的投资判断。

（二）以加强对中小企业内部投资为主

对许多中小企业而言，对自身内部情况的了解总要比对外部情况的不确定性多一些。大多中小企业对内投资主要是维持和扩大中小企业的再生产，而对外投资是为了获取高额得短期收益，或去影响和控制对方中小企业的生产经营，但这两种情况，风险都较大。尤其是中小企业对外投资，对于那些资金不足的中小企业来讲，更是难以实现。因此，加强中小企业内部投资，在确保中小企业内部正常生产经营的前提下，再搞些对外投资。此外，中小企业应重视对无形资产的投资以及对人力资本的投资，以便帮助中小企业取得更多的效益。

（三）避免盲目扩张

我国很多中小企业为分散财务风险，都盲目地采用"大而全、小而全"式的多元化经营模式。然而却因受到资金、规模的限制，使得在投资过程中产生诸多问题。因此鼓励中小企业走"小而专"的道路，在对投资项目的大小进项选择时，应根据自身的资金实力和筹资能力来决定，不能超出自身所能承受的范围去投资，否则中小企业一旦出现资金链断裂、资金供应不足，就会使得主营业务受到牵连，中小企业无法正常运转，甚至陷入破产的危机。

（四）规范项目投资程序

项目决策程序的科学、合理在很大程度上决定了投资项目的成功率。因此，中小企业应建立科学的决策机制，采取合理的计算方法，对项目的可行性进行认真分析，对投资的每个环节进行精心设计，对项目产生的风险进行全程监控。此外，对于具有一定综合实力的中小企业，可学习及借鉴其他大型中小企业先进的项目投资办法，用以规范其程序，从而提高中小企业的投资效益。

（五）加强对投资方案的评价，以防范其风险

在现实生活中，某种资产的收益率越高，则面临的风险越大；相反，收益率越低的资产，其面临的风险就越小。为此，中小企业投资者在对两种资产进行投资选择时，不能只看重资产的预期收益，而应将资产的收益与风险结合起来考虑，以达到最佳配合的目的。同时，考虑到多个资产构成的资产组合方式可有效降低投资风险，为此，中小企业投资者在评估一项资产的风险时，不应以它独立存在时的风险为依据，而是要以它存在于一个风险充分分散的资产组合中的风险大小为主。因此，我国中小企业在投资过程中应加强对投资方案的评价，采用贴现现金流量的方法来防范投资的风险。

三、利润分配策略——有效完善股利分配

（一）建立完善的法律法规

对大多中小企业投资者而言，只有具备了保护自身利益的相关法律武器，才能制约中小企业不规范行为，才能对中小企业的非理性股利分配政策起到约束作用。因此，在税收优惠方面，可通过减免中小企业的红利税来预防证券市场在股利方面出现的重复性扣税现象；可通过征收股利利息的所得税等方式来鼓励中小企业进行现金股利、股票股利分配，并制止不分配股利的行为，从而进一步完善有关股利分配方面的法律法规。

（二）提高中小企业的盈利能力

目前，导致中小企业股利政策失衡的主要原因之一是中小企业业绩缺乏稳定性。为此，中小企业应不断提高自身的竞争能力，以增强盈利水平，使中小企业创造更多的价值，能给予投资者以更好的回报。同时，各中小企业还应结合中小企业每个阶段发展的特点，选取最合适的分配方案，以确保自身发展与投资者的回报达到平衡。

（三）完善中小企业治理结构

建立有效的内部监督机制，平衡中小企业各股东之间的利益；建立健全中小企业的治理结构，并将股利政策与中小企业的战略规划有效结合。同时，我国政府应加大对中小企业的监管力度，以保障其股利政策的连续性、稳定性。

第六节 补充性的配套措施

中小企业的财务管理问题牵扯到中小企业的方方面面，以上仅从管理者角度和财务管理方面对其问题提出了几点对策。然而要想从根本上解决中小企业存在的各类财务问题，这几点对策还是远远不够的。因此，解决我国中小企业存在各类的财务问题还需以下配套措施。

一、建立健全中小企业财务管理制度

中小企业要想改善内部财务管理状况，除中小企业管理者要积极转变观念外，还应不断地完善和创新中小企业制度，因为完整的财务制度，可以使中小企业财务工作有章可循，并具有一定的约束力。树立正确的财务管理制度意识，中小企业管理者应充分认识到建立完善的财务制度体系，可以提高中小企业各项财务工作效率，同时还可减少因人为因素给中小企业管理带来的困扰。因此，加快建立中小企业的财务管理制度，有效管控中小企业的各项资产，提高中小企业的财务信息质量，为推动中小企业的持续发展奠定良好的财务基础。制定各项财务管理制度，首先，中小企业应设立岗位分工制及轮换制。对于不能由同一个人担任不相容的财务岗位，例如会计和出纳，要明确职责分工。同时，要严格限定某一个人在某一岗位的担任时间，到了该期限，中小企业就应实行岗位轮换制。只有这样才能确保不同岗位之间相互制约、相互监督，从而为中小企业的资金财产安全提供了有效保障。其次，要完善中小企业内部的稽核制度和牵制制度。保证中小企业提供的各项会计资料真实、准确、完整和合法，又要督促各职能部门之间建立一种相互制约的机制，进而避免中小企业的财产遭受损失。再次，要规范中小企业会计核算制度。正确使用会计科目；各账目之间要相互钩稽，内容明晰；会计报表等资料的制定要符合《会计法》等要求；确保所提供的会计信息能为中小企业财务决策提供真实、完整、有效的财务数据。最后，要健全中小企业各项管理办法。制定中小企业固定资产管理办法；现金及中小企业存款管理办法；并规范支票领取流程；完善员工工资福利制度；健全成本分析制度以及财产清查制度、财务收支审批制度、账务处理程序等。

二、提高资金尤其是营运资金的使用率

目前，我国大部分中小企业都没有健全的资金管理制度，很多时候都因人为因素造成资金安全出现问题。尤其是在营运资金的使用上，中小企业由于缺乏外部的筹资能力和内部资金调度的水平，使得中小企业难以有效地控制和利用营运资金，无法发挥资金的最大效益。因此，我国中小企业应加强对营运资金的管理，在日常工作中，建立健全相关制度，让资金的流入和支出有章可循，最大限度地提高资金的收益率。另外，中小企业在购买固定资产等长期投资时，不要采用短期借款方式，以免发生资金周转失灵等情况；对于中小企业存在的闲置资金，应将其投入到风险小、流动性强的金融工具中，以获得更大的效益，同时也可减少中小企业的风险。

第七节 选择合适的中小企业财务管理目标

既然财务管理对于中小企业来说有很重要的意义，是中小企业管理的核心问题，因此中小企业要想获得长足的发展，必须要研究对策，对中小企业的财务管理作出适当的改进，

这样才能充分发挥财务管理对中小企业的资源分配和财务监督的职能，帮助中小企业快速发展。中小企业在进行具体的财务管理操作之前，其经营者与财务负责人应该首先为中小企业制定合理的财务管理目标，因为财务管理目标具有导向约束和评价的功能，有了明确的目标以后，中小企业可以有明确的前进方向，能够制定具体的实施计划，去实现这样的目标，最后通过一个个目标的实现，来促进整个中小企业的快速、健康和长远的发展。财务管理目标是在特定的理财环境中，通过组织财务活动，处理财务关系所要达到的目的。从根本上说，财务目标取决于中小企业生存目的或中小企业目标，取决于特定的社会经济模式。目前，最具有代表性的财务管理目标主要有中小企业价值最大化和利润最大化两种。一般情况下，中小企业都会以中小企业价值最大化作为财务管理的目标，但是，中小企业有着不同于其他大型中小企业的特点，因此在财务管理目标的选择和确定上，必须要根据中小企业自身的需要和发展要求来制定，这样才可以充分发挥财务管理目标导向、约束和评价的功能，才可以指导中小企业向着科学的方向前进。

一、中小企业采用"中小企业价值最大化"管理目标的局限性

对中小企业而言，"中小企业价值最大化"目标比较抽象，难以量化和确定。中小企业价值是指中小企业整体价值的现值达到最大，中小企业价值最大化实现的基础是资本市场。而绝大多数中小企业无法进入资本市场，它们根本不容易得到一个价值指示器。对非上市中小企业来说，其未来的财富和价值既不能在日常会计核算中揭示，也不能依靠股票价格的变化加以显示，而只能通过资产评估或被并购时的卖价才能确定。由于受各方面因素的制约，这种评估要十分准确是比较困难的，而并购时的卖价在日常的财务程序中又无法得到，所以，"中小企业价值最大化"对中小企业日常的财务管理工作缺乏指导意义。对上市公司而言，我国目前的证券交易还有待规范，中小企业的股票受各种复杂因素的影响，并不能准确反映中小企业的真正价值。而且作为中小企业的财务管理目标，应该是中小企业通过主观努力可以实现的，但影响中小企业股票价格的许多非经济因素却不是中小企业本身可以控制的。把过多的不可控因素引入中小企业的财务管理目标是不合理的，"中小企业价值最大化"也可能会因此失去目标的导向意义。中小企业的组织机构和管理行为相对简单，"中小企业价值最大化"分析成本过高，公式计算过于复杂，中小企业难以操作，实用性较差。基于上述分析，笔者认为，在目前的条件下用"中小企业价值最大化"来代替"利润最大化"作为财务管理的目标，对中小企业而言还需要时间，不能操之过急。而广大中小企业把追求利润最大化作为财务管理目标不仅有更强的可操作性，也更符合中小企业财务管理的特点和要求。

二、中小企业选择"利润最大化"作为财务管理目标的可行性

不可否认，"利润最大化"目标在长期的实践中暴露出很多缺点，主要是三点一是未

考虑投资效益，即利润与投入资本额的关系，二是未考虑货币时间价值，三是未考虑风险的大小。而在中小企业的实际财务工作中，因为筹资能力和投资额大小的限制，在很多情况下中小企业只能通过预期利润的比较来选择投资方案。其次，中小企业关心的首要问题是中小企业的生存，而且它们不能像大中小企业那样采用合理的投资组合来分散投资风险，所以中小企业在投资决策时没有考虑货币时间价值和投资风险的内在动机或明显倾向。事实上，追求最大利润是市场经济条件下每个中小企业最现实的选择。不论是否考虑时间价值，也不论是现在还是将来，不断提高中小企业利润、追求利润最大化，都是中小企业为求生存和发展的基本前提。可以说，利润对中小企业的生存和发展是第一位的。以实现中小企业利润最大化作为中小企业的财务管理目标更接近人们的认识，也易于被中小企业的经营管理者理解和接受。中小企业在采用"利润最大化"为目标时，必须顺应时代发展的要求，注意克服它的缺点并加以修正，才能更有利于中小企业财务管理工作的顺利进行。中小企业财务管理目标不仅要反映中小企业获取盈利的内在要求，还要保持良好的公众形象和承担相应的社会责任。中小企业必须注重风险因素和注意整合资源，为获得利润最大化而不惜任何代价的做法并不可取。但是，无论中小企业采用"利润最大化"还是"中小企业价值最大化"作为财务目标，都不是一成不变的，因为中小企业的发展是从小到大不断发展壮大的过程，有一个生命周期的演变，所以中小企业应当根据自己所处的生命周期阶段，来选择适当的财务管理目标，才能符合中小企业发展的需要。在中小企业成长的初期阶段，信息不对称程度非常严重，财务信息非常不透明，中小企业内部会计核算简单，财务管理不完善、不规范，缺乏科学指导，在这一时期，中小企业以"利润最大化"作为财务目标可能更具有可操作性和导向性。但是这里的"利润最大化"应该是长期持续的利润最大化，绝不是短期的利润最大化。长期持续的利润最大化在于中小企业能够通盘考虑现在的盈利和未来的发展潜力，能够为中小企业的知识创新提供有力的财务支持。在中小企业成长的中后期，中小企业趋于成熟稳定，财务制度相对规范，利润水平趋于行业平均水平，并且具备一定的资金实力，有一定的信用基础和良好的中小企业形象。这时中小企业的财务目标，就应当在"利润最大化"的基础上更加注重利润质量，注重社会效益和社会责任，努力实现社会净贡献的最大化，并且逐渐向"中小企业价值最大化"的目标过渡，最终真正实现中小企业价值的最大化。

第八节 进行科学的投资管理

投资的正确与否，直接关系到中小企业的生死存亡，因此中小企业在进行投资的过程当中，应着重从以下方面进行改进。

一、提高投资决策水平

中小企业决策者应当摒弃凭经验或主观感觉、靠拍脑门定决策的旧的管理模式，而要重视对投资的科学论证和分析，注重充实自己的财务管理知识，提高投资决策的水平，提高投资项目的成功率。同时，中小企业领导者要重视提高财务人员的专业水平，规范财务操作，规范会计核算，要鼓励财务人员积极更新自己的专业知识，这样才能帮助中小企业搜集准确、可靠的投资信息，作出科学的分析论证，在尽量规避风险的情况下获得最大的效益，做出正确的投资决策。

二、以对内投资为主

对于中小企业来说，中小企业对自身的情况相对而言了解得总是多一些，而外部的情况不确定性总是多一些，另外对内投资的目的是为了维持和扩大中小企业的再生产，而对外投资的目的要么是获得高额短期收益，要么是想去影响、控制对方中小企业的生产经营，为己所用。这两种情况的风险都较大，而且第二种情况的对外投资目的，对中小企业而言，还比较难以实现。作为中小企业，在投资方面更应该稳扎稳打，在搞好中小企业内部的生产经营的前提下，如果还有余力，再搞些对外投资，赚些外快，也未尝不可。因此，眼睛要向内。为了搞好内部的生产经营，除了维持简单再生产的资金投入外，中小企业也应想办法扩大再生产。而且，有这样几个方面的投资必须引起重视一是对产品研制的投资。中小企业的产品，其市场占有份额有限，而中小企业的拳头产品也有一定的生命周期，如果不断有适销对路的新产品面市，中小企业才能在市场竞争中立于不败之地。当然如果采用技术引进比产品试制更节约投资且效果一样的情况下，技术引进也是应采取的一种投资方式。二是对技术设备更新改造的投资。这是一种对内长期投资的方式。中小企业的固定资产必须时刻具备先进、高效的状态，否则中小企业的竞争能力就会大大削弱。在固定资产全新购置还是更新改造的决策中，如果能够达到同样的目的，中小企业还是采取更新改造好，因为这样投入少些，风险也小些，但是要注意的是，固定资产应当陈旧一批，更新改造一批，不能等到全部陈旧后再一次性改造，那是不行的。如果更改不能达到新购的效果，那么只能重新购建了。三是对人力资源的投资。尤其是管理型人才和技术型人才包括技术工人队伍往往是中小企业制胜的法宝，拥有这些人才就是拥有财富。因此这方面型中小企业应该舍得投入，不要小气，尤其是家族式中小企业，更要摒弃任人唯亲的用人思路，大力引进人才，开发人力资源。一方面可以重金招聘有真才实学、能为中小企业带来明显效益的出色人才另一方面也要大力投入对现有人才、职工队伍进行培训，转变其观念，更新其知识，提高其能力。只有这样，中小企业才能长久地立于市场的激烈竞争之中。

三、避免盲目扩张

中小企业资金规模有限，精力也有限，因此鼓励中小企业走"小而专"的道路，稳健、谨慎地进行投资，反对中小企业"大而全、小而全"式的盲目多元化经营。同时，中小企业在决定投资项目大小的时候，要依据自己的资金实力情况而定，要"以筹定投"，充分考虑中小企业的筹资能力再作决定，不能超出自己能承受的范围去投资，否则会因为资金链的断裂、资金供应不足而使自己的主营业务都受到牵连而不能正常运转，使中小企业陷入破产的危机。

四、规范项目投资程序

项目投资的成功与否，很大程度上取决于项目决策程序是否科学、合理。因此，当中小企业在资金、技术操作、管理能力等方面具备一定的实力之后，就可以借鉴大型中小企业的普遍做法，建立科学的决策机制，采用科学的计算方法，认真进行项目的可行性分析，并对投资活动的各个阶段精心设计和实施，在项目投资过程中进行全程的风险控制和跟踪监控，以降低风险，提高收益。

第九节 注重积累，合理分配收益

中小企业经营者首先要明白，中小企业的留存收益也是中小企业所需资金的一种来源，而且这种筹资方式要比从中小企业外部筹集资金成本低、股权分散风险小，比较容易操作，所以经营者一定要注重对利润的积累，通过努力降低成本、严格控制业务招待费、差旅费、广告费、办公费等费用，来提高利润水平，从而增大留存收益的规模，为中小企业的长足发展提供强有力的后劲支持同时，要审批中小企业税后利润分配方案，监督中小企业利润分配的去向，防止将利润分配于非生产领域，还要严格按照法律的规定，提取法定盈余公积金、公益金，公益金要按规定用于职工集体福利设施方面的支出，不得用于职工消费性支出或挪用于弥补中小企业亏损和增加注册资本，等等。

第十节 加强中小企业财务管理监督体制的建立健全

首先我国中小企业的财务监督体制经历了三个阶段，日趋达到完善。第一阶段：1980年代初—1988年。这一阶段探索的结果表明，仅仅从中小企业层次着手是建立不起现代中小企业制度的，必须从宏观出发，建立合理的资产管理体制。第二阶段：1988年—2003年。此阶段运行中，各个部门均没有放权，如资产的资产权归财政部管，投资权归国家计委管，日常经营归经贸委管，人事权归中小企业工委管，多个部门可以对同一个中小企业发号施令，弊端颇多。第三个阶段：2003年—当前。这一阶段以建立资产管理新体制、建立健全现代产权制度、使股份制成为公有制的主要实现形式为核心任务。

2003 年初，国资委成立，之后三年，围绕调整经济布局结构，深化国有中小企业改革，加强资产监管三个方面进行了诸多的探索。完善公司治理结构、加大中小企业为主体的科技创新、规范中小企业改制、加强对中小企业日常监管等方面均取得了显著的效果。其次，我国中小企业治理中仍存在很多没有解决问题，主要有以下几项。第一项：中小企业缺少竞争力与创新精神。第二项：中小企业建立产权结构多元化遇到了困难。第三项：中小企业的董事会和经理人在控制权的配置上难以形成合理的分配。第四项：中小企业资产管理基本法律体系仍不完善。第五项：中小企业的重组推进仍缓慢，国资委直接管理的中小企业数量仍太多。以上问题造成了中小企业财务监督体制中出现了缺陷。首先缺少对中小企业经营管理者重大财务决策行业的有效监督。其次缺少对中小企业经营管理高层个人经济状况的监督。再次缺少对中小企业虚假、隐瞒财务信息的有效监督。同时中介财务监督机构也没有尽到应负的责任。最后造成中小企业内部财务监督机构专职人员的地位与归属不一致。通过对某中小企业的案例分析，得出了以下因素造成了财务监督体制的缺陷。首先是中小企业财务管理机制影响了财务监督体制。其次是中小企业财务运行机制影响了财务监督体制。再次是中小企业财务控制机制不健全影响了财务监督体制的完善。最后是国家监督政策及执行中存在的缺陷，致使很多监督机制名存实亡。文章论述了研究中小企业财务管理中监督体制的相关理论基础，包含委托—代理理论、激励约束理论、公平与效率理论、财务管理相关理论等。在财务监督相关理论研究中，重点分析了产权与监督的关系。同时文章还对我国中小企业现有财务监督体制进行了研究。通过对相关文献的研究，可得出以下结论：首先，产权明晰是实现有效财务监督的前提。其次，实现现代中小企业治理制度是产权制度和委托—代理关系发展的必然结果。在现代中小企业中，要求中小企业所有者、经营管理者、公司职工等不同层次的人员需在权、责、利明晰的基础上，降低委托—代理成本。最后，现代中小企业管理的核心是财务管理。而财务监督，作为财务治理的一个重要组成部分，也就成为现代中小企业制度的一个重要内容。本文提出了设计中小企业财务监督体制的研究方向。第一，应形成兼顾机制完善与中小企业发展效率的监督体制。在设计时需遵循以下三项原则：一、明确与现代中小企业制度要求相适应的原则；二、明确中小企业对各所属单位管理中的决策权、执行权与监督权三者分立原则；三、明确财务分层管理思想的原则。第二，提出了从以下三个方面加强监督，形成完善中小企业财务监督体制这项工作的最优路径：日常经营监管、会计信息监管、重大事项监管。本文还认为财务监督体制建立的流程应如下：（1）设立财务监督目标；（2）建立财务监督组织结构；（3）确定财务监督方式；（4）明确财务监督的内容；（5）建立基于平衡计分卡的财务监督指标体系；（6）构建模糊综合评价模型。本文选取财务监督评价指标，将整个评价系统分为三个层次：总体层、模块层、元素层；模块层包括财务、客户、内部流程、学习和发展等四个方面；元素层包含了 10 个评价指标；并利用层次分析法对评价指标赋予了权重，利用模糊数学的方法建立了财务监督体系模型，来量化评价中小企业的财务监督体制的有效性。最后将财务监督体系评价分值按照不同得分分为 5 个等级。文章设计并开发了中小企业财务监督系统:（1）以 B/S 结构为模式的设计方法，采用 ASP.NET、ADO.NET 等技术，并在 .NET

平台 C# 开发环境下，以 SQLserver 数据库为存储介质实现对财务监督评价系统的构建。（2）财务监督评价系统划分为系统管理、个性工具、财务管理、客户服务、中小企业运营、中小企业发展、系统评价等 7 个子系统，系统管理包括部门管理，职务管理，人员管理，用户管理，用户组管理，菜单管理等功能；个性工具提供个人信息维护功能；财务管理、客户服务、中小企业运营、中小企业发展分别是针对中小企业财务状况、客户数据及关系、中小企业主营业务及增值业务、中小企业文化及人员方面的指标的编辑和评分；系统评分显示系统的总得分，根据规定将当前财务监督水平划分具体等级。（3）总结了财务监督评价系统具有信息存储量大、数据传输及处理实时性、安全性等特点。文章的最后以某集团公司为实证研究对象，提出如何设计中小企业财务监督体制。首先要确立财务监督的目标：首先是能建立适应市场经济、反映市场规律的中小企业财务监督机制；其次财务监督机制要能够适应并促进现代中小企业制度；再次机制要能使监督机构有效履行其监督职责；最后机制要能够衔接宏观管理体制与微观中小企业机制。对于该集团公司这一典型的中小企业，其财务监督的目标是能够结合国际最佳实践经验和该集团公司的财务监督现状，实现财务管理专业化，高效率和实现商业合伙人的新角色。其次，将平衡计分卡方法引入到财务监督指标体系的构建中。利用前面开发完成的财务监督评价系统对某中小企业进行评价，结果与真实情况相近，反映了该系统的可靠性。本章还提出，对于财务监督体制的设计，并非越完善越好，还存在过度完善影响效率的问题。最后，针对该公司，提出了借助信息技术实现高效的财务监督。

一、中小企业财务监督体制现状分析

（一）中小企业财务管理中监督体制形成历史——日趋完善的监督体制

中小企业，在国际惯例中，仅指一个国家的中央政府或联邦政府投资或参与控制的中小企业；在中国，中小企业还包括了由地方政府投资参与控制的中小企业。政府的意志和利益决定了中小企业的行为。中小企业由于其资金来源为公共资源，兼具了营利性和公益性两个特征。营利性体现为追求资产的保值和增值，公益性则体现为实现国家调节经济的目标。美国、英国、法国等发达国家的中小企业的产生是资本主义经济社会化的产物，其中即有国家竞争的需要，也有科技革命的作用。在美国，1789 年成立的美国国家邮政局是其政府认定的最早的联邦中小企业。1865 年美国南北战争后，美国政府把大批土地收归，并出资建造道路、港口、供水系统公共设施。二战后，美国政府又加大对新兴科研部门的投资，促进了航天工业、电子工业、新材料业和生物工程等一大批开发性研究中心和中小企业的发展。20 世纪 70—80 年代，美国由于经济危机及竞争力下降，政府又不得不收购了一批无人经营的产业，如铁路运输等。英国，最早实行制的中小企业也是国家邮政局。英国工党执政期间，掀起了中小企业国有化的高潮，对钢铁、煤炭、运输、通讯等基础设施均实行了化。20 世纪 70 年代，石油、航空等领域也加入了化行列。法国在 17 世纪就提出国家干预，修建各项基础设施。在其历史上曾出现过三次较大规模的国有化运动。第一次是 1936 年勃鲁姆总理提出了"国有化纲领"。第二次是二战后戴高乐时期。第三次是 1981 年密特朗执政时间，把国有化指向了大的垄断财阀。中国的中小企业在 1949 年建初即存在，在 1978 年前由于集中的计划经济，使得国有中小企业在中国形成一枝独秀的情况。1978 年起，中国的中小企业开始了改革，并在国家经济生活中起着日益重要的作用。无论是改革前还是改革后，中小企业在我国都是重点扶植的对象。国家将政府税收的很大部分投入到中小企业中，有的中小企业还是由原来的政府部门转化而来。如中国移动，由原邮电部改为电信局，后拆分为中国电信和中国移动。尽管进行了长期的改革，我国的中小企业仍有很明显的计划经济惯性，中小企业在发展过程中，尤其是拆分、合并等行为中，都会受到政府的干预。我国中小企业的发展在改革后经历了四个阶段。

第一阶段是 1978 年—1986 年，国家将中小企业的部分经营权下发，中小企业成为"自负盈亏、自主经营"的经济实体。这场改革没有涉及所有权的调整。

第二阶段是 1987 年—1992 年，实行了中小企业承包制、中小企业股份制的改革，引入了多元产权主体、优化了内部治理结构。

第三阶段是 1993 年—2002 年，国家提出了"产权清晰、权责明确、政企分开、管理科学"的改革方针。而在十五届四中全会提出"抓大放小""有进有退"的方针后，中小企业就退出了大部分的竞争性行业。

第四阶段是 2003 年至今，成立了国资委，把"兼并重组""整合壮大"作为新一轮国企改革的目标，使中小企业进一步发展壮大。中小企业在经济发展中起到的重要作用是有目共睹的，它不仅推进了国家整体经济的发展，还起到了维护社会稳定的作用，兼具经营性和公益性。在 2002 年国家提出"抓大放小"的方针，中小企业退出了竞争性行业，转而主力攻坚非竞争性行业及公共基础设施等行业。这使中小企业成为我国国民经济中的中流砥柱。其次，大型国有中小企业还是抗衡跨国公司的主力军。

中国加入 WTO 以后，国际知名的大型跨国公司纷纷进驻中国市场。由于技术、质量、规模等方面的显著差距，民营中小企业尚不能与跨国公司抗衡。最后，中小企业还掌握着涉及国家安全的行业，如通讯业、石油、发电、水利等，这些都需要中小企业进驻，才能保证安全。经过中小企业的改革深化，中小企业取得了较好成绩。首先中小企业数量趋于下降，但其经济总量不断扩大。以工业领域的中小企业为例，从 1998 年开始，中小企业的数量急剧下降，但销售收入有大幅增长。其次中小企业在重要行业和关键领域都占据了主导地位，如重要公共产品和服务行业以及自然垄断行业。第三资产不断向大中小企业和中央中小企业集中，这些中小企业拥有的从业人员数量、资产数及营业收入占全国中小企业的比重在不断提高。第四中小企业的整体素质和运行效率在稳步提高。这包含单位的固定资产净值创造的利润在不断提高，全员劳动生产率在提高，工业增加值率提高。另一方面，中小企业还对我国社会经济发展起着其他的作用。首先中小企业是国民经济的稳定器。在提供重要公共产品的领域，中小企业发挥着平抑市场价格，保障供给，提供普遍服务的重要作用。其次中小企业还在增加就业和稳定就业方面承担了大量的社会责任。最后中小企业还承担了经济体系改革形成的巨大隐性成本，为其他经济成分的发展创造了条件。虽然中小企业在国民经济和人民生活中起着重要的作用，但是同时也不能忽视其存在的不足。

第一项：中小企业缺少竞争力与创新精神。大多数的中小企业由于政府的长期扶持，形成了依赖性，导致中小企业缺乏竞争力与创新精神。很多中小企业为他国公司生产贴牌产品，不重视自主品牌，这对国内中小企业造成空间压缩，影响了中国民族品牌的发展。同时中小企业没有成为技术创新的主体；投融资机制不健全造成技术创新投入不足；科技人才短缺、技术装备落后；中小企业技术创新的外部环境不够完善，这些均成为中小企业创新的阻碍因素。而中小企业缺少监管，经营管理者缺少中小企业家精神，也是中小企业缺少竞争力的重要因素。

第二项：中小企业建立产权结构多元化遇到了困难。截至目前，中小企业的资产结构中，资产仍占有很大的比例。这种产权结构带来了以下问题：首先，这种形式的中小企业仅仅是原独资中小企业的翻版，董事会、经营管理者也基本没有变化，这造成原中小企业内的诸多弊病仍然存在，也难以实现责权分明、科学管理。其次，在这种中小企业中，董事会成员一般仍由政府官员兼任，而经营管理者的任命也要通过政府组织部门认可。这种政企不分家的现状，往往使公司的负责人在政绩目标和中小企业目标之间难以选择，更难做到真正科学的决策。再次这种形式的中小企业，仍然存在"所有者缺位"的问题，一旦各利益方的目标产生冲突，必然出现严重的委托—代理风险。最后，公司的产权结构缺陷也会影响公司的治理结构。在其他公司，存在最大问题往往是董事会与经理人之间的委托—代理问题。由于公司的经营和管理越来越多地依赖于职业经理人因此如何激励和监督经理人的问题则变得越来越重要。但是中小企业的"所有者缺位"问题，股东与董事会间的委托—代理关系就变成了最重要的问题。比如，资本市场连续暴露出的上市公司以虚假盈利信息欺骗股民的问题就是公司董事会同经营管理者共同操作的短期化行为的表现。

第三项：中小企业的董事会和经理人在控制权的配置上难以形成合理的分配。很大一部分中小企业中董事长会兼任经营管理者，即决策权和经营管理权集于一人。而在其他董事长与经营管理者分离的中小企业，经营管理者的权限往往会受到董事会的制约。由于中小企业中的监事会成员与董事会成员均由政府委派，因此监事会的监管职能难以开展，并时有同董事会成员"合谋"的情况出现。这造成设计中的制衡格局被内部控制格局所取代。

第四项：中小企业资产管理基本法律体系仍不完善。20世纪90年代中期，国资委成立后，出台了一系列针对中小企业的资产监督管理法规和管理办法，包括《中小企业资产监督管理暂行条件例》《中央中小企业负责人经营业绩考核暂行办法》《中小企业产权无偿划转管理暂行办法》《中小企业资产评估管理暂行办法》《中小企业产权向管理层转让暂行规定》《国务院国资委关于控股上市公司股权分置改革的指导意见》等，对中小企业改革与发展起到了重要的推动作用。但是资产界定与分类、资本产权交易和处理等重大问题还都缺少具体针对性的立法。

第五项：中小企业的重组推进仍缓慢，国资委直接管理的中小企业数量仍太多。政府作为中小企业的最终所有者，如果直接对中小企业进行管理，往往形成政企不分的现象，造成中小企业运行效率低下。国资委作为政府的代理人，直接管理的中小企业数量过多，缺少专业运营层，将背离市场公平竞争的原则。在传统的计划经济体制下，中小企业只是国家行政机关的附属物和国家财政预算单位，它不具有独立经营者的地位。国家财政是中小企业的总财务，中小企业的供、产、销等财务活动均由国家直按控制。这种情况下，国家对中小企业的财务工作监管非常严格，但同时也使中小企业缺少活动，难以适应市场经济。为了适应市场经济的发展，我国从 20 世纪 80 年代初期开始不断改进资产管理模式，逐步形成日趋完善的中小企业财务管理监督体制。到 2003 年国资委成立，这种改革分为了三个阶段：

第一阶段：1980 年代初—1988 年。在 20 世纪 80 年代初中小企业还不是严格意义上的中小企业，改革的主要手段是国家对中小企业放权让利。这一阶段探索的结果表明，仅仅从中小企业层次着手是建立不起现代中小企业制度的，必须从宏观出发，建立合理的资产管理体制。

第二阶段：1988 年—2003 年。为了从体制上建立资产管理的新模式，国务院于 1988 年成立了资产管理局，并将其同财政部、经贸委、计委等部门联合建立一个相互制约、相互监督的组织，共同管理中小企业。但在实际运行中，各个部门均没有放权，如资产的资产权归财政部管，投资权归国家计委管，日常经营归经贸委管，人事权归中小企业工委管，多个部门可以对同一个中小企业发号施令，弊端颇多。

第三个阶段：2003 年至今。这一阶段以建立资产管理新体制、建立健全现代产权制度、使股份制成为公有制的主要实现形式为核心任务。2003 年初，国资委成立，之后三年，围绕调整经济布局结构，深化中小企业改革，加强资产监管三个方面进行了诸多的探索。完善公司治理结构、加大中小企业为主体的科技创新、规范中小企业改制、加强对中小企业日常监管等方面均取得了显著的效果。国资委的主要职责包括：根据授权依照公司法等法律和行政法规履行投资人职责，指导推进中小企业改革和重组；代表国家向部分大型中小企业派出监事会；通过法定程序对中小企业负责人进行任免、考核并根据其经营业绩进行奖惩；通过统计、稽核对所管资产的保值增值情况进行监管；拟订资产管理的法律、行政法规和制定规章制度，依法对地方资产进行指导和监督等。在改革不断推进下，我国的资管理体制也形成了自身的特点。首先，国资委将自身职能定位为"股东会"，而非"董事会"，来履行所有者监管国有中小企业的职能。国资委将工作重点放在完善公司结构上，而非监督管理中小企业的具体运行。是新修订的《公司法》中给予了国资委"股东会"职能的明确注释。国资委通过选择董事会成员和监事会成员，来达到管理中小企业的目的。这避免了国资委对中小企业日常经营的干涉，赋予了经营管理者更多的管理权限。其次，国资委的监管方式由所有者利益导向，转向各方利益导向，避免因追求短期政绩而造成中小企业的长期发展受阻。国资委虽然承担中小企业董事会成员的选拔、任命、激励，但并不过多干涉中小企业日常的运营。在当前产权市场、中小企业经理人市场仍不健全的情况下，中小企业公司治理机制的建立是国资委更应重视的。最后，中小企业已开始建立对经营管理层激励约束制度。目前针对中小企业的高层管理者，采用业绩评价制度和年薪制为主的激励约束制度在资产管理模式不断完善的同时，中小企业的财务监督体制也在不断完善，并达到了初步的成效。目前，中小企业已基本形成了以维护资本权益为主的外部财务监督体制。

1979 年中小企业改革前，财务监督体制是以政府直接监督中小企业的财务活动作为显著特征的。1979 年后，在建立市场经济体制的目标下，将中小企业按现代中小企业制度的模式进行改革，形成了现存的财务监督体制。其主要特点有以下几项：第一，资产出资者利益的监督代表已经明确。国家已经明确国资委为资本的代表，并按规定向中小企业派出董事、监事和主要经营管理高层人员。监事会成员直接代表政府行使财务监督权，政府还向部分大型中小企业派出稽查特派员，部分地方政府也会向属地中小企业委派财务总监等。第二，已形成较系统的财务监督法规、条例和制度。1993 年，我国颁布了《公司法》，随后又颁布了一系列财经法律法规和财务制度，同时废止了一些过时的财经法律法规。近年，政府将职能部门对中小企业的财务监督权限界定在一定范围内，形成了比较系统的中小企业财务监督制度规范。第三，政府对中小企业的财务监督分工制度已基本形成。政府代行中小企业投资人权力，将相关的监督权力落实到各职能部门。国资委在各级政府设立分支机构，负责对所辖范围内中小企业进行财务监督和管理。政府审计部门对中小企业的财务收支实行审计监督，审查和评价中小企业财务收支的真实性、合法性和效益性。财政部门则通过地方财政机构或派财政专员对中小企业进行财务监督。而证券监督委员会及其派出机构则是对控股上市公司的股票发行、募股资金使用、高层人员财务行为、股权转让和财务报告等信息的披露，实行监督。监察部门是主要针对高层经营管理者个人的财务行为进行监督。第四，形成了符合实际的外部财务监督运行程序和运行方式。并建立了一套对中小企业监督评价的指标体系。2003 年，政府颁布了《中小企业效绩评价操作细则（修订）》，这套指标体系标志着对中小企业的财务考核有了一套较合理的考评指标体系。第五，基本形成了相互制衡的内部财务监督体制。执行监督的人员来源于董事会、监事会、独立董事、总经理、财务总监、内部审计部门，以及各级财务管理人员。各部门相互独立，相互制约，能很好地执行内部财务监督体制。

（二）中小企业财务监督体制中创新做法

股票期权是指一个中小企业给予其经营者在一定期限内（一般 3—10 年）按照固定的期权价格购买一定份额的公司股票的权利。当行权时，经营者只需支付期权价格，而无须考虑当日股票的交易价格。期权价格和当日交易价之间的差额就是该经营者的获利。股票期权其实是一种受益权，即享受期权项下的股票因价格上涨而带来的利益的权利。确定的价格购买本中小企业一定数量股票的权利。股票期权有以下几个特点：一是有偿，经营者须花钱购买，其获得的收益是来自于购买价与市场价的差额；二是具有选择性，经营者可以选择买或不买，也可以选择在规定时间段内的任何时点购买，因此这是一项纯粹的权利；三是兑付时间在未来，只有通过经营者的努力使中小企业价值提高，中小企业股票的市场价格才会提高，行权时才会获得利益。股票期权对于中小企业管理体制具有多重作用。首先，股票期权可以使中小企业所有者和经营管理者具有相同的利益目标。股票期权即具有激励作用，但同时也具有约束作用。如果中小企业运转好，公司股票升值，期权持有人自然可以获得差价中的利润，这必然促进经营者对中小企业的发展更为全心全意地投入。同时，购买股票期权还将占用经营者的资金。但一旦中小企业的业绩下滑、甚至暴跌，必然带给持有人经济损失。这就迫使经营者加强对自己的约束，为自己的经营行为负责，还会充分发挥其才能，促进中小企业经营业绩的提高，避免可能会给中小企业带来的损失。其次，股票期权还有利于降低中小企业的代理成本。中小企业所有者和经营管理者间是委托—代理关系。二者间总是存在信息不对称的情况，二者的目标也不相同。为了监督经营者，中小企业所有者必然将提高代理成本。但是通过股票期权激励，就可以避免二者目标不相同的问题，就将极大降低中小企业的代理成本。最后，股票期权还有利于招募和挽留人才。作为一个合理的分配机制，股票期权对经营管理者即具有约束作用，又具有激励作用，这才能调动经营管理者的积极性。作为一个在未来兑付的奖励，股票期权可以保持人员的稳定性。由于股票期权具有激励与约束双重特性，自 20 世纪 80 年代，美国的很多公司就实行了这种制度。目前世界许多国家的中小企业均纷纷效仿，引进这一成功的中小企业管理制度。在中国这一制度也被中小企业普遍采用。

（三）股票期权与财务监督的关系

随着中小企业经营规模的扩大，投资者也越来越多样化，出现了中小企业所有者和经营者的分离。中小企业投资者为了保证自身的利益，要加强财务监督，防止经营者出现损害所有者的利益的行为的发生；但同时投资还需要激励经营者努力工作，从投资者的角度去促进中小企业的发展。股票期权就是在此背景下产生的。因此，股票期权与财务监督有着紧密的联系。股票期权通过利益杠杆促使经营者为中小企业价值最大化而努力工作，即是财务监督之督促职能的体现。股票期权为经营者带来了潜在的巨大利益，但这种利益是同公司业绩相联系的。为获得这一利益，经营者就必须在合法、合规条件下，促进中小企业业绩的提升。股票期权作为一个利益杠杆，可以让中小企业所有者花费小的成本换来大的利益。我国中小企业曾尝试了多种对经营者进行监督和激励方法，但效果都不明显。因此尝试引入股票期权，有可能起到较好效果。股票期权这种激励形成在美国已得到充分应用，在我国也有很多尝试。在美国中小企业中，高级经营管理者的薪酬来源于三部分：基础工资、基于业绩的奖金和股票期权。在拥有发达的资本市场的美国，股票期权行权过程是非常简单的，难度在于如何设计股票期权内容，即数量和价格。在英国中小企业中，股票期权奖励的对象更为广泛，从高级管理人员到一般员工都可以获得。实施股票股权的目的有很多，如利益型股票期权、报酬型股票期权、激励型股票期权。在我国，武汉资产经营管理公司是国内最先探索股票期权应用的投资管理机构之一，它的应用也是比较成功的。从 1999 年开始，武汉市资产经营公司就开始对三家上市公司尝试采用股票期权激励。武汉市对中小企业经营管理者实施的报酬 = 基本薪金 + 奖励 + 年均收入，年均收入是以前年度经营业绩的累计报酬，奖励的 30% 部分以现金支付，其他则采用股票期权支付。一个股票期权的方案包含以下几项：股票期权行权所需股票来源渠道、股票期权授予和行使、股票期权的授予时机和数目、股票期权行权价的确定、股票期权的执行方法、权利变更及丧失、对股票期权计划的管理等。首先是股票的来源，目前我国上市公司增发新股和股份回购都受到很大的政策限制，很多中小企业都缺少稳定的股票来源以确保股票期权的行使。上市公司可以采用回购的方式取得预留股份，首先回购成本较低；其次对股票市场影响较小；最后可以逐步解决我国上市公司非流通股比例过高的问题。其次是确定股票的数量，目前在这一方面仍存在一些困难。从目前国内实施的股票期权计划看，都是事先确定经营者的报酬，而后再计算股票期权的股票数量，这其实同这种激励方式的预期目标有所背离。作为激励的倍数，股票期权的数量是很吸引人的，其激励作用非常明显。目前没有更多的参考数据，我们仅能想到以下几点：首先，可以参考国内外各大型公司的 CEO 的收入，其中可口可乐公司的 CEO，其每年的收入在 1 亿美元以上；而国内的福建三木是提取中小企业税后利润的 5% 作为奖励。其次，可以采用增量分析的方式，确定中小企业最低业绩水平后，根据实际业绩提取部分超额部分作为中小企业员工的奖励，并转为股票期权的形式。然后是确认股票期权中股票购买的价格。一般说来，高层经营管理人员的股票期权是无偿授予的。中小企业希望经营者通过有效的经营来提高公司价值，从而提高股价、获得收益。少量的中小企业也会要求经营者在获得期权时支付一定的费用，此举主要是为了增加期权计划的约束力，降低代理成本。作为一种金融资产，当没有期权费用时，也不意味着它没有价值。先对股票期权进行估价，其后才能决定期权授予的数量。多数情况下，期权的内在价值相当于行权价格与股票市价之间的差价。一般可以用"期权定价模型"（布莱克——斯科尔斯方程）来精确预估经理人员股票期权的价值。按照克莱斯勒公司的 ESO（经理股票期权）计划，每个特定的经理人员的 ESO 数量是这样决定的：由 B—S 模型预测出这些 ESO 价值连同该经理所被授予的"绩效股权"的价值之和，应等于同类公司同等职位的预计长期报酬的 75%。股票期权授予方案同时还应规定可获得人员的范围，如一般会限定在公司高层决策人员或科技开发人员。而实际的人员由董事会确认，同时以合适的方式向这一人员授予期权。获受人在接收股票期权后可以选择行权的数量、时间。

多数情况下，股票期权不可以在授予后马上抛售，需等股票期权的授予期结束后，才能获准行权。公司的董事会也有权缩短股票期权的授予时间。中小企业所有者通常选择在经营管理人员受聘、升职和每年一次的业绩评定时赠送股票期权。股票期权的授予额度没有下限，但是一些公司规定有上限。是为了避免对二级市场造成影响。股票期权还有私有的特性，获受人不能以任何形式出售、交换、记账、抵押、偿还债务或以利息支付给第三方。股票期权也可能废止。一种情况是雇佣关系解除（或退休）时，股票期权则提前失效。还有一种情况是在丧失行为能力情况下，该人或其配偶可以自由选择时间对可行权部分行权。如果公司被并购或控制权发生变化时，许多公司会选择让经营者提前行权。

在发达国家，中小企业经营管理者的薪酬结构由基本工资＋年底奖金的形式已转变为以股票期权为主体的薪酬制度。说明股票期权这种激励制度有着不可替代的优势。这主要表现在以下几点。首先对于中小企业所有者来说，股票期权降低了中小企业委托—代理成本，也降低了中小企业直接激励的成本，还可以留住专业经营人才。其次对于经营管理者来说，股票期权使其注重到所有者的利益，矫正其短视的行为。如果缺少适当的激励和约束机制，在中小企业所有者同中小企业经营管理者存在信息不对称的情况下，必然造成经营管理以自身的利益最大化为目标，做些损害中小企业整体或长远目标的决策。而股票期权是一种未来兑付的奖励，同中小企业价值直接相关，就将所有者同经营管理者的目标进行了统一。因此股票期权即是一种激励，也是一种约束，极大了降低中小企业的委托—代理成本。但股票期权在我一直没有大范围的被应用，这与我国的资本市场不健全有关，但同时也是因为股票期权这种激励制度存在一些弊端。首先，这种激励机制起作用的重要一点是股票价格可以真实反应中小企业价值。但在实际的资本市场中，股票价格往往背离中小企业价值，同中小企业的业绩关联不大。例如在证券市场上升阶段（牛市），股票期权可以给持有人带来很大的额外收益；而在证券市场低迷阶段，即使公司业绩大幅改善，但股票期权却随着市场的走低而变得毫无价值。此时，中小企业的经营管理者就可能为了自身利益，操纵股价，助长证券市场的泡沫蔓延。而股票期权表现出来的收益与风险不相匹配性，也削弱了股票期权制度的激励作用。经营管理者在取得股权激励时，可以选择行权或不行权。一些中小企业还会在期权价格低于获取价时调整期权价格，使得中小企业的经营管理收益多、风险小，难以达到预期的约束作用。会计委派制是国家以所有者身份对中小企业、事业单位委派会计机构负责人和主管会计的一种制度。这一制度对规范会计工作，提升会计信息的质量起到重要作用，是强化财务监督，预防舞弊现象的有效手段。2009年财政部、监察部联合印发了《关于试行会计委派制度工作的建议》，会计委派制在全国范围内开始推行，截至目前已有近10万中小企业采用了会计委派制有多种表现形式，根据需派驻单位的不同，可区分为中小企业和行政单位。对于中小企业的会计委派制有三种形式：财务总监、主管会计和会计统管统派。财务总监制适用于大型的或者国家控股中小企业，向下还可分为董事会委派财务总监、政府委派财务总监和总经理任命财务总监三种方式，不同的方式对应的财务总监职责权限区别较大。主管会计是由会计委派主体按照"统一管理、统一委派、分职任免"的原则委派会计人员负责被委派单位的会计工作。会计统管统派方式是由中小企业集团建立会计中心，由会计中心统一核算所属单位的会计工作或统一调配所属会计人员到下属单位。对于行政事业单位，分为直接管理和财务集中两种形式。直接管理形式是政府向所属行政事业单位直接委派会计人员，委派会计人员按照"机构不变，职能不变，地位不变"的原则实行统一管理。财务集中是指由财政部门成立财务计核算中心，对下属单位的财务集中管理。会计委派制的三个要素：委派主体、委派客体、委派内容。会计委派制的主体，对于中小企业来说，是指政府相关部门。委派客体即是接收委派会计人员派驻的中小企业或者单位。除中小企业、行政事业单位外，一些大型的股份制中小企业也会选择会计委派制。委派内容则包括两个方面，一是被委派的会计人员的选择、工作内容、工作权限、考核奖惩等，二是会计人员的薪酬福利、人事关系等。会计委派制中被委派会计人员需监督的内容主要集中在财务账项处理和资金收支等方面。《会计法》中对会计委派制需监督的内容做了以下规定：对原始凭证进行审核和监督。对不真实不合法的凭证不受理，对不准确不完整的凭证退回更正补充。对会计账簿进行监督。对涉嫌故意伪造、变造、毁坏会计账簿的行业予以制止，同时上报主管部门。对实物、款项进行监督。发现不符，纠正无效的，及时上报主管部门。对财务收支进行监督。对审批手续不完全的财务收支，退回，要求求改正补充。对违反规定的收支，制止或纠正无效的，并上报主管部门。会计委派制是近年中小企业采用最多的方式，在实际公司治理，会计委派制发挥了重要的作用，表现在以下几点中：会计委派制是防止会计信息失真的一项有效手段。委派制从根本上防范了会计造假行为，最大限度保证了会计信息的真实性。实行内部会计人员委派制可以在一定程度上防止虚假的会计信息，实现中小企业领导者经营权会计监督权的分离和制约，防止经营者为了个人私利，修改会计信息。会计信息的准确性高，可以使决策者在经济活动中做出相对准确的决策。同时中小企业会计信息的准确性，还将影响国家宏观调控做出准确的判断和预测，进行有效调控。很多时候我国宏观调控常在"上有政策，下有对策"中被弱化，调控政策得不到贯彻执行，是由于会计信息失真引起。会计委派制在中小企业推行，将有助于宏观调控有效性的充分发挥，促使整个国民经济的健康发展。会计委派制有助于防范中小企业偷漏税。部分中小企业财务管理混乱，会计核算资料不实，偷漏税现象时有发生。虽然进行了各种各样的财税改革，但不有从会计这一经济工作的基础环节入手，根本难以奏效。实施会计委派制就是从会计基础工作入手，变过去的事后监督为全过程监督。会计委派制有助于中小企业建立现代中小企业制度。股份制是中小企业的发展方向。但是一直未能建立起良好的监督约束机制，就使得现在的中小企业处于"所有者缺位"的状态。会计委派制可以改善这一状态下居高不下的代理成本，防止中小企业经营管理者了局部的、短期的利益而牺牲国家这一所有者的利益。

中小企业改革中相继出现的管理不善、资产流失等问题正有由于缺少有效的财务监督机制造成的。解决这一问题的关键就是健全监督机制，会计委派制正是建立在财务监督机制上的一个有效措施。这种形式即保证了中小企业自主的经营权，又在全程监控中防止中小企业出现追求短期利益的行为。会计委派制有助于提高会计工作整体水平。会计委派制是由政府或上级单位统一选择指派的，委派客体（即派入公司或单位）不能更换。统一选拔的会计人员会参加有计划的培训，然后通过考试竞争上岗，不合格的会被淘汰。同时将加强会计人员的职业道德水平，这些工作将提升整体会计工作水平。会计委派制可以使会计人员工作相对独立，避免受所处组织的影响。会计依附于中小企业存在，是中小企业中的一种管理活动。中小企业本身的会计人员作为中小企业的一员，与中小企业有着利益的依附关系，这势必造成财务监督的不力。而会计委派制可以消除会计人员与中小企业在利益上的关系，如此会计才能按其自身的责、权、利独立地工作。这种情况下可以在一定程度上防止发生会计人员被架空或会计人员与中小企业领导的联合腐败现象。中小企业也可以更好地利用会计人员提供的财务信息做出有利的经营决策。会计委派制可以有效防止资产流失。中小企业的会计人员如果来自于中小企业内部，则很难置高层管理人员的利益于不顾，如此往往会互相勾结，给出缺失错误的会计信息，间接造成资产流失。而实行会计委派制则可以对中小企业的财务信息进行监督，保证中小企业按国家财政法律法规、会计规章制度贯彻落实，确保投资者资产的保值增值。虽然会计委派制有着多项的优势，但其制度还不健全，很多实施方案尚处于试点探索阶段，存在很多明显的弊端亟待完善。被委派的会计人员难以获得中小企业真实的财务信息。会计委派制是由外部管理部门派遣人员到所在中小企业，委派客体对被委派人员必然存在较大的防备抵触心理。另一方面，也难以保证不出现中小企业的经营管理层采用拉拢或架空的方式，来阻碍外来会计人员的介入。而从委派主体的角度讲，如果只是强调会计委派制的监督职能而没有全面细致地做好会计的核算和管理职能，会使会计监督流于形式，不能掌握中小企业的真实会计信息，也就不能真正的发现中小企业存在问题，不能起到真正的监督作用。会计委派制的委派主体和管理主体仍存在界限不清，管理混乱的问题，会计人员的委派内容和管理内容没有一定之规，没有明确的指导规范，甚至会计人员的委派内容在不同的中小企业也有不同的内容，没有统一的标准。这些都会影响会计委派制达到其设计时的预期目标。会计委派制中被委派的会计群体权责不对等。被委派的会计人员到达中小企业后，难以行使其自身权力，这种现象非常普遍。会计委派制在一定程度上提高了会计人员尤其是委派会计的地位，但是不能阻止委派会计"有名无实，有职无权"的现象产生。会计委派制对被委派的会计缺少激励。在实行过程中，往往只规定了会计的职责和权限，而缺少与会计本身利益相关的激励。这也使会计缺少对中小企业严格监督的积极性。另一方面，中小企业的管理高层却可能因要拉拢会计而许诺其更多利益。两相比较，更易使会计倾向于对中小企业"高抬贵手"。

从上面分析看，会计委派制存在先天的缺陷，他需要的不仅是更完善的管理制度，还需要保证其落实。会计委派制由三方面要素构成，它的落实也须针对这三个方面来保证。首先委派主体在选择、委派、考核委派会计时，不仅需要考核会计人员本身的专业素质，更应考核会计人员的道德品质，为会计人员建立信用档案。一旦出现问题，即体现在档案中，防止不良会计人员被重复使用。对委派客体，除委派会计人员外，还应从别的角度进行监督，互相印证。对于委派内容，应适当添加对会计人员的激励，从根本上让会计人员有监督的积极性。另一方面，是从制度上完善会计委派制。在国外，会计委派制的落实需要国家从法律上给予支持，以法的形式明确其地位，从而保证其有效的开展落实。在我国已出台的《会计法》中，关于会计委派制方面的指导条款非常少，让不法的中小企业人员和会计人员钻了空子，让上级部门在查处时出现无法可依的尴尬局面。财务业绩评价是指对中小企业一段经营时间内，资产运营、财务效益、偿债能力、发展能力等指标进行定量及定性分析，并做出真实、客观、公正的综合评判。1999 年我国财政部为了更好地评价中小企业的财务业绩，联合多个部门制定并颁布了《资本金效绩评价规则》及其操作细则。这一规则，是将政府作为评价主体，由其直接或委派相关人员组织实施。评价客体为独资中小企业和国家控股中小企业。在规则中，详细确定了以下三项：财务业绩评价的评价指标、评价标准和评价方法。评价指标：财务业绩评价指标体系按中小企业类型分为了工商中小企业和金融中小企业两类。其中工商中小企业又分为竞争性和非竞争性中小企业。对于竞争性工商中小企业，主要的评价指标包含：财务效益状况、资产营运状况、偿债能力状况和发展能力状况四个方面。而金融中小企业的财务业绩评价内容主要包括中小企业财务效益状况、资产安全状况、资产流动状况和发展能力状况四个方面。以工商类竞争性中小企业财务业绩评价指标为例：可分为定量指标和定性指标三大类，基本指标、修改指标、评议指标三小类。评价标准。是指对评价对象进行客观、公正、科学分析判断的标尺。在评价指标中分为了定量指标和定性指标，在设计评价标准时，二者也是不同的。定量指标评价标准：包含基本指标和修正指标。

我国对于中小企业的相关指标评价，由财政部统一进行了规定、测算和颁布，具体由标准值和标准系数构成。评价标准值按不同行业、不同规模的中小企业经济运行状况划分为五档：优秀值、良好值、平均值、较低值、较差值。优秀值表示行业最高水平；良好值表示行业较高水平；平均值表示行业总体平均水平；较低值表示行业的较低水平；较差值表示行业的最低水平。而标准系数是对应五档标准值确定的水平系数，客观反映评价标准值的不同水平，用来计算指标实际值对应于五档标准值的得分。相关评价指标共中八个大项。一是领导班子基本素质，应较有较高的知识水平与经验，工作中业绩突出，组织中团结协作，有先进经营理念，业绩突出。二是中小企业产品市场占有率（或服务满意率），产品质量是否达标，功能是否优良，性价比是否合理。在市场中的占有率排名等。三是基础管理水平，包含中小企业的组织结构是否健全、合理；各项规章制度是否完备并得到良好贯彻执行；中小企业的会计核算、财务管理是否符合国家相关法律、法规；是否有明确的权责和有效的激励约束机制。四是在岗员工素质状况。员工的学历分布；是否能团结协作；是否遵守中小企业的规章纪律等。五是中小企业的技术装备更新水平。包含主要设备生产技术是否处于同期国际先进水平，并与中小企业生产实际需要相适应；是否重视技术投入，有雄厚的技术装备更新和新产品开发的技术力量和资金力量，每年研究与开发投入占销售收入总额的 3% 以上；是否有环保意识，环保技术措施完善。六是在相关行业和区域是否有影响力。表现为是否有很强的龙头作用，辐射带动相关产业发展，财政贡献突出，安排就业和再就业能力强。七是中小企业经营发展策略是否正确，即中小企业经营分展是否具有理性，有无科学的短期、中期和长期发展计划，各项经营决策是否符合实际，有利于中小企业效益的提高和长期、持续的发展。八是是否具有长期发展能力。根据当前指标的综合评定，中小企业未来的发展潜力是否巨大。评价方法。当前我国中小企业的财务业绩的评价方法主要分为两类：功效系数法和综合分析判断法。功效系数法是定量评价方法，指根据多目标规划原理，将所要考核的各项指标分别对照不同分类和分档的对应标准值，通过功效函数转化为可以度量计分的方法。

综合分析判断法是定性评价方法。它是评价人员秉持独立、客观、公正的原则，综合考虑影响中小企业经济效益和经营者业绩的各种潜在因素或非计量因素，参照评价参考标准，对中小企业效绩评价指标体体系中的评议指标进行比较分析判断的方法。财务业绩评价在中小企业财务监督中起到较大作用。财务业绩评价可以全面、真实的反映中小企业的运营情况。各项评价指标反映了中小企业经营过程的全貌，可以作为主管部门决策的依据，发现中小企业经营中存在问题。中小企业运营不当，往往会表现在真实的财务数据中，通过财务业绩评价发现问题、总结问题、提出改进措施，是一种可行的财务监督方法。但同时，财务业绩评价同其他财务监督方法一样，也存在部分缺陷。首先，财务业绩评价方法有其局限性，因而无法摆脱财务指标固有的一些局限性。首先这种评价方法是后期监督，只能反映中小企业过去创造价值的情况而不能预见中小企业未来的发展趋势。对一些定性的指标，主观评判影响因素较多，难以保证公平、公正。其次，对于不同规模、生产经营产品不同的中小企业，财务业绩评价方法不能一概而论。各中小企业间不具有可比性，在指标的解读上也存在差异。最后，此方法的各项指标标准和系数来源于财政部的统一规定。这种规定具有一定的时效性，随着社会经济的发展，一些指标将不具有意义而需要更正。但国家很难及时进行更正，也难以保证这一指标对全部的中小企业均适用。

二、中小企业财务监督体制存在的问题

目前中小企业财务监督体制已形成规范，外部财务监督体制、内部制衡的监督体制均已形成，中介机构也已成为公司中小企业监督体制中的重要力量。但是在运行中，财务监督体制仍存在很多问题，重点表现在以下几方面：缺少对中小企业经营管理者重大财务决策行业的有效监督。中小企业内部的重大财务决策，如投资、贷款、对外担保、中小企业并购或重组等决策，只要通过董事会讨论决定，即可实施。在此过程中，监事会参与会议全过程，并履行监督职能，但监事会成员没有投票权，只能事后评判式监督。从后期评估看，财务监督没有起到应有的作用。以上市公司郑百文为例，1988年该中小企业在流动资金严重不足时，仍向外盲目扩张，致使公司损失严重，在此过程中，没有看到相关财务监督措施。缺少对中小企业经营管理高层个人经济状况的监督。

在一些中小企业，工程的招投标流于形式，没有起到有效的监督作用。缺少对中小企业虚假、隐瞒财务信息的有效监督。各层级中小企业的委托人和代理人之间信息不对称是造成这一问题的主要原因。以关联交易为例，目前对关联交易的监督手段还非常欠缺。很多中小企业利用同关联方的交易，虚增业绩。特别是上市公司利用关联方交易，虚增利润，欺骗政府主管部门、中小企业相关利益人以及二级市场的交易人。这些需求虚假会计信息伪造的中小企业业绩，使资本流失严重，中小企业信誉深受其害。对于这些虚假会计信息，很多都是通过事后审计发现的，只有给予惩处，而不能事前控制。中介财务监督机构没有尽到应负的责任。目前控股上市公司的财务报告审查按证券监管部门规定，是由社会中介机构会计师事务所承担的。这方面存在的主要问题有：首先部分会计师事务所对公司年度财务报告审计鉴证严重失真。近年出现了多起会计舞弊、侵吞出资者资本的案件，都可以看到会计师事务所在其中的不光彩行为。其次会计师事务所对揭露中小企业财务问题没有积极性。在现行审计委托制度下，会计师事务所无权也不愿超出范围对中小企业违反规定的财务收支行为进行检查和披露。最后在现行体制下，会计师事务所等一些中介监督组织，获取业务的方式是通过和相关主管部门搞好关系来获得的，"寻租"现象严重。而通过提高审计质量、提供可资信赖的审计报告或评估意见取得的业务收入原比通过"寻租"现得的业务收入低。这造成了会计师事会务间的不正当竞争。中小企业内部财务监督机构专职人员的地位与归属不一致。主要表现在以下几方面：总会计师或财务总监在财务监督体制

中的地位不明。非上市的中小企业中，实行总会计师制度，不设财务总监。而控股上市公司实行财务总监制度，不设总会计师。在公司财务监督体制中，总会计师或财务总监是由政府主管部门指标，还是归属董事会管理，甚至有的中小企业直接受总经理的指挥，这些都没有统一的规定，影响到了公司整体财务监督体制的设置。内部审计机构的归属也问题严重。在现行的中小企业管理体制中，大部分内部审计机构归总经理管理，部分相对独立的审计机构，则归董事会管理。在此情况下，审计部门还能否对不同层次的委托人进行审计监督，是一个大的问题。这既影响到财务监督的效率和作用，也影响到内部审计的发展趋势。财务人员的监督地位尴尬。根据现行财务监督的有关规定，各层级的财务人员，专设的监督机构和人员，都有责任和义务对公司各层次的财务决策进行监督。以会计委派制中的会计人员为例，其本身是由主管部门下派的，但其中工作是在中小企业内部，面临着要么被架空，要么同所有中小企业同流合污的问题。会计人员身兼二职，既要维持下属的日常财务运行，负责日常财务事项处理，又要代表主管部门对所在中小企业财务收支行为进行监督。这种身份的多样化，带来了工作难度加大的问题。随着某大型中小企业体制的转轨，目前已实现了所有权与经营权的分离，逐步建立了现代中小企业制度。国家作为该中小企业的所有者，其职责由原先的运营转变为监督。为了防止该中小企业出现资产流失、财务监督弱化、会计基础工作落后、会计信息失真等问题，该中小企业先后进行了多次财务管理制度改革，并应用了会计委派制等创新的激励制度。可以看到，该集团作为中小企业的代表，其财务监督体制相对比较完善。但在其实际运营过程中仍存在着部分问题。如普遍采用的会计委派制，确定从一定程度上防止了资产流失，强化了会计监督，提高了财务信息的准确性。但是会计委派制只是一种治标的方法，没有内部监督体制的配合，是无法显示其功效的。除此之外，还有以下一些问题：首先该公司的会计任免与考核制度与内部管理体制有冲突。各省分公司的财务人员应由集团公司指派管理，但目前均是各分公司自行管理。财务是集中管理，这使得在实际工作中与本地的市场环境想脱离，无法实时对中小企业的经营决策给出合作的建议。最后分公司在地域上分布极广，难可保证全部的分公司有专业的财务人员进行监督。

三、中小企业财务监督体制问题形成分析

以上中小企业财务监督体制中的问题是由多种因素影响形成的。以下是其中重要的几个因素中小企业财务管理机制影响财务监督体制。财务监督体制的一个关键点就是利用财务激励或利益激励手段，激发中小企业财务管理体中各方人员的积极性。从激励理论中，可以看到，组织中的人员只有获得了正激励，才能将中小企业的财务目标作为自身的目标，才能在激励下有效运转并发挥正常的作用。而在目前中小企业的激励中，仍以传统的行政晋升、授予荣誉称号等精神激励为主，物质激励没有得到很好的应用，忽视了中小企业本身市场化的特质。在这激励中小企业财务人员时就会使其做出缺乏经济效率和效益的理财活动。中小企业财务运行机制影响财务监督体制。财务运行机制是指中小企业财务活动运行过程中各种因素相互作用、相互制约的关系。中小企业的财务运行机制由财务预算、财

务决策、财务监督和风险管理等组成，是中小企业财务工作中最主要和最关键的部分。高效的财务管理机制应是运行顺畅的，但受计划经济财务管理模式的影响，财务工作在运行时就出现了很多不完善的地方。另一方面，中小企业的财务决策流程也不规范。财务决策权掌握在政府相关主管部门手中，这导致了政府与中小企业之间权利不清，责任不明，这种共同控制的决策机制是不符合市场经济发展的客观要求的。中小企业财务控制机制不健全影响了财务监督体制的完善。

目前，我国中小企业财务控制机制存在的主要问题：中小企业公司制改革后，依照《公司法》的规定，管理者产生的途径是由股东选举产生董事组成董事会，由董事会聘任经理。这相当于政府的主管部门仍握有中小企业关键管理人员的人事任免权，而掌握人事权就代表掌握了这个中小企业的重大经营和财务决策控制权。从产权角度分析，由于中小企业的产权是全民所有制为主体的，这种产权制度就只能采取委托——代理形式。作为政府官员，即不拥有中小企业所有权，也不承担中小企业经营风险，中小企业的实际控制权就被逐渐转移到中小企业经营者手中，说明了公司财务管理控制机制的不健全。国家监督政策及执行存在缺陷，致使很多监督机制都名存实亡。从目前看，我国的中小企业多数未完成按市场规则形成控股经营管理者的委托——代理关系。在原有的"国家所有、分级管理"的资产管理模式下，国家作为第一层次的委托人，层层向下委托。委托环节多必然造成信息传递上的多环节和实践上的阻碍，使本来就不对称的信息更易发生扭曲。同时各级代理人的利益不尽相同，信息包括财务信息就不可避免地被各级代理人按照符合自身利益的方式来重新解读。在此情况下，无论原有的监督机制设置的多么完美，在执行中都将流于形式。以上因素影响了中小企业财务监督体制，并最终在现实中以下面几个形式表现出来。缺少真正代表国家投资人利益的财务监督机构和人员。从监事会制度看，目前全部的控股上市公司都设立了监事会，非上市的中小企业也设有外部监督人员。这些人员虽由国资委选派，但其个人的薪酬、福利等利益均由任职中小企业承担。当个人利益同中小企业所有者的利益出现矛盾时，很难保证这些人员时刻从经济利益上代表终极所有者行使监督权，约束其个人利益。而从中小企业治理结构角度看，董事会执掌了中小企业的决策权和监督权，应对资产权益负责。但同监事会人员一样，董事会成员的自身利益也在中小企业中间，个人利益与终极所有者的利益必然有差异，这就限制了其代表出资人实行监督的动机。从独立董事制度看控股上市公司的独立董事由中小企业经营管理层推荐，交股东大会表决通过。独立董事的推荐制度影响了其维护资产权益的独立性。还有一个很现实的问题，即便这些部门人员想要起到监督的作用，但其缺少专业的财务知识也阻碍了他们行使权利。

中小企业年度财务报告审计委托制度存在问题。从一般审计主体与审计客体分离的角度看，中小企业明显存在问题，因为审计的委托方也是被审计方或受托责任方。在非上市的中小企业中，股占绝对控股地位。政府部门代表国家行使所有者职权，选派代表作为董事进入公司，组成了以股董事为主的董事会。董事会理论上行使职权，聘用外部会计师事务所进行审计，提出预案，并在股东大会上投票表决。而在控股上市公司，董事会和监事会的主要成员虽仍由政府委派，但其个人利益和政治前途与公司的经营业绩紧密相关。为了追求个人利益，往往在财务报表方面制造虚假财务信息，在选择会计师事务所时，当然就选择肯按其意思出示审计报告的。在此过程中所有者或投资人的意志被淡化了，形成了事实上由被审计方委托审计主体的格局。公司内部人事管理制度方面的问题。在中小企业，一个很大的特点是人际关系错综复杂，其中不乏直系亲属、同乡、校友、等亲近的关系以及很多间接利益关系网。这些关系在中小企业的财权界定、财务监督制度的实施、对违规财务事项和相关人员的处理问题上，都是经营管理者决策时不能小视的力量。另一个特点，中小企业的人员素质参差不齐。以高层经营管理者为例，其本身的政治素质、业务能力和对待个人利益的态度等决定公司财务监督的目标、程序、内部监督权的配置和运行方式都决定了公司不同的发展走向。而在财务监督方面，缺少监督的必要财务知识的人员往往占据着关键的财务岗位。个别财务监督人员甚至会以手中的监督权谋取个人利益，在一定程度上降低了作用的发挥。

四、财务监督体制建立方法

公司法人治理结构包含四个组成部分：资产所有权、董事会、监事会、经理层。所谓理顺结构，就是四个组成部分的人员职务不能兼容，杜绝高层管理者交叉任职，尤其是董事长和总经理、董事会和总经理班子的高度重叠。同时，法人治理结构框架中一个重要特点是董事会对经营者财务约束和控制的强化。中小企业应在董事会的责任和权力基础上，构建一套以董事会为中心、出资人权益为保障的控制系统。中小企业由于其资产所有者为国家，因此其公司治理结构是以董事会为中心构建的，董事会对外代表公司进行各种主要活动，对内管理公司的财务和经营。只有董事会才能全方位负责财务决策与控制，决定公司的财务状况。这一中小企业结构的关键是董事会成员的组成，只有社会化独立董事、专业化的执行董事才能使董事会的形成与运作趋向于合理有效。为了确保董事会有足够的能力进行财务监督，应在董事会下设财务委员会或类似的专门机构。中小企业的财务监管主要从六个方面进行：授权约束。授权的原则是对在授权范围内的行为给予充分信任，但授权以外的行为则不予认可。授权控制是通过确定授权来明确授权事项和使用资金的限额，特别是对有些容易造成损失和资产流失的重要项目做出明确的规定，进行特别授权是必要的防范措施。通过授权控制，可以督促中小企业日常财务活动的规范运作，从而保证中小企业整体的有序运行。资本预算约束。从投资人角度看，资本预算是一项行之有效的控制举措。通过资本预算系地反映出中小企业为达到经营目标所拥有的经济资源的配置情况。以资本预算作为对各责任单位经营管理业绩进行考核评价的依据，可以确保经营有目标、管理有依据、奖罚有标杆。派驻人员约束。国资委可以向大型中小企业派驻监管代表，这也是加强控制的重要措施。比如，会计委派制中，委派财务总监在中小企业来实现日常的财务监控，参与中小企业的重大经营决策。财务运行约束。主要包括营运资金运作、资产负债约束、成本费用控制等方面，要从根本上把握和调度公司财务的总体动态，确保将宏观计划落在实处。审计监督约束。审计在中小企业财务监管系统中有着不可替代的作用，既包括国资委下属审计机构，也包括中小企业内自行组织的内部审计。内审部门不仅在于监督中小企业财务工作，也包括稽查、评价内部控制制度是否完善和中小企业内各组织机构执行指定职能的效率，同时也是监督、控制内部其他环节的主要力量。通过审计监管，可以及时发现和纠正所存在的问题，增强内部控制意识，发挥内部管理强有力的控制机制作用。对涉及金额数量大较的项目、经济合同、对外合作项目、联营合同等进行单项审计；对公司高层管理人员进行离任审计等。

五、构建绩效考核平台，强化阶段性监督

有人认为财务监督是从一种完全对立的角度去监督考察对象。这对财务监督没有进行深入的了解。事实上，从全面监督的客观效果看，财务监督并不排斥一定程度上的通过合理而科学的激励机制来营造一种良性循环的监督氛围。许多中小企业都进行了有益的尝试。为确保中小企业财务监督体制的完整性、合理性、有效性，可以通过设计监管环境，设计监管活动项目，建立信息沟通渠道等环节来进行推进。中小企业财务监督还需要同中小企业的绩效管理考核融合，才能在内部控制与绩效管理统筹运作的平台上，尽可能降低中小企业的代理成本，最大限度地实现和保障资产的利益。

六、打造业绩考核体系，构建监管与考评互动系统

中小企业在市场经济下，其目标是获取盈利。在打造业绩二核体制时，可以从财务信息和非财务信息两个方面入手。在财务信息方面，必须融合传统财务指标和现金流量指标，优化指标口径来考察收益能力。在非财务信息指标方面，主要关注和评估三个方面，即中小企业团队协作意识、创新能力与持续发展能力。为达到中小企业统筹发展，必须从中小企业的战略目标和管理目标出发，将财务监督体制与目标管理相结合，从经营成果、市场潜力、内部管理流程和人员发展等角度，协助中小企业建立完善的业绩考核指标体系和流程，进一步将业绩目标按中小企业内不同管理层次逐步分解。监控和激励员工努力达到绩效要求，将个人绩效同组织绩效进行有机结合，为实现中小企业战略目标铺平道路。首先需要将监管融入到绩效管理政策，即根据战略和薪酬总额，确立考核导向。其次应设计评价指标体系，即根据绩效考核的核心指标，按照控制与评价体系，确定指标权重。再次，设计考评奖惩标准，以明确考核者与被考核者责权、奖惩制度、奖惩措施等。最后，考核兑现奖罚，即按照绩效管理流程实施考核评价，落实奖惩措施。

总之，在现代中小企业框架下的财务监管，需要配套实施激励与约束相结合、短期与长期一体化的薪酬框架，凭借激励与约束两个重点，保障中小企业持续、稳定、健康发展。明确财务监督体制设计原则，现代中小企业制度是指以市场经济为基础，以完善的中小企业法人制度为主体，以有限责任制度为核心，以中小企业为主要形式，以"产权清晰、权责明确、政企分开、管理科学"为主旨的新型中小企业制度。中小企业是在一定的财产关系基础上形成的，中小企业的行为倾向与中小企业产权结构之间有着基本对应关系。而所谓产权，就是指财产所有权以及与财产所有权有关的财产权利。产权的基本内涵包含了所有权、使用权、收益权和处分权等，产权的总和就相当于所有权的概念。"产权清晰"就

可以保障产权主体的合法权益。产权具有排他性，产权所有者的权益是受到法律保护的。国资委作为专门的部门，负责全部中小企业的资产行使所有权、使用权、收益权和处分权等。"权责明确"是指合理区分和确定中小企业所有者、经营管理者和一般员工各自的权利和责任。所有者、经营管理者、一般员工在中小企业中的地位和作用是不同的，因此带来的权利和责任也是不同的。从权利的角度来说，所有者按其投资额，享有资产受益、选择经营管理者、重大决策和监督的权利。经营管理者是中小企业所有者的代理人，受所有者的委托在一定时期和范围内拥有经营中小企业资产并获取相应收益的权利。一般员工则按照与中小企业的合约拥有就业和获取相应收益的权利。从责任的角度来说，与权利对应就是责任，也就是对应承担的风险。所有者、经营管理者、一般员工是不同的利益体，互相是委托—代理的关系，即相互依赖又相互制衡。因此要做到"权责明确"，必须行使一套与权利和责任相对应的监督体制。"政企分开"的基本含义是国家作为资产所有者，需同经营管理权区分开。前面说过，如政企不分，政府在中小企业中的代表就可能为了短期的政治目标而损害中小企业长期的经济利益。改革以来先进行过的"放权让利""扩大中小企业自主权"等就是为了解决这个问题。同时"政企分开"的含义还包含将中小企业原先承载的一些社会职能分离出来交还政府或社会，如住房、医疗、养老、社区服务等。这可以使中小企业更快地融入市场经济，摆脱计划经济的影子。"管理科学"这个说法相对宽泛。即可以认为是中小企业组织应合理化，也可以认为是中小企业管理需要科学。在中小企业管理中，激励、约束机制又是调动人的积极性、创造性的核心。

"管理科学"最终还应从管理的经济效率上评判。明确中小企业对各所属单位管理中的决策权、执行权与监督权三者分立原则中小企业决策权、执行权与监督权不分离的现象很突出。两种权利或更多权利集中在一起，一方面易于监督，易滋生腐败；另一方面，由同一个或一批人来决策、执行、监督，很难做出客观的、理性的、公正的决策及监督。所以，为了防止中小企业内部权利过度集中，同发达国家类似，我国也应推进决策权、执行权、监督权分离，相互制约的机制。以某集团公司为例，集团公司的领导即是中小企业的决策者，握有中小企业的决策权，他们制定公司的发展方向。下属分公司即是执行部门，它们只需高效执行决策，也不需管这个决策是否正确。中小企业内的审计监察部门是专门的监督机构，三者之间是相互制约，相互协调的关系。根据 2000 年透明国际对腐败的定义"滥用委托权力以谋取私利"，则从严格意义上讲，每个代理人都可能出现"腐败"。因此从理论上来说，将决策权、执行权、监督权三权分立，是避免出现"腐败"的一剂良药。从集权到分权正是对权力有效监督的前提。中小企业内部的组织结构都是分层结构，具有等级制度，劳动分工，且内部各职能机构之间是相互制衡的关系。等级制度保证了组织内部结构的相对稳定性；劳动分工决定了人员知道他在整个中小企业中的位置和对他工作绩效的判断，明确其责权；而内部各职能机构之间的相互制衡保证了组织的持久性和生命力。股份公司是典型的分层组织结构，其法人治理结构主要由股东会、董事会、经营管理人员三方构成。股东会是由投资者组成的权力机构，它在拥有"剩余索取权"和"剩余控制权"的同时，将投资者的利益托付给董事会，而不会干预公司的经营管理事务；董事会作为公司的常设决策机构，根据公司法和公司章程行使董事会的职权，也不直接处理公司的日常事务，而是通过授权，委托经营者进行管理；经营管理者包含总经理和经理层，他们则是根据董事会的授权，负责处理公司的日常事务，并接受董事会的监督。上述各个权利层之间都各自行使着自己的权利，并受到一定程度的约束。这同时也说明在现代中小企业中，只有产权主体和管理主体层次代表和职责权限的不同，并没有管理的本质区别，由原始出资人组成的股东会是所有者财务管理的主体，各种支薪经理及财务负责人属于经营者财务管理的主体。而董事会则具有双重身份，其受雇于股东、对全体股东负责，对中小企业财务的主要事项进行决策和计划，兼有所有者和经营者的双重身份。财务管理作为中小企业管理的核心，它的一切活动都应是为实现中小企业的总目标服务。因此中小企业财务管理工作是以总体财务目标为核心的，同时兼顾不同因素、不同时间、不同层次的财务管理目标体系，指导中小企业财务管理的实践。例如：对该集团公司来说，股东大会的决定关系中小企业的各项"战略"；董事会研究并提出公司筹资、投资和营运决策等重大财务问题；经理层则涉及中小企业的各种经营活动，财务经理为完成这些任务进行资金的筹措和运用。

随着社会的发展，社会向多元化发展，权力在许多利益集团之间分配，不再集中在少数集团手中，各个集团都有自己的宗旨和追求目标，代表了社会生活的各个层面。即便是在控股中小企业中，资金一股独大，也有许多小股东有其自身的利益需求。同时中小企业的经营管理者，中小企业员工及其他利益相关者，均有自己的利益诉求。中小企业更肩负着履行纳税、组织参加公益活动等社会责任。如果中小企业不能满足上述各方面的利益需求，就不能在激烈的社会竞争中取胜，也就存在被社会淘汰从而倒闭的危险。财务管理要处理好中小企业各方面的利益相关者的关系，具体而言就是，对投资者能有丰厚的回报，对债权人有承诺的固定回报和还本付息，对顾客有良好的信誉，对政府、对社会及时履行义务。财务管理作为中小企业管理的重要部分，应该根据中小企业的各种目标，建立一个多元化的财务管理目标综合体，并在各个层次实行必要的激励约束机制，从而满足各方利益相关者的需求。财务分层管理思想，不仅是中小企业分层管理原则的体现，更是中小企业远近目标的结合和统一。在中小企业中，国资委授权董事会管理的是中小企业的长期目标；总经理管的是由董事会通过的近期、中层和长期方案的实施；中下层管理者的职责只是管好上一级经理分派的任务，完成中小企业的近期目标，从而为中小企业的长远期目标奠定良好的基础。由此看出，各管理层目标的不同，也导致了各层财务管理目标的不同，也就形成了相互制约、相互联系的财务分层管理。

七、完善中小企业财务监督体制的最优路径

对于完善中小企业财务监督体制这项工作的最优路径，我认为应对以下三个方面加强监督：日常经营监管、会计信息监管、重大事项监管。以上三个方面构成了一个完整的中小企业财务监督重点体系。加强日常经营活动的财务监督，重点是对采购、生产、销售、实物与货币资金四个方面的财务监管。采购是中小企业财务监督中重要的一项，其涉及大量的资金流出。对于采购程序中的各项经营活动，按时间顺序一般可分为编制采购计划、

签订采购合同、验收物资入库、进行会计结算等。首先财务监督从这个采购程序起始就开始进行跟踪。在采购部门编制了采购计划后，需送财务部门审核。在签订采购合同前，超过一定金额的标的，需有招投标的过程；不足一定金额的标的，需有询标的过程。验收物资入库，需有财务监督人员共同签字确认验收。财务监督工作人员应当从工作流程和操作规程上，把握部门衔接以及工作职责的明确划分。对采购过程中的内部管控相关的制度、系统、结构进行监管，并应建立会计记账人员、采购业务人员、财务付款人员和稽核审批人员高度分离的体制。对于生产性中小企业来说，购进存货与固定资产是为了生产服务，商品能否销售出去并赚取利润，取决于生产出的产品的质量与性价比。生产这一环节涉及大额度资金的流出，它即是中小企业整体生产经营活动的主要组成部分，也是财务监督的重要环节。财务监督人员在审查生产时，对设备使用、库存损耗、人员配置、技术开发、资源耗费等情况都应进行详细的审查和评价。在以市场需求为导向的市场经济条件下，销售的重要性日益突显，正在成为中小企业生产经营活动中至关重要的一个部分。财务监督对这一环节的监管主要包括应收账款的发生及回收等。中小企业财务监督涉及了整体生产经营各个过程中实物与货币资金的监督。

这一监督过程，即关系到各项财务信息的真实完整，也关系到当期损益会计核算的准确与否，甚至还涉及到前后各期的会计利润，并影响到组织中的流动资产变现能力等各项财务指标。因此，作为财务监督者，要着重对中小企业内实物核算与管理进行审查和监控。由于货币资金的高流动性，它也是风险最高的资产，是舞弊和差错最容易产生的地方。从历史案件看，许多贪污、诈骗、挪用等违法乱纪行为，都与货币资金监管疏漏有关。会计信息能全面真实的反映中小企业运营情况。真实完整的会计信息，是资产所有人、债权人、经营管理者以及社会公众进行相关分析与决策的重要依据，而虚假的会计信息不仅严重误导相关利益方，而且也会严重干扰社会经济秩序。为使会计信息真实可靠，就需要全面、系统、综合地审查会计报表所反映的事物的内在联系，这个工作主要是通过以下途径来完成。不论资产负债表、利润表和现金流量表都是会计报表使用者的重要依据，也是中小企业经营者粉饰业绩、操纵盈余的载体。对资产负债表的监督，主要是依据《中小企业会计准则》和有关的会计制度及会计原理进行。一般而言监督从四个方面进行：资产负债表的格式是否符合规定；项目是否齐全、完整；各项目的数据是否真实；补充资料中是否隐瞒了有关事项，如未决诉讼、财产租赁抵押以及或有负债等；对资产负债表进行人为的修改数据使其平衡，破坏资产负债表的内部联系和正常的钩稽关系，都会使会计信息失真。另外，还需要检查资产负债表内各项目的详细内容、检查资产负债表账表的一致性、检查资产负债表的年初数等。对利润表的监管，同样需要检查利润表的格式是否符合有关规定，检查各项目的填列是否正确；检查损益表内的钩稽关系；根据表内各项目之间的关系，对有关项目进行计算复核；根据利润表与其附表之间的关系，检查核对表与表之间相关项目的金额是否相等；检查利润表各项目的真实性、公允性和合理性。在检查时应着重查明中小企业利润的形成是否合法真实。对利润分配表的监管，着急在以下四个方面：有意或无意地少计可供分配的利润；将罚没财物的损失和纳税过程中的滞纳金等改为税前列支；利润分配数据计算不正确；任意提取有关的基金等。对现金流量表的监管表现在：是否按照规定的格式填制，而少填漏填的现象一直较为普遍；是否认真按照账簿资料填列有关现金流量表中的项目，而不是随意地凑数字；是否人为地调节了现金流量等。对现金流量表的监管，主要在了解有关情况、索取相关资料的基础上，检查取证。会计报表附注是指对会计报表本身无法或难以表述的内容和项目所作的补充说明与详细解释，是会计报表的一个重要组成部分。完整的报表附注有利于报表使用者更好地理解会计报表，了解被检查单位的财务状况和经营成果。

对会计报表附注的监管主要是关注会计估计变更和会计差错更正、债务重组、非货币性交易、关联方交易、或有损失、期后事项和持续经营能力等方面的账务处理、信息披露等有关内容是否符合规定。在这三个方面，监督主要采取以下四项措施：一是获取被监管中小企业提供的会计政策、会计估计变更的说明，与前期采用的会计政策和会计估计进行比较。二是查阅法规或会计准则等行政法律、规章以及被监管单位董事会、股东大会、管理当局有关会议记录，判断会计政策变更是否合理合法。三是获取并检查与会计估计变更和会计差错更正相关的资料，判断会计估计变更和会计差错更正的合理性；四是检查与会计政策、会计估计变更和会计差错更正相关的会计记录，确定其会计处理是否正确，会计信息是否真实准确。此项监督包括了两种情况：非货币性交易和关联方交易。对非货币性交易的监管一般分为六个阶段：获取并审阅股东大会、董事会和管理当局的会议记录等资料，查明报告期内是否发生非货币性交易事项；取得与非货币性交易相关的协议、合同，检查交易是否法性；通过查阅与非货币性交易相关的协议、合同等，分析非货币性交易的盈利过程是否完成；检查非货币性交易类型的会计处理是否正确；检查非货币性交易中发生的增值税、增值税以外的其他税金及资产评估费、运杂费等其他费用的会计处理是否正确；对非货币性交易所在地涉及的重要资产应进行实地确认。对关联方及其交易的监管则包含四个方面：检查关联方交易的条件及金额，检查关联方拥有的相关证据；就重大应收款项及担保，获取关联方偿债能力的信息；向被审计单位管理当局索取关联方及其交易声明书；对或有损失进行检查，包括未决诉讼、未决索赔、税务纠纷等。在合并会计报表编制过程中，可能存在的主要问题有两类，一是编制合并会计报表的范围不符合相关规定；二是报表中虚计或少计收入、多计或少计利润，提供虚假的盈利，这些都将导致会计信息失真。对重大事项的监管，从财务监管的角度出发，有以下几项重点财务工作是需要关注的。投资决策是一个中小企业资产所有者进行财务监督的重中之重，财务监督工作人员应密切关注项目可行性研究等环节是否在董事会负责下，按规定的程序进行决策。投资决策过程包含了以下需进行监管的重要节点：立项申请、编制项目建议书、编制可行性研究报告、落实筹备组建人员、合同与章程起草、谈判与合约签订、向相关政府部门申报等程序。在监管过程中，还应关注在投资项目立项前，是否了解了产品或服务市场的需求；投资软硬环境的相关情况；投资项目的风险与不确定性评估；经济效益估算；资金筹措与偿债能力等内容。

最后要收集《项目建议书》及其附件所要求的资料，查看是否完整；对项目建设的进度、规模、风险、效益的预测和阐述是否详尽和科学。投资项目的可行性研究是否由公司的投资管理、计划、财务、审计、法律等部门共同参与；此时的监管重点是，投资决策前是否对项目的必要性、风险性、市场预测、生产技术条件、投资估算、资金筹措和预期收益等进行了详细的分析。重大项目是否委托了政府部门、咨询公司及有关专家等进行了可行性论证和评估；书面论证分析报告是否由参加论证的人员分别签署意见。还应关注的是公司董事会对投资行为是否进行了集体决策等等。财务监管者要对被监管中小企业投资项目合同的签订、项目进度、资金筹措情况进行监控。其一，中小企业经营管理者在投资项目执行过程中是否严格按照议定的决议执行；当投资项目情况发生变化时，是否按规定的程序进行重新决策。其二，中小企业经营管理者是否依据《合同法》，签订了投资项目所涉及的出资协议、股权转让协议、担保合同、抵押合同、借款合同、承揽合同、建设工程合同、技术服务合同等；在以上法律文本的签订过程中是否有法律顾问参加。其三，合资、合作项目的协议、合同、章程的签订是否符合资产所有者的利益和要求；是否按协议、合同、章程的约定履行了权利和义务。其四，投资项目建设是否在规定的资金额度、规划进度范围内建设完成；资金的到位和使用、成本的控制等财务状况是否在预算指标考核范围内。其五，基本建设项目开工、设备采购等，是否按国家有关规定进行了公开招标；是否按规定对基本建设项目进行了开工前审计。其六，投资项目的实施过程中，是否实施了项目责任人制度；项目负责人是否定期向公司报告项目的进展情况；项目进行过程中，是否采取了有效措施，对出现的问题进行了及时处理。财务监督者应在投资活动进行到一定阶段后，针对投资项目的管理情况、收益情况等进行跟踪监督：其一，应监督是否根据可行性论证分析的要求，进行了投资项目的综合效益评价；是否定期对项目的进展情况进行评估和分析；是否进行了投资效益回报分析，三年后的实际投资效益是否与原可行性报告中的预期值存在明显差异；是否按有关财务制度规定进行了入账、转账、并表等财务处理。其二，独资、合资、合作项目的管理是否符合《公司章程》及有关制度和规定；是否按产权关系向出资人履行了义务，是否定期向国资委报送财务报告；是否按规定向国家支付红利。其三，基本建设投资、技术改造、开发引进等项目完成后，是否及时进行了验收；是否进行了项目审计；验收合格后是否及时进行了账务处理；项目投产后是否按原计划启用；能否达到可行性方案所预测的效果；是否按规定提取折旧、进行摊销等。其四，投资项目在运作过程中发生的严重问题如被投资中小企业脱离控制、长期亏损、资不抵债，以及固定资产严重毁损、长期闲置等情况时，被监管中小企业作为投资人是否采取了有效措施及时处理；处理过程中是否存在损害出资人利益的情况；是否对造成损失的责任人进行了责任追究。

八、在体制完善的基础上提高运行效率

对于一项体制，并非越完善就越好。因为体制要应用于中小企业管理实践中，而过于完善的体制，往往意味着过于烦琐的流程。对于中小企业，效率也是其追求的一个目标。效率是指在资源分配最优的前提下，达成目标。最优是指资源分配的一种理想状态，我们能做的在完善中小企业财务监督体制中，应注意提高其运行效率。首先应避免出现过度完

善的问题。以一项财务审批流程为例：正常的流程为经办人—部门负责人—财务主管—财务负责人—主管副总经理—总经理。但如果一个中小企业为了财务流程更加规范，将这个流程确定为经办人—部门负责人—经办人—财务主管—财务负责人—财务主管—经办人—主管经营副总经理—经办人—主管财务副总经理—总经理，则这个过程就是一种过度完善。即在不影响监督效果的前提下，尽量简化流程，就可以提高财务监督的运行效率。

九、财务监督体制相关配套措施的完善

（一）根据相关法律法规建立财务监督流程

为进一步规范和整顿市场经济秩序，确保会计信息真实完整，根据《中华人民共和国会计法》《中华人民共和国注册会计师法》《财政部门实施会计监督办法》等有关法律法规规定，制定了相关工作流程。根据财政部确定的会计监督重点行业和要求，提出每年度会计信息质量检查建议名单，经处、办领导审定后上报财政部。收集、保管有关会计监督的法律法规和制度规定，以备组织检查和学习之用。根据财政部确定的检查中小企业和会计师事务所名单或重点行业，收集相关单位或行业基本情况等资料，并提出检查方案。检查工作结束后，及时整理和起草工作总结和其他上报财政部的材料，经处、办领导审定后按规定时间和要求上报。收集整理有关检查和处理处罚等资料，建立会计检查档案。要坚持原则，秉公办事，廉洁自律，注意保守被检查单位的商业秘密。会计监督检查前组成检查组，认真搞好检查前的学习、培训工作，做好检查前的开具送达检查通知书等各项准备工作。检查组实行组长负责制，组长对检查工作质量进行监督，对有关事项进行审查复核，对提交的财政检查报告和工作底稿负责。检查组进点后，应召开有被查单位分管财务的领导、财务等部门负责人参加的见面会，由检查组介绍检查组的目的、要求、时间安排等情况，被查单位介绍生产经营、会计核算、部门机构设置及生产流程等情况。检查组严格遵守检查工作程序及财政检查工作规则，对参检人员适当分工，按检查单位认真收集检查证据和填写财政检查工作底稿，如实形成财政检查工作报告，草拟处理、处罚决定和建议，报办领导审定后下发或上报财政部。对被检查单位有异议的问题，要附书面反馈材料。会计监督检查的重点内容：一是被检查单位是否执行会计法律、行政法规和国家统一的会计制度。如：是否依法设置会计账簿；是否存在账外设帐和私设"小金库"行为；是否根据实际发生的经济业务事项进行会计核算；填制或者取得会计凭证、登记会计账簿是否符合规定，财务会计报告的内容、编制程序、签章要求、报送对象和报送期限是否符合规定，是否有伪造、变造会计凭证、会计账簿以及提供虚假财务会计报告的行为；公司、中小企业会计核算是否有违反《会计法》第二十五条、二十六条规定的行为；会计处理方法的采用和变更是否符合法律法规和国家统一的会计制度的要求；使用的会计软件以及其生成的会计资料是否符合法律法规和国家统一的会计制度的要求；是否按规定建立并实施内部会计监督制度和内部控制制度；是否按规定定期进行财产清查，会计账簿记录与会计凭证、会计报表、实物及款项的实有数额是否相符，会计账簿之间相对应的记录是否相符；在岗会计人

员是否持有会计从业资格证书，会计机构负责人（会计主管人员）是否符合任职资格，法律法规规定应设置总会计师的单位是否设置总会计师；会计档案的建立，保管和销毁是否符合法律、行政法规和国家统一会计制度的规定；单位负责人履行《会计法》所赋予职责的情况（包括是否有授意、指使、强令编造虚假会计资料的行为）；其他违反会计法律法规和国家同意会计制度的行为。二是会计师事务所是否按《中华人民共和国注册会计师法》和独立审核的要求履行审计程序和出具审计报告。如：是否实施了必要的审核程序，收集了充分、适当的审计证据；审计工作底稿是否完整，记录是否真实详细，是否有充分、适当的审核证据支持，已执行的审计程序和过程在审计工作底稿中是否如实体现；是否严格执行了三级复核，审计结论是否与审计工作底稿记录相符，出具的审计报告意见类型是否恰当，如有无用说明无保留意见代替保留意见审计报告的问题；其他需要检查的内容。贯彻检查与调研相结合的方针，根据财政部安排重点进行认真调研，同时要以简报等形式及时向部里上报检查工作进展情况。对于严重违规违纪问题，要查深查透，并及时整理上报典型案例，以点带面，有效促进检查工作。在检查中应当坚持原则、实事求是、客观公正、廉洁自律、依法办事，注意保守被查单位的商业秘密。严格执行《财政部门实施会计监督办法》《财政检查工作规则》等各项规定。由于检查人员没有严格履行职责造成国家和单位利益受到损害的，要严肃追究有关责任人的责任。在检查中发现重大问题应及时想办领导汇报，对于严重违法违纪典型案例要及时整理上报。强化风险意识，坚持依法行政。严格执行《财政机关行政处罚听证实施办法》和《财政检查工作办法》规定的程序，切实保障被检查单位的合法权益。如果追究有关人员责任的，按照《财政部关于财政部门追究扰乱财经秩序违法违纪人员若干具体问题的通知》的要求，制作《追究有关人员责任建议书》，送达有权处理的部门并追踪处理情况。

（二）在建设财务监督体制中引入信息技术

目前中小企业管理的各个环节都在越来越多的应用到信息技术，作为中小企业管理核心之一的财务管理自然也不例外。现代信息技术的发展与应用，给财务管理工作带来了极大的便利，使原先很多难以处理的财务问题变得简单易行，信息技术取代了制作凭证、记账、结账、出具报表等多个环节的人工工作，不仅提出效率，也使会计信息更加及时、准确性更高。应用信息技术的财务管理，要求中小企业具备相应的软硬条件才能更好地实施。同时在中小企业经营理念、中小企业业务流程、人员配备、人员素质等方面也都需要较高的水平。因此信息技术的应用，不仅为财会人员面向管理、参与决策提供了技术基础，促进了财务管理工作向更高阶段发展，同时还将培养一支适合会计信息技术的财会队伍。

十、财务监督体制基本框架构建

（一）设立财务监督目标

中小企业经过多次改革，大部分已实现了所有权与经营权的分离。资产的财务监督工作在此背景下显得尤为重要。因此财务监督的首要目标是能建立适应市场经济、反映市场规律的中小企业财务监督机制；其次财务监督机制要能够适应并促进现代中小企业制度；再次机制要能使监督机构有效履行其监督职责；最后机制要能够衔接宏观管理体制与微观中小企业机制。

（二）建立财务监督组织结构

现代中小企业制度下，中小企业所有权与经营权的分离形成了当前中小企业的多级委托—代理关系，处于委托方地位的主体因为同代理方的利益冲突及信息不对称问题的存在，必然要对代理方的财务行为进行监管。因此，在构建中小企业财务监督体制前，首先要建立财务监督组织结构，明确各方所处位置。

（三）确定财务监督方式

此种财务监督方式的实质，就是各级资产监管机构对中小企业的财务监督。我国法规中规定：中小企业应当依法接受主管财政机关的财务监督和国家审计机构的财务审计；违反此规定，资产所有者可以依法追究经营者的责任。对于中小企业，作为资产代理机构的国资委逐步形成了以会计监管、审计监督和指标综合评价三种监管手段组合成的财务监督体制。财务监督涉及资产所有者权利及其出资中小企业内部财务管理等多项工作，其最终目标是保证资产所有者的各项权利充分行使和各项利益的充分实现。通过新会计准则的贯彻实施，我国中小企业已逐步建立和规范了财务报表、财务预算决算管理、中介机构财务审计监督等财务工作。推进建立会计、审计、统计三项有机衔接的资产所有者财务监管机制，进行事前控制、事中约束、事后整改相结合的全过程财务监督。推行全面财务预算决算管理，实施资产所有者财务预算核准制度。财务预算管理是为了确保中小企业战略规划目标实现而采取的一种财务控制方法和监督手段。从资产所有者角度看，财务决算是事后监督，而财务预算才能起到事前控制、事中约束的作用；从国资监管角度看，事前控制、事中约束远比事后监督更重要、更直接。为此，各级国资监管机构就需要完善财务预算报表体系，细化财务预算目标，规范编制内容和要求，并与月度财务快报结合。通过实施中小企业财务预算核准制度，逐步研究建立财务预算审核、分析、批复和监控工作规范，及时跟踪风险监测和有效控制中小企业经营成果、成本费用及重大资本支出和中小企业战略规划目标等的完成情况，推动中小企业提高财务管理的工作水平。而以中小企业经营管理者经济责任审计为主时，应重点关注和评价决策失误、管理不善、营私舞弊等恶劣行径造成的资产流失、中小企业经营亏损等情形的出现。在资产监管体制改革以后，政府委托的代理人对中小企业法定代表人经济责任审计过程中就应把中小企业经营者决策失误、管理不善以及舞弊造成的资产损失作为审计的重要内容，由审核财务账面数据准确性的浅层次向审核重大财务决策方面转化，向审核和完善中小企业内控制度转化，形成审计监督的有效途径。同时，对中小企业法定代表人的经济责任审计，应将重点放在事前审计，事中审计，同时兼顾离任时的事后审计，特别是对投资项目大、投资金额多、影响力较大的项目，要做到事前严格程序，事中跟踪审计，事后评估评价。健全重大财务事项备案、核准及审批制度，规范中小企业财务行为，防范财务风险。对中小企业财务决算范围、聘请财务审计中介机构、重大资产损失等事项实行备案管理；对中小企业在会计政策、会计估计变更和会计差错更正的备案管理；切实关注中小企业应收款项管理，防止中小企业随意调节主营业务收入及利润；进一步规范委托理财等高风险投资，并进行备案管理；规范中小企业利润及利润分配管理，对凡消化以前年度挂账、潜亏以及跨期收益转回等特定会计核算行为进行核准；发生中小企业对外担保、大额资产抵押、质押等重大财务事项，实行备案管理；中小企业执行《中小企业会计制度》后，对八项资产减值准备事项进行监管；规范中小企业重大财务事项协调和监督，帮助和服务中小企业协调重大财税政策，协助债务重组、资产重组，处理债权债务等，逐步建立中小企业重大财务事项监管工作制度和工作程序。以中小企业清产核资资金核实为起点，建立健全中小企业资产损失责任界定及追究制度。中小企业应当建立、健全内部财务监督制度。中小企业设立监事会或者监事人员的，依照法律、行政法规、本通则和中小企业章程的规定，履行中小企业内部财务监督职责。经营者应当实施内部财务控制，配合投资者或者中小企业监事会以及中介机构的检查、审计工作。《中小企业资产监督管理暂行条例》第三十六条要求："及控股中小企业应当加强内部监督和风险控制，依照国家有关规定建立健全财务、审计、中小企业法律顾问和职工民主监督等制度"。中小企业内部监督和风险控制制度的健全性和有效性直接关系到中小企业能否有序和持续的发展。中小企业内部监督和风险防范这一要求，实质上也是对中小企业管理水平和管理质量的一种评价标准。从这个意义上讲，这也是对中小企业财务的一种再控制、再监督制度。加强中小企业内部控制，防范财务风险。中小企业内部的财务监管体系，早期是指中小企业内部的财务管理体制，现在则指建立内部的财务约束机制。这种约束机制可以通过建立和完善内部控制制度来实现。内部控制按照其控制目的的不同，可分为会计控制和管理控制。会计控制是指与保护财产物资的安全性、会计信息的真实性和完整性以及财务活动的合法性有关的控制；管理控制是指与保证经营方针、决策的贯彻执行，促进经济活动的经济性、效率性以及经营目标实现有关的控制。建立内部会计控制可以分会计和财务两个方面，会计控制内容具体包括对货币资金、实物资产、对外投资、工程项目、债权债务、成本费用、采购、销售、担保、涉税等经济业务。财务控制的内容则是对中小企业各个层次上的财务活动进行的约束和监督，包括中小企业筹资、投资、资金运营及收益分配。就财务控制而言，无论哪一项都是以资金为核心，最终以资金形式体现，结果都会形成直观的会计记录。但它的特殊性又表现在它主要控制涉及到预测、分析、决策等经营管理性行为，其控制对象中人的比重大大增加，因此财务控制的主观能动性整体上比会计控制要强，应居于内部会计控制的核心地位。规范和指导中小企业依照《内部会计控制规范》及具体规范开展监管工作。资产监管机构履行出资人控制职责，必定充分考虑内部会计控制的原则，采用不相容职务分离控制、授权批准控制及会计系统控制的基本方法，指导中小企业进行内部财务监督设计并评价内部财务监控的建立健全和有效一贯性，这其中尤其要重点抓好货币资金、采购与付款、销售与收款规范控制。在范围、权限、程序、责任等方面更加明确，注重选择关键控制点，以保证资产安全完整、经营合法合规、财务报表会计信息真实，并提高中小企业经营管理的效率效果。在所有权与经营权分离的前提下，中小企业应加强内部控制环境的建设，重要的是要明确股东会、董事会、监事会和经理层的权力、职责、利益，形成各负其责、协调运转、有效制衡的现代中小企业治理结构，建立现代中小企业制度。这些工作是建立中小企业内部财务监督体制的前提。在我国中小企业内部，会计机构和会计人员在加强中小企业内部财务监管中处于核心的地位，把会计控制和内部审计监督工作紧密结合起来，特别是在管理者内部会计控制观念普遍淡薄的情况下，应当依靠政府的权威性，按照有关法律法规来规范中小企业，建立健全内部会计控制制度并使之有效实施。要加大执行力度，对不能加强中小企业自身内部会计控制、违反法律法规导致中小企业目标没有实现的，应依法追究管理者的责任。《通则》第七十六条规定：主管财政机关以及政府其他部门、机构有关工作人员，在中小企业财务管理中滥用职权、玩忽职守、徇私舞弊或者泄露国家机密、中小企业商业机密的，依法进行处理。根据《中华人民共和国会计法》，建立国家监督、社会监督和内部会计监督三位一体的监督体系。目前我国为了加强外部财务监督，已开始尝试财务总监委派制，对中小企业实施财务监督。该集团公司目前的财务人员即垂直管理，下属分公司的财务人员由集团统计派遣。加强外部财务监督的力度应从以下几个方面入手：建立财务总监市场，在大中型中小企业全面实行财务总监委派制。财务总监委派制是指为保证财务会计信息质量，促进中小企业良性发展，保证投资者的利益，通过财务总监市场，由董事会或资产监督管理委员会委派，代表所有者对中小企业的财务活动实施财务监督，并参与中小企业经营活动的约束机制。财务总监由所有者委派进驻中小企业，代表所有者参与并控制中小企业重大的财务决策和日常的财务活动，参与中小企业的经营活动并出谋划策。财务总监委派制有利于保证中小企业整体的财务会计信息质量，为广大的投资者服务，为提高我国中小企业，尤其是上市公司的会计信息质量，增强投资者的信心奠定良好的基础。在财务总监委派制实行的同时，全面实行财务负责人委派制。财务总监委派制只是控制财务信息质量的手段之一，其重点在于防范财务收支的失控，但由单个财务总监解决单个的大中型中小企业的财务失控，其力度值得怀疑。借用中介机构力度进行审计。在此情况，通过会计师事务所等中介组织进行独立审计，也是一个好的外部监管的形式。中介机构可以依据独立审计准则，站在公正的立场上对内部控制中的重大缺陷提出书面报告。使中小企业内部的财务监管真正发挥作用，确保资本的安全和合理使用，确保中小企业财务目标的实现。作为中介机构财务审计人员的储备，我国的会计资格考试和注册会计师考试已经实行多年，全国范围内优秀的会计师和注册会计师遍及各地，并分别由各地的会计事务管理局和注册会计师协会管理，因此实行财务负责人委派制的条件已经成熟。由所有者委派财务会计人员，并由财务总监领导，可以从根本上解决中小企业乱收乱支、利用会计手段虚增利润的现象，从而根治财务会计信息失真的问题，为社会经济健康发展保驾护航。从过去专家、学者的研究成果看，财务总监的工作重心在于财务活动，它包括重大的财务决策、日常的财务活动、重大的经营决策。从深圳 1995 年开始在中小企业实行财务总监委派制的经验来看，实行此制度后，中小企业的经营业绩确实取得了提高。委派的财务负责人的工作中心应是：在财务总监的领导下，按照财务会计法规、制度和规章负责日常会计核算，对外提供高质量的会计信息和财务信息。只有这样才能从源头上保证财务会计信息的客观性、准确性和真实性，提高财务监督的质量、水平和力度。

会计委派制与财务总监委派制和其他外部监管方式相比，更易获取被派驻中小企业的内部信息，包含财务信息。这种形式兼具内容监管的方便性、日常化，和外部监管的公开性、公平性。但目前看，会计委派制中的会计其权力没有清晰的界定，因此难以获取国有中小企业高层决策信息，难以与高层管理人员协调与沟通。而以财务总监的形式安排，则可以很好地解决此问题。另一方面单独委派财务总监，容易形成"架空"局面，委派会计则正好可以弥补此缺陷。因此，中小企业财务监管的最优方式就是将二者结合。独立财务总监与会计委派，是指由中小企业资产所有者的产权代表向中小企业同时委派财务总监与会计两种层次的财务监管人员，以便对国企经济活动实施有效监管的一种制度安排。独立财务总监的优势是其独立性、超脱性，他专门负责监管不参与经营决策；而委派一般的会计工作人员，则可以更为顺利地进行中小企业基层财务工作，才能更多的获取信息。由此可以看出，独立财务总监与会计委派制，并不是财务总监委派制和会计委派制的简单相加，而是在吸收二者优点的基础上通过对二者重新赋予新职责和新的工作内容的一种崭新的中小企业财务监管的制度设计思路。独立财务总监的岗位按中小企业高层管理人员的层次设置。其职权主要是：审核中小企业的财务预算、决算，审核财务重大项目的方案；检查中小企业财务报表和财务制度执行情况；与中小企业董事长联签重大投资、境外投资和产权变动项目；对中小企业重大财务事项和全年财务状况进行评价；参加董事会和监事会，可以有知情权而没有表决权；对中小企业超出一定限额的大额资金流出享有必要审核权；向委派单位提交季度、年度工作报告和重大事项报告；对中小企业高管人员的工作提出奖惩意见。会计人员则是负责中小企业会计核算和财务管理的基层管理人员，其职权如下：参与财会部门日常工作；了解中小企业是否贯彻执行国家财经法规，是否具体制订了本中小企业的财务制度并切实贯彻执行；做好经济活动的事中监控，对正在执行的合同、应收未收账款、投资分红款、单位及个人借款等，应定期检查、监督、跟踪，督促限期收回，防止资金体外循环和流失；审核中小企业财务收支的合法性、合理性和有效性，保证会计核算资料合法、真实、准确、及时、完整；贯彻上级领导的工作要求，承办公司领导交办的其他工作；向委派单位提交季度、年度工作报告和重大事项报告。独立财务总监的职责是监督，因而他只对存在的问题发表看法，不参与中小企业日常经营决策，从这一角度来说，他与中小企业经营管理者是一种监督与被监督的关系。对于没有问题的有关事项，独立财务总监在行使必要审核权时应无条件签字。会计人员与国有中小企业经营管理者则是一种上下级关系，对经营管理者加强财务管理的思路和措施应积极执行，如发现其有违反财经法规和不符合中小企业利益的行为，则主要通过独立财务总监去协调处理。

独立财务总监与总会计师的关系：独立财务总监岗位可定位在董事会或监事会中，主要行使财务监督权，不负责日常财务运；总会计师岗位定位在中小企业高级管理层，行使财务管理权，对整个中小企业的会计核算和财务管理全面负责。总会计师要接受独立财务总监的监督，独立财务总监也应积极支持总会计师的工作。派出的会计人员在财务监督方面接受独立财务总监领导，在会计核算和财务管理方面，接受总会计师领导。独立财务总监、总会计师、派出会计人员三者在日常工作中应注意沟通，互相支持配合，共同做好中小企业财务监管工作。独立财务总监一般不与国企其他中层管理人员发生直接的领导与被领导关系，但对中小企业中层管理人员在执行财务制度方面具有评价权。以上制度设计对二者的业务素质和道德素质要求较高，我们认为采取公开市场招聘是一种较好的方式。通过对二者的职位分析，设计出能全面准确地度量各自专业素质的考试，通过考试选拔合格人才。同时，其管理也应有别于以往的人事管理，而要符合市场规律要求。首先，二者的工资福利待遇，应按人才类别，确定市场化标准，从受派单位收取由委派单位支付。其次，要培育形成一个职业化的独立财务总监和派出会计人员的人才储备库，便于优胜劣汰，形成流动。最后，要探索建立科学合理的考评体系，例如应将如何通过外部监督发现中小企业违纪违规问题的定性定量情况作为考评独立财务总监的指标之一。

明确财务监督的内容资金集中管理是规避资金风险的有效手段。该集团公司成立资金结算中心不单纯是为了节约财务费用，更不是为了盈利，重要的是通过资金结算中心这样一个平台，加强对所属中小企业资金的监管，防范资金风险。在资金管理上，要严格按照国家提出的"四个严禁"管理，即严禁擅自对外投资，严禁对系统外担保，严禁证券投资和严禁委托理财。下属市（州）分公司除了中小企业正常的生产经营活动所需要的周转资金外，发生重大的筹资、集资、融资活动时，都需报集团公司，等待监管部门审批。资本监督管理委员会和资本运营主体必须对其负有监管责任的中小企业的各类资产进行监督管理，控制资金流向，对资产保值增值负责。基层分公司对外投资的各类资产，必须进行可行性报告研究，并报资本运营主体同意。公司内任何单位不得对外提供经济担保。控股或独资中小企业进行固定资产技术改造投资时，需要先报作为其投资方的资本运营主体同意批准。在资产处置方面，中小企业对固定资产、流动资产盘亏、毁损、报废等净损失，坏账损失，被盗损失以及财产担保损失等，必须建立严格的鉴定和审批制度。对中小企业公司制改造、与外商合资以及其他对外投资中的财产转移，要建立严格的评估和报批制度。中小企业财务会计信息是资本出资人了解被出资中小企业运行情况的基本手段，也是各项监管工作开展的基础和依据。中小企业财务信息的质量直接决定着监管的水平和依据。财务会计信息失真，出资人和中小企业经营者之间的信息不对称，是造成资本监管不力或失控的重要原因之一。为此，应建立和完善出资中小企业的财务信息报告制度，以及时、全面地反映中小企业的财务状况和经营成果，为各项监管工作提供信息支持。财务报表的真实性、可靠性及相关性是保证信息使用者做出正确决策的基本前提和条件，因此要严格审查报表相关数据的真实性，从源头上堵住会计信息作假的可能性。基层中小企业应按照月、季度和年度向资本运营主体授权的监管部门报送财务预决算报表和重要的财务报告。报告中要重点说明有负债、或有损失等特殊事项，年度财务决算报表还应同时报送注册会计师的审计报告。

十一、对财务人员的监督

随着我国市场经济的发展，国家为规范中小企业的管理，理顺经济秩序，不断出台适应现阶段社会主义市场经济体制的制度。中小企业财务管理人员必须认真研究，加强学习，掌握最新制度规定。正确反映中小企业发生的各项业务，改进管理，及时有效地监控，使财务工作按照合理合法的要求高效运作。持续开展财务管理人员职业道德教育，提高自我约束意识。加强财务人员的职业道德建设，在财务监督工作中有着十分重要的位置。财务人员如果不遵守职业道德，就必然导致违法违纪现象。因此，必须积极开展财务人员职业道德教育，不断提高按照财务制度办事的自觉性，这是加强财务监督的思想基础，也是开展财务监管的基础。建立基于平衡计分卡的财务监督指标体系，平衡计分卡是从财务、客户、内部运营、学习与发展四个角度，将组织的战略落实为可操作的衡量指标和目标值的一种新型绩效管理体系。其最大的优点在于四个方面是相互影响、相互联系的。在财务监督指标体系中引用平衡计分卡的方法，可以最大限度考虑所有影响财务监督的指标，改善原先仅关注短期财务指标的体系缺陷，防范中小企业短期行为影响长期利益。

十二、利用模糊数学方法建立财务监督体制模型

财务监督体制评价涉及的因素众多，应选用综合评价法进行评价。综合评价法有模糊综合评价、多元统计法、灰色综合评价法、层次分析法以及神经网络综合评价法等。模糊数学研究的是客观事物中各种不确定现象及其相互关系，其中的"模糊综合评价"方法是研究在对某一现象进行评价时，对引起这一现象的各种因素（其中的各因素均带模糊性）进行评价，最终获得对原现象的评价值。对于现实世界中带有模糊性的信息与现象，常采用模糊数学进行加工处理。由于财务监督体制评价存在定性化和定量化的特性，可以运用模糊综合评价的方法对监督体制评价进行研究。本文采用将层次分析和模糊数学评价相结合的方法，首先使用层次分析法给定评价指标体系中各指标的权重，而后用多级模糊评价方法对模糊指标进行评价，提高评价的准确性。在财务监督体制评价中，由于评价因素具有多层次多因素的特点，模糊评价体系的建立需要先从单因素出发，然后逐步建立各个层次的模糊评价体系。评价结果既要反映财务监督体制目前所处的状况，还要反映出该体制的薄弱环节，以方便中小企业进行有针对性的加强监督体制的建设和完善，方便国资委、财政部等部门科学合理地开展中小企业财务监督体制性评估，全面系统地监管中小企业的财务问题，促进中小企业财务监督水平的提升。

（一）财务监督评价指标的选取

本文构建的财务监督评价指标体系分为以下三个层次，第一层是总体层，即评价总目标层；第二层是模块层，即影响财务监督的最主要的四个要素模块，包括财务模块、客户模块、内部运营模块、学习和发展模块；第三层是元素层；即每一个评价因素有哪些具体的指标来描述，它是评价指标体系的最基层指标。目的性，指标体系应当可以客观的描述评价对象的本质特征、结构及其构成要素，应服务于评价活动的目的性，按照评价工作的

要求，指标体系应能够支撑更高层次的评价准则，为评价结构的判定提供依据。系统性，指标体系要能简洁明了的表达复杂的问题，且多方面多角度的体现财务监督体制建设的整体状况和水平，系统地反映出财务监督的科学性。科学性，在构建评价指标体系时，必须要有科学的理论依据，每一个指标在理论上都应有据可查，要能客观的科学的体现财务监督的某一方面问题，概念必须明确且具有财务监督的特定内涵。可操作性，评价工作能够顺利进行就需要评价指标的测定必须有良好的可操作性。一般地说，指标量化过程中要求所需资料能方便收集，并且能被现有的方法和模型使用。定性和定量指标相结合例如中小企业客户的满意度、中小企业员工的满意度等因素本身十分抽象，其对应的评价指标难以精确地去量化，评价过程中容易受到评价者主观性的影响，但为了保证评价的全面性和系统性，这些指标是不能忽略的，所以，评价指标的选取定性与定量的结合是必要的。可比性，指标的选择要保证同趋势化，使同一时期不同中小企业之间以及同一中小企业不同时期的财务监督具有可比性，评价指标的标准化过程也可以解决这个问题。协调性，由于影响财务监督的各要素之间是相互影响相互制约的交互关系，所以选取指标时也要求充分考虑指标之间的相互协调相互补充的特性，同时还要避免指标之间的包含关系，以消除评价结果因指标间的相关关系而产生倾向性，避免人为地提高或降低了中小企业的财务监督的科学性。突出性，选取的指标既要能全面、客观的反映财务管理和监督各方面，又要根据主要因素和次要因素的区别，突出重点，避免次要因素喧宾夺主，所以指标选取应坚持突出性原则。映射原则，有时要评价某个对象难以量化，或者很难找到直接反映该问题的指标或反映该评价对象的指标，这时可以从目标实现所体现出来的现象进行映射提炼或使用易量化的指标来进行映射。评价指标是财务监督评价的核心问题，评价指标的选择是财务监督体制研究的基础和关键。不同的指标体系结构可能会得出不同的评价结论，甚至影响到评价结果的准确性。指标选取应能够以反映财务监督科学性为目标，合理地反映中小企业财务监督体制建设的主要特征和基本状况。文中前面已经谈到了财务、客户、内部运营、学习和发展是评价财务监督体制的最重要的四个方面的要素，所以在这里列出了评价因素集。

（二）利用层次分析法确定评价指标的权重

根据评价系统的实际需要，组合必要且合理的分析数据是评价系统完成评价任务的必备前提，理清分析参数之间的层次关系，将复杂的分析过程分解为相对简单、明晰的计算与推断步骤也就是参数体系的制定过程。目前国内外常用层次分析法来实现各种评价系统。层次分析法（The Analytical Hierarchy Process，简称 AHP）是由美国著名运筹学家匹茨堡大学教授萨蒂（Saaty T.L.）在 20 世纪 70 年代初提出的，他是在为美国国防部研究"根据各个工业部门对国家福利的贡献大小而进行电力分配"课题时，应用网络系统理论和多目标综合评价方法，提出的一种层次权重决策分析方法。1980 年，该方法在其名著《The Analytical Hierarchy Process》中正式确立（Saaty T.L.，1980）。这种方法的特点是在对复杂的决策问题的本质、影响因素及其内在关系等进行深入分析的基础上，利用较少的定量信息使决策的思维过程数学化，从而为多目标、多准则或无结构特性的复杂决策问题提供简便的决策方法。尤其适合于对决策结果难于直接准确计量的场合。层次分析法对评价分析工作中存在的许多模糊不清的相关关系如何转化为定量分析的问题而提出的体现层次权重决策分析法。它把一个复杂的问题表示为有序的递阶层次结构，通过人们对相邻层次间元素的两两比较、判断和计算，最终确定最底层各个元素对总目标的相对重要性。这种方法可以统一处理决策中的定性与定量因素，特别适用于无结构问题的建模。层次分析法的整个过程体现了人的决策思维的基本特征，即分解、判断与综合，易学易用，而且定性与定量相结合，便于决策者之间彼此沟通，是一种十分有效的系统分析方法，广泛地应用在经济管理规划、能源开发利用与资源分析、城市产业规划、人才预测、交通运输、水资源分析利用等方面。层次分析法首先将财务监督评价的问题看作受多种因素影响的大系统，这些相互关联、相互制约的因素可以按照它们之间的隶属关系排成从高到低的若干层次，叫作构造递阶层次结构。然后请财务管理和监督研究领域的权威人士对各因素两两比较重要性，再利用数学方法，对各因素层层排序，最后对排序结果进行分析，辅助进行决策。层次分析法软件把解决的问题划分为三个层次：目标层、准则层和方案层，并对判断矩阵的数据进行对称性检验和一致性检验。最后求出各方案的总排序权重，从而找出最优方案。递阶层次结构指标体系的建立层次结构模型是 AHP 方法中十分重要的一步。首先把实际问题分解为若干因素，然后按属性的不同把这些因素分成若干组，划分递阶层次结构，一般可分为最高层、中间层和最底层。最高层也称为目标层，这一层中只有一个元素，就是该问题要达到的目标或理想结果。中间层称为准则层，层中的元素为实现决策目标所采取的措施、政策、准则等。准则层不见得只有一层，可以根据问题规模的大小和复杂程度，分为准则层、子准则层。在层次结构中，最高层表示研究问题的目的；中间层表示实现总目标所涉及的中间环节，如准则、约束、策略层等；最低层表示解决问题要选用的各种政策、方案、措施等。以上一层元素为准则，比较下一层元素的相对重要性，得到两两判断矩阵 A。AHP 方法引用了 1～9 的比率标度法来构成判断矩阵，在构造判断矩阵时应遵循的原则为：元素的比较必须在某一准则下进行；两个元素比较时，必须抛开其他因素而独立进行；比较时不可片面追求具体数字，只要大体上比较其重要程度即可；允许出现甲比乙重要、乙比丙重要、丙又比甲重要的判断，因为这种现象在现实中是存在的，只要满足一定的一致性即可，不必完全满足。在得到判断矩阵后，应根据矩阵求出最大特征值和特征向量，以得到本层次的元素相对于上一层次中某元素的相对重要性权值。在得到判断矩阵后，应根据矩阵求出最大特征值和特征向量，以得到本层次的元素相对于上一层次中某元素的相对重要性权值以上构造的各层次元素的判断矩阵是按上层与下层各个元素之间计算的，在此基础上还需确定某元素相对于最上层总目标的相对权重。为了得到某一层次相对于上一层次的组合权重，首先用上一层次各个因素分别作用为本层次各因素之间相互比较判断的准则，得到本层次因素相对于上一层次各个元素的相对权值。然后在此基础上，用上一层次因素的组合权值加权，即得到本层次因素相对于上一层整个层次的组合权值。依次沿递阶层次结构由上而下逐层计算，即可得到最低层次各因素相对于最高层次的相对重要性权值。评价因素权重的确定是财务监督评价关键的环节之一。权重实际上是一个相对量，它的确定是否恰当，直接影响评价结果，本次各因素权重客观地综合多数专家的经验与主观判断技巧，对大量的非技术的，无法定量分析的因素进行概念估算。通过多轮征询，利用层次分析法构建判断矩阵，并做一致性检验，经多轮征询直到专家意见构成的判断矩阵具有满意的一致性。利用以上方法分别求得各因子的最终权重为如表所示。

十三、财务监督评价系统设计

（一）系统技术方案

这篇论文选用的开发模式是 B/S 架构，整个软件结构分成显示层、中间层和数据层三个层次。显示层是整个结构的最顶层即客户端，显示成用户界面，IE 等 WEB 浏览器；中间层是结软件构中的核心部分，主要的任务是应用处理，它用于处理接口层的 HTTP 请求和建立与数据库服务器的交互以及连接；软件结构的最底层是数据层，它的接口是 ADO.NET，软件的数据部分采用 Microsoft SQLServer 为存储介质，它的主要任务是处理应用层对数据的请求。

（二）系统总体架构

本系统采用三层结构设计，由于严格定义了客户机和服务器的处理范围，把友好的图形界面交客户端处理，而服务器只处理数据管理。三层结构模型是由表示层、应用层、数据层三层组成。即系统界面部分，是系统与用户的接口部分，负责用户与应用程序的交互。它接受用户的输入、请求，并将结果返回给用户，表示层根据用户的操作调用相应的业务逻辑，它一般只与中间层交互而不直接访问后台数据库。应用层：是系统的业务逻辑处理部分，又称中间逻辑层。应用层是应用逻辑处理的核心，是具体应用的实现，是连接客户和数据库服务器的中介和桥梁。它响应用户发来的请求，执行某种逻辑应用任务，同时应用层向数据层发送 SQL 请求，数据层将结果返回应用层，最终将资料和结果返回给客户。数据层：即数据库服务器，实现数据的存储、数据的访问的控制、数据完整性约束和并发控制等。

（三）数据库详细设计

数据库是生产管理信息系统的核心，它负责信息的收集、组织、存储、加工、抽取和传播。数据库所存储的信息能否正确地反映现实世界，在运行中能否及时、准确地为各个应用程序提供所需的数据，直接关系到以此数据库为基础的生产管理信息系统的性能。换句话说，数据库设计的优劣，直接影响到系统多方面的性能。要设计出优秀的管理系统，必须采用科学的方法设计数据库。数据库的设计内容：对于一个给定的环境，进行符合应用语义的逻辑设计，建立实现系统的目标，并能够有效存取数据的数据模型。数据库的设计和使用过程是信息从现实世界经过人为加工和计算机处理又回到现实世界中去的过程。好的数据库设计方案的一个重要方面是确定数据在数据库中如何组织。在一个数据库中，数据存放在一个或多个表（table）中，表中数据应易于检索、维护。本系统所使用的数据库是

Microsoft SQLServer 数据库，包括 28 个表。为了实现规范化，在本数据库中，所有的表和字段均采用英文命名方式，而未采用中文命名，而且多以拼音形式命名，这样有助于直观地理解各个表及其字段的含义。在设计各个表结构时，充分考虑了主键、外键以及其他主要字段之间的关系。

第十一节 基于技术创新的中小企业筹资与市场筹资决策

一、两种筹资结构的比较

金融体系有两大主要组成部分——中小企业体系和金融市场，在金融体系结构的基础上，中小企业外部资金来源分为中小企业筹资和市场筹资。中小企业进行技术创新时，由于存在着技术不确定性和严重道德风险，需要技术创新资金的中小企业如何在中小企业筹资和市场筹资之间进行选择，决定中小企业选择何种技术创新筹资来源的主要因素是什么。这些问题的研究有助于推动我国中小企业技术创新的发展。由于中小企业和金融市场所配置的资金的相对水平取决于中小企业监控的效力和金融市场的发展，在计划经济时代的金融体系里，一直缺乏"利润动机"的中小企业或金融市场交易者意味着严重的筹资者相关信息的缺乏，筹资者的可观测质量一般平均很低，这样提高了中小企业融资的价值，原因有两点金融市场上筹资者面临着他必须自己支付的较大的"道德风险保证金"低的可观测质量减少了知情交易者具有的信息的价值，因此削弱了获得信息的动力。而且，在这样的环境中，金融市场交易者的不成熟意味着他们获得特定筹资者相关信息的成本更高，因此在金融体系的初期阶段，中小企业融资必然占主导地位。随着金融体系发展进化，成功的筹资者会建立良好的信誉从而改善道德风险问题，提高筹资者整体的可观测质量平均值。这样更多的筹资者将转向金融市场，同时市场交易者也越来越熟悉中小企业。因此，以中小企业占主导的金融体系发展方向将是中小企业失去一部分市场份额给金融市场。以中小企业为核心，技术创新可能会包括以下几个阶段构思—研发—中试—批量生产—市场营销—创新技术的扩散，中小企业在创新进程中的每一个阶段都需要不同规模的融资支持。在几种融资方式均可获得时，中小企业将根据创新的性质和发展阶段、对资金的需求规模和期限来选择成本最低的融资方式、市场主导型金融结构最适合的创新类型和创新阶段是具有更大的不确定性和更多元化信息条件下的，而中小企业主导型金融结构最适合的创新类型和创新阶段是具有更低的生产性风险和单一信息的。市场主导型金融结构对那些不确定性的技术创新具有特别的优势，因此在总体上更加支持技术创新活动和技术创新行为。除此以外，中小企业和市场在于支持中小企业技术创新方面没有绝对的优势差异，而是各有特色。因此，有利于技术创新的金融结构首先应该是能够提供给中小企业更多的融资方式选择的金融结构。由于中小企业和市场的机制不同，导致其对风险处理的方式也有差异，一般把中小企业称为技术创新的风险共担机制，而把资本市场所发挥的作用称为风险分散机制。如图所示，市场包括股票市场和债券市场通过证券交易将中小企业在技术创新中所面临的风险分散到投资者的手中，因此起到了风险分散的作用，但与之相比，银行却只是通过为中小企业提供融资支持而建立了同中小企业共同分担风险的机制，技术创新风险并没有通过中小企业传递到储户，在建立了存款保险制度的社会中更是如此。市场与中小企业相比，有更大的对生产性风险的承受能力，这也就是中小企业为什么在筹资决策时往往采取审慎态度的原因。因此中小企业主导的筹资结构往往只能提供最简单、最基本的风险管理服务，而市场型筹资结构可以创造出很多不同种类的金融风险产品，在提供大量的风险管理工具上具有优势。从技术创新的角度来看，中小企业的创新程度、资金需求量、创新的市场前景和金融结构有着非常密切的联系。对于创新程度较低、资金需求量较小和市场前景比较清晰的创新来说，中小企业往往愿意为中小企业提供资金支持但对于那些较大的创新，或者市场前景非常不明朗的创新，市场型金融结构更有优势。年提出了一个基于观点多样化基础的模型，说明新兴产业的出现需要市场主导型金融结构的支持。在金融市场中，每个投资者都可以自行了解有关新产业和新技术的信息并依据他获得的信息做出投资决策，在这种情况下，尽管有些投资者不愿意投资，但创新型的产业或中小企业仍然可以获得融资支持而在中小企业主导情形下，投资决策由中小企业代理投资者做出，尽管这能够节约信息成本，但由于前述的信息缺乏和观点多样化会最终导致经理人放弃投资，或者经理人愿意投资而投资者不愿意提供资金，最终的结果是技术创新无法得到资金支持。因此，在以下情况，市场筹资比中小企业筹资有优势市场规模越大技术不确定性越大在技术创新的生命周期的早期由于监管导致的中小企业贷款成本无效性越大。在以下情况，中小企业筹资比市场筹资有优势道德风险越大监视成本越小技术不确定性越小。

二、中小企业筹资与市场筹资决策模型

首先对模型进行初步描述。当存在大量的技术创新投资机会时，由于投资者拥有不同的先验信念概率，他们会以不同的方式解读这些信息，悲观的投资者会拒绝投资，而乐观者会从相同的信息中得出相反的结论。该模型有如下假定技术创新投资项目开始时，在未获得新信息之前，假定投资者成为乐观者或悲观者的概率是一样的。假定有一个需要资金的技术创新项目，需要投入的资金数为工，项目本身由中小企业家技术创新者所拥有，但他没有足够的自有资金，必须向中小企业或市场寻求筹资。有一个由个风险中立的投资者组织的闭联集，每个投资者只有一个单位的资本可用来投资，即完成技术创新项目需要投资者。假设中小企业家获得项目的所有剩余收益，而投资者承担机会成本。为简化起见，假定投资者的最好选择是零报酬率的安全资产，因此，对每一单位的初始投资，最后只收回一个单位的资金。投资者最初对项目的盈利性有着对称的信念。当他们支付成本时，可以获得有关项目盈利前景的更多信息。成本支付之后，投资者要么由于预期每单位的投资回报而变得乐观，要么预期每单位的回报为面对项目变得悲观。某个知情的投资者成为乐

观者的概率为。如果没有支付任何成本，那么直到投资决策做出以后才能明确投资者的类型。上述关于项目的假定在图中有一个简要的描述。在初始时期，所有投资者都缺乏关于技术创新项目详细特征的信息，在二期时，出现了一些关于技术创新项目的信息，于是投资者可能会有两种选择，即进入投资决策期。一种是选择不支付任何关于技术创新项目信息的获得成本，仍然保持对技术创新项目的不知情状态另一种是投资者支付成本的信息费用，成为技术创新项目的知情者。知情的投资者进一步分为乐观者和悲观者。

三、基于技术创新的财务投资的特征

中小企业在技术创新方面的投资不仅在提高国民经济可持续发展能力、增强国家经济力方面起着决定性的作用，而且能使中小企业获得持续的竞争优势、实现中小企业的可持续发展。因而，中小企业越来越重视在技术创新方面的投资。尤其是在高新技术迅速发展的今天，中小企业间的竞争越来越剧烈，迫使中小企业的技术创新投资力度越来越大。一个中小企业如果在技术上比竞争对手落后，就有可能在剧烈的竞争中被淘汰。如公司在年代率先开发了工微处理器技术，但决定不将这一技术进一步产业化或进一步开发。当其他中小企业采用微处理器配备计算机并占领了市场后，公司发现再进入微处理器的计算机市场已变得十分困难，而且进入成本相当高昂。因此，中小企业的技术创新投资已成为决定其在市场竞争中的地位的关键因素。在经济、市场全球化的二十一世纪，中小企业间的竞争更是前移到新技术的研究与开发阶段。经济活动中，高风险与高收益总是同时并存的。据有关资料显示，技术创新财务投资有左右的成功率就可收回技术创新的全部投入并取得相应的利润。也正是因为这样，世界上许多国家相继建立了风险投资中小企业，向技术创新提供风险性贷款，促进技术创新。当代许多中小企业，也正是以技术创新的高收益性为准绳进行技术创新、求得发展的。如以微软为代表的软件开发中小企业的勃起，中国青岛海尔集团的崛起无不受益于技术创新的高收益性。当然，技术创新的高收益性与这种高收益性的获得并不是一回事。如果技术创新的投资者不能占有因技术创新带来好处的绝大部分，而是让它的"竞争者们不劳而获轻易占了便宜"，就会挫伤创新者的积极性，致使创新过程中断，于中小企业于国家都是极其不利的。如当今中国假冒伪劣商品对新产品的冲击正是如此。所以国家在建立技术创新激励机制时，应切实保障技术创新者的权益，加强专利制度、保密制度等产权激励机制和反不正当竞争法等市场激励机制建设，确保中小企业技术创新的发展。中小企业技术创新财务投资的不确定性是指投资者在当前并不能够确切地知道将来的投资收益状况，投资的未来收益状况是投资者所不能完全控制的，是由投资者所处的外部经济环境的随机变量决定的，理性的投资者只可能知道其投资未来收益状况的主观概率分布。不确定性就意味着风险，当外部随机经济变量朝着有利于投资者的方向变化时，投资者将来就会获得正的收益否则，投资者的投资就有可能失败。几乎所有的投资都面临着未来的不确定性，中小企业技术创新投资也不例外。技术创新财务投资项目一般具有很高的不确定性，这种不确定性主要表现在两个方面技术不确定性与经济不确定性。技术不确定性主要存在于技术创新过程中的阶段，这种不确定性表现在新技术的研究与开发有可能成功，也有可能失败，它与经济系统的总体运行关系不大，相对于技术创新投资的决策过程而言是内生的经济不确定性存在于整个技术创新过程中，尤其是在新技术的市场化或产业化过程中，新技术的未来市场需求状况、市场份额、市场价格等都是不确定的，从而使得技术创新的未来收益也是不确定的。经济不确定性与整个经济系统的运行有关，相对于技术创新投资的决策过程而言是外生的变量。技术创新投资的经济不确定性的另一个方面是投资成本的不确定性，投资成本的不确定性对技术创新投资也会产生很大的影响。高风险性是技术创新财务投资不确定性的必然伴生物。技术创新需要投入相应的人力、物力、财力，投入的多少取决于技术创新的程度。一般而言，技术创新程度大的投入越多，技术创新程度小的投入越少。技术创新的投入有时不只局限于技术的研究开发阶段，还可能延伸到生产经营管理阶段和市场营销阶段，如投资机械设备、开辟营销网络等，这些投入能否顺利实现价值补偿，受到许多不确定因素影响。如上所述，既有来自技术本身的不确定性，也有来自市场、社会和经济的不确定性，可能使技术创新的投入难以得到回报。对于组织方法的创新同样存在风险。虽然组织管理方法的创新投入相对较小，但因涉及利益的重新调整，能否顺利实施并产生效益，实难把握。如果环境发生变化，或劳动者难以接受新的组织管理方法，就会挫伤劳动者的生产积极性，影响技术创新工作的开展。投资的成本不可逆性是指由于投资的失败而导致投资的成本部分甚至全部变成沉没成本，从而不能收回全部投资成本。中小企业技术创新投资的成本包括研究与开发的人力投入成本，如雇用研究与开发人员的工资、雇员的培训费及解雇费等，研究与开发的设备成本，如试验设备费、原材料费、办公设备费等同时还包括研发成功后的新技术市场化的广告费、营销成本等。在技术创新过程中的任何一个阶段，投资成本都是不可逆的。

迈克尔·波特在其《竞争优势》一书中指出任何产业都面临着现存竞争对手的竞争、新的竞争对手的进入、替代品的威胁、客户的砍价能力和供应商的砍价能力这五种竞争作用力。这五种竞争作用力使得任何产业中的中小企业要想确立其竞争优势就至少应采用成本领先、标新立异、目标集聚这三种基本竞争战略中的一种。从迈克尔·波特的分析中可以看出，采用任何一种竞争战略，中小企业都必须进行技术创新。工艺创新可使中小企业成本领先产品创新可使中小企业标新立异目标集聚战略要求在产业的某一细分市场上或通过工艺创新实现成本领先，或通过产品创新实现产品与服务的差异化。从而产业内的中小企业之间必然就会进行技术创新活动的竞争。在其《产业组织理论》一书中第十章详细分析了中小企业的研究与开发活动与新技术的采用问题。认为不同的产业组织结构或者说市场结构对中小企业的技术创新活动产生不同的激励，由于垄断与竞争的程度不同，技术创新的替代效应与效率效应使得中小企业在不同的市场结构下采用不同的创新策略。这也说明，中小企业的技术创新投资活动受市场结构的影响，市场结构的不同决定了竞争程度的不同，从而影响中小企业的技术创新投资决策行为。幸综上所述，大多数技术创新投资机会对于投资者而言具有一定程度的垄断性，但并不都具有完全的排他性独占权，因而，在追逐利润的中小企业之间，竞争就是不可避免的。在不同的市场结构下，中小企业在进行技术创新投资决策时就必须考虑竞争对手的长应。技术创新财务投资利润的非独占性是阿罗提出的技术创新过程所具有的一个分析性特征。技术创新中小企业不能够独占技术创新的全部收益，这应该是个确定性问题。但是，在创新过程开始以前的决策中，创新中小企业一般有意或无意地假定它们能占有全部或绝大部分的创新利润。然而，事实并非如此。一旦创新中小企业获得技术创新成功，其他中小企业就会千方百计获取有关创新技术的信息资料并用于生产。很显然，创新技术具有一部分公共品的性质，也就存在着溢出效应。至于会有多大比例的收益会溢出取决于市场上的制度条件、中小企业在市场上的地位、创新技术本身以及竞争对手的实力。

第十二节 加强中小企业财务管理对电子商务市场的适应

一、推进 CIO 平台建设

CIO 平台。在中小企业内部，原有的管理观念和多年的工作习惯将成为 CIO 平台引进和运营的最大阻碍，旧观念、旧习惯必然不适应这一财务管理新模式。在 CIO 平台下，中小企业的财务管理信息变得透明，差错有据可查，监督有据可依，在一定程度上动摇了中小企业经营者即管理者的集权地位，很大程度上使得中小企业的经营避免了暗箱操作。中小企业领导要客观地充分地认识到 CIO 平台的优点，增强面对挑战的决心和勇气，提高对新型财务管理模式的重视，积极引进 CIO 平台，创新中小企业的财务管理模式，从中小企业制度由上而下推行方面保障 CIO 平台的顺利运行。增进技术支持。互联网是一把"双刃剑"，在为经济社会生活提供便利的同时，伴随电子商务时代而来的是网络和中小企业经济信息的安全问题。要保证财务数据在 CIO 平台得以安全传输，中小企业必须加强软件日常管理，强化财务系统网络防火墙，加强对计算机病毒和黑客入侵的监控，维护网络安全。CIO 平台的投资对中小企业来说数额不菲，且该平台全面细致地管理中小企业财务各环节，一旦平台性能不稳定，中小企业运营将陷入瘫痪，中小企业势必蒙受巨大经济损失。因此，首先中小企业要根据供应商的信誉、提供的相关软件质量以及售后的日常管理和维护等服务，慎重选择软件供应商，使用符合国家相关法律规定的软件；另一方面，中小企业可根据自身经营情况，设立部门或专岗，在中小企业内部培养软件维护人才，减小对供应商的依赖。

二、优化 CIO 岗位设置

增设 CIO 平台相关的部门或岗位。首先，根据中小企业规模和经营情况，设立单独的信息技术部门或成立信息技术小组，引进 CIO 平台，并设专人维护和运营，技术层面保证新的财务管理模式顺利运营；成立以中小企业负责人、财务负责人等为核心的投资决策小组，根据拟投资规模（一般的、重大的、非常重大的）分配投资决策小组人员的审批权限，明确权责，保证中小企业投资决策有规可循，进而提高中小企业在投资等问题上的决策效率和科学性；视中小企业规模而定，成立监督委员会或监督小组，可4—5人组成，可设专门的岗位，也可中小企业内部员工兼任职务，负责监督中小企业的会计信息披露情况，确保中小企业会计信息披露真实有效；依据中小企业自身经营情况和公司治理结构，客观充分认识中小企业集权、分权及混合型三种财务组织模式优劣势的前提下，"相机治理"，灵活合理地选择财权分配形式，保证各项业务及时高效地开展，提升中小企业价值。明确职能部门权责分配。日常管理中，中小企业各职能部门各司其职，在保证完成本职工作的前提下，中小企业负责人视具体情况对相应职能人员进行授权，确保权责明确、管理科学，使中小企业各部门分工协作，保证中小企业资本管理模式、会计信息披露模式和财务组织模式三者有机结合，提高中小企业在资本管理过程中的财务预测效率，及时做好财务的计划和分析，保证财务决策科学合理，加强财务内控，使中小企业财务管理职能得到充分发挥；中小企业财务部门内部要提高对资本管理的重视，调整资本结构，可设专人专岗负责中小企业的投资决策；同时，财务部门要强化并规范中小企业会计信息的披露。

三、加强人才队伍培养

从业人员的培训与学习。CIO平台的实施对中小企业财务管理从业人员的管理和技术水平提出了更高要求。相当一部分财务管理的从业人员习惯遵循以往的工作方法，尤其是老员工，接受新事物的能力较弱，CIO平台的推广使用存在一定的困难。为此，加强中小企业财务从业人员培训势在必行。中小企业要培养会计人员专业素质，帮助其适应电子商务新环境，学习CIO新平台的日常管理和使用；利用网络等多种途径，监督并贯彻落实财务从业人员的继续教育，帮助员工树立终身学习意识；加强财务人员职业道德教育，对其进行安全意识和安全规章制度的教育和考核，保证中小企业的会计信息如实披露的同时，提高从业人员的财务信息保密意识，防止信息泄露；任用专门的投资管理人才，提高中小企业投资决策的科学性。财务技术人才的培养。为适应网络时代的经济发展，向社会输送新型人才，我国的高等教育应提高对信息科学和网络技术的重视，改革高校的会计学专业甚至经济管理类学科的教学内容，引进新设备，加入电算化等实务类课程，提高专业课实习比重，加强高校学生在电子商务背景下的从业技能和创新能力。

四、强化内部监督管理

加强中小企业内部监督考核。针对现阶段中小企业资本管理的欠缺和会计信息披露的不完整，以及潜在的中小企业经济信息安全威胁，中小企业内部的监督考核制度亟待完善。中小企业应根据自身情况，建立健全利于中小企业管理的、相对合理的监督考核体系，与成立监督委员会（或小组）相呼应，进一步加强对会计信息披露的有效监督，强化中小企业资本管理的绩效考核，并制定与之相应的激励措施。与此同时，对中小企业财务信息安全进行全方位多角度监控，为了确保财务系统方面的安全，要利用正确的法律制度，合理控制和打击不法财务行为。健全会计档案管理。中小企业要提高财务工作重视度，多样化备份会计数据，健全会计档案管理。加强信息输入、输出合法性的管控，不仅要通过 CIO 平台输入信息，还要及时按规定打印输出，将输出的纸质材料统一定期归档管理，既明确权责，有效防止信息泄露，又便于数据出错和系统故障时查询和恢复数据。

五、完善相关法律法规

网络财务安全法律法规。国家层面提高重视，相关部门在充分调研的基础上参考国外成功案例，建立健全符合我国国情的电子商务相关方面的财务法律法规。加大网络安全保护力度，严厉打击网络犯罪，建立并完善网络安全保障系统，为电子商务的安全和顺利运行保驾护航。同时，出台关于中小企业披露的法律法规，将中小企业的会计信息质量标准和披露的责任义务具体化，坚强国家层面监管力度。电子商务相关优惠政策。依托"互联网＋"的大好形势，国家层面应建立健全电子商务的相关优惠政策，如提供技术支持和专业培训、增加补贴等，各级政府要用够、用足优惠政策，鼓励中小企业勇于创新和探索中小企业的财务管理新模式，扶持中小企业发展壮大。上述措施是笔者提出的成功运行 CIO 平台的一些必要条件，中小企业在实际运营中，一定要结合中小企业具体情况充分调研讨论，参考成功案例，总结经验教训，真正做到有的放矢，保障 CIO 平台的顺利运行，确保中小企业成功应对电子商务环境带来的一系列机遇和挑战。

参 考 文 献

[1] 何琳 . 企业财务管理中的成本控制工作分析 [J]. 财会学习，2019（09）:84+86.

[2] 郑琳 . 成本控制对企业财务管理目标实现的作用研究 [J]. 财会学习，2019（08）:85.

[3] 盛开轩 . 企业财务管理中的成本控制工作分析 [J]. 中国市场，2019（06）:141-142.

[4] 韩奕松 . 财务管理视角下企业人力成本控制问题研究 [J]. 中国集体经济 2019，（05）: 42-45.

[5] 刘晓宁 . 成本控制在企业财务管理中的重要性 [J]. 中国乡镇企业会计，2019，（02）: 127-128

[6] 初楚 . 浅谈企业成本控制与财务管理目标 [J]. 纳税，2019，13（01）:152.

[7] 李雪梅 . 企业财务管理中的成本控制工作的研究 [J] 现代经济信息，2019（01）:212.

[8] 侯成峰 . 关于企业财务管理中的成本控制工作的研究 [J]. 现代经济信息，2019(01):28.

[9] 安娜 . 企业财务管理中的成本控制工作探析 [J]. 商场现代化，2018（23）:144-145.

[10] 罗广蔚 . 企业财务管理中的成本控制研究 [J]. 中国商论，2018（32）:101-102.

[11] 马航 . 企业财务管理在成本控制方面的应用 [J]. 全国流通经济，2018（32）:34-35.

[12] 王梦 . 在企业财务管理中成本控制的作用及运用 [J]. 才智，2018（31）:231.

[13] 孔静 . 企业财务管理中的成本控制策略之研究 [J]. 知识经济，2018（22）:89+91.

[14] 谭旭春 . 企业财务管理中的成本控制问题研究 [J]. 时代金融，2018（30）:118+123.

[15] 李阳 . 浅析财务管理与成本控制目标 [J]. 中国市场，2018（33）:150-151.